Rainer Kessler
Samuel

Biblische Gestalten

Herausgegeben von
Christfried Böttrich und Rüdiger Lux

Band 18

EVANGELISCHE VERLAGSANSTALT
Leipzig

Rainer Kessler

Samuel

Priester und Richter,
Königsmacher und Prophet

EVANGELISCHE VERLAGSANSTALT
Leipzig

Die Deutsche Bibliothek – Bibliographische Information

Die Deutsche Bibliothek verzeichnet diese Publikation in der
Deutschen Nationalbibliographie; detaillierte bibliographische
Daten sind im Internet über <http://dnb.ddb.de> abrufbar.

Printed in EU · H 7188
Gedruckt auf alterungsbeständigem Papier
Umschlaggestaltung: behnelux gestaltung, Halle/Saale
Satz: Steffi Glauche, Leipzig

ISBN 978-3-374-02578-7
www.eva-leipzig.de

INHALT

VORWORT

Der vorliegende Band der Reihe »Biblische Gestalten« behandelt Samuel, eine der vielschichtigsten Gestalten des Alten Testaments. Er ist Priester und Richter, Königsmacher und Prophet. Die Hebräische Bibel erzählt uns sein Leben in einem weiten Bogen, der von den Umständen, die zu seiner Geburt führen, bis zu seiner Erscheinung aus der Unterwelt nach seinem Tod reicht. Das Doppelbuch der beiden Samuelbücher trägt seinen Namen.

Die Schilderung Samuels soll den Leserinnen und Lesern des Bändchens nicht ohne ein Wort des Dankes übergeben werden. An erster Stelle danke ich Dr. Uta Schmidt, Gießen. Seit 2001 habe ich mit ihr zusammen an der Übersetzung der Samuelbücher für die »Bibel in gerechter Sprache« gearbeitet. Das Ringen um den Text und seine angemessene Eindeutschung hat Mühe gemacht. Es hat uns aber auch gemeinsam in die Tiefe des Textes hineingeführt und ist, wenn wir das Ergebnis betrachten, reich belohnt worden. Frau Schmidt hat das Manuskript des vorliegenden Samuel-Bandes kritisch gelesen und wertvolle Anmerkungen gemacht, die weitgehend aufgenommen wurden.

Letzteres gilt gleichermaßen für die Ergebnisse der Durchsicht, die Frau stud. theol. Charlotte Voß vorgenommen hat. Auch ihr sei dafür gedankt. Des Weiteren danke ich dem alttestamentlichen Herausgeber der Reihe, Herrn Prof. Dr. Rüdiger Lux, Leipzig. Ohne seine Anregung hätte ich mich nie so intensiv und für mich gewinnbringend mit der Gestalt Samuels befasst. Von Verlagsseite schließlich ist Dr. Annette Weidhas zu danken. Sie hat sich das

höchste Prädikat verdient, das es für die Zusammen-
arbeit zwischen Autor und Verlag gibt: problemlos
und unkompliziert.

Marburg an der Lahn,
im Sommer 2007   *Rainer Kessler*

A. EINFÜHRUNG

Samuel gehört zu den großen Gestalten der biblischen Überlieferung. Zwei biblische Bücher – das erste und zweite Samuelbuch – sind nach ihm benannt. Was wir über sein Leben erfahren, umfasst eine Spanne wie sonst bei fast keiner biblischen Gestalt: Die Erzählung beginnt vor seiner Geburt (1Sam 1) und endet erst nach seinem Tod, als er aus der Unterwelt heraufbeschworen wird und ein letztes Mal das Wort ergreift (1Sam 28). Samuel ist untrennbar mit dem Übergang von der Vorstaatlichkeit zum Königtum in Israel und Juda verbunden, indem er sowohl Saul als auch David zu Königen salbt. Nicht ohne Grund nennt ihn die spätere Erinnerung in einem Atem mit Mose (und Aaron) (Jer 15,1; Ps 99,6), vereint er doch wie dieser eine Fülle zentraler Funktionen in seiner Person: Er ist Priester und Richter, Königsmacher und Prophet.

Trotz seiner Bedeutung ist Samuel ins kulturelle Gedächtnis des Abendlandes weniger fest eingeschrieben als Mose, weniger fest auch als Saul und David, deren Zeitgenosse er ist. Dies liegt zum einen an seiner bemerkenswerten biblischen Biografie, die zwar viel über seine Jugend und sein Alter zu erzählen weiß, aber fast nichts über seine so genannten besten Jahre. Zum andern steht er erzählerisch im Schatten Sauls und Davids. Von jedem der beiden und von beiden zusammen werden überaus lebendige und dramatische Geschichten erzählt. Wenn Samuel in ihnen auftritt, übernimmt er erzählerisch dagegen oft nur eine blasse Rolle, so gewichtig es auch ist, was er jeweils zu sagen hat oder tut.

Vor allem aber dürfte Samuel in der Erinnerung blasser als Saul und David (und dann auch Salomo)

11

dastehen, weil er in allem ein Mann des Übergangs ist. Er kommt aus der alten vorstaatlichen Gesellschaft, deren letzter großer Repräsentant er ist, er lenkt den Übergang zur Monarchie und salbt die beiden ersten Könige. Doch nach der Salbung Davids stirbt er bald. Ist er in der neuen Zeit also nicht angekommen?

Hier gilt es, die Wahrnehmung nicht durchs Vorurteil trüben zu lassen. Zwar hat der vorstaatliche Samuel die politische Macht an die Könige abgegeben. Umso deutlicher aber tritt er ihnen als Prophet und damit als Stimme Gottes gegenüber und eröffnet damit eine Linie, die durch die biblischen Geschichts- und Prophetenbücher hindurch ausgezogen wird. Diese Linie reicht bis in die Gegenwart. Denn auch heute gibt es auf der einen Seite den Bereich, wo politische, wirtschaftliche und militärische Entscheidungen getroffen werden, und auf der andern Seite ein kritisches Gegenüber. Zu ihm gehören in modernen demokratischen Gesellschaften eine freie Presse und freie Medien, aber auch organisierte Gruppen der Zivilgesellschaft. Eine davon bilden die christlichen Kirchen. Und welche Rolle könnte eine Kirche, die selbst keinen politischen Machtanspruch erhebt, im politischen Geschäft spielen, wenn nicht die des prophetischen Gegenübers zur Politik?

Es gibt also einiges zu entdecken an der Gestalt Samuels.

1. Samuels Lebensbild:
Pränatal bis postmortal

Die biblische Erzählung über Samuel setzt in 1Sam 1 mit der Geschichte seiner Eltern ein. Sein Vater Elkana lebt in Rama, das nördlich von Jerusalem im Gebirge Efraim liegt. Er hat zwei Frauen, von denen Hanna, Samuels künftige Mutter, zunächst unfreiwillig kinderlos bleibt. Bei der jährlichen Wallfahrt an den Tempel von Schilo betet sie um ein Kind. Tatsächlich wird sie schwanger, gebiert einen Sohn und nennt ihn Samuel (V. 20). Wie sie in ihrem Gebet gelobt hatte, weiht sie das Kind Gott. Nachdem sie es – wie damals üblich drei Jahre lang – gestillt hat, übergibt sie es feierlich dem obersten Priester von Schilo, Eli.

Die folgende Erzählung lässt uns das Heranwachsen Samuels recht genau beobachten. Offenbar schon früh wird er mit Hilfsarbeiten im priesterlichen Dienst betraut (2,11). Wir erfahren, dass seine Mutter ihm Jahr für Jahr anlässlich der Wallfahrt ein kleines Obergewand mitbringt – die Kinder wachsen bekanntlich schnell aus den Sachen heraus. Elis leibliche Söhne treiben es schlimm. Sie halten sich nicht an die Opferordnung und schlafen sogar mit den Frauen am Eingang des Tempels. Der alt gewordene Vater – eine Textüberlieferung weiß, dass er schon 90 ist – hat dem nichts entgegenzusetzen. Doch Samuel, gewissermaßen sein Ziehsohn, gerät wohl. »Und der Junge Samuel gewann weiter an Größe und Ansehen bei Jhwh und bei den Menschen« (2,26).[1]

---

1   Der Name des Gottes Israels wird mit den vier Buchstaben JHWH geschrieben. In jüdischer Tradition wird er mit verschiedenen Ersatzworten gelesen, am häufigsten als Adonaj oder ha-Schem (= der Name). Seit der antiken Übersetzung des Alten Testaments ins Griechische wird der Gottesname

Beschränken sich die Aussagen über Samuel bis jetzt auf allgemeine Bemerkungen über sein Heranwachsen und sein Hineinwachsen in den priesterlichen Dienst, so richtet das 3. Kapitel unseren Blick auf eine Einzelszene im Tempel. Sie zeigt, wie unerfahren Samuel zunächst noch ist und wie doch Gottes ganze Zuwendung ausschließlich auf ihn hinausläuft. Wir erleben mit, wie Samuel des Nachts im Tempel dreimal seinen Namen rufen hört. Er glaubt, Eli habe ihn gerufen. Beim dritten Mal erkennt dieser, dass Samuel keiner Täuschung erlegen ist, sondern dass er die Stimme Gottes hört. Nun kündigt Gott Samuel das Ende des elidischen Priestergeschlechts an; die Schuld, die die Söhne auf sich geladen haben, lässt sich nicht sühnen. »Samuel aber wuchs heran. Jhwh war mit ihm ... So erkannte ganz Israel ..., dass Samuel als Prophet für Jhwh bestätigt war« (V. 19 f.).

Zum letzten Mal in Samuels Kindheits- und Jugendgeschichte steht an dieser Stelle die leitmotivartige Notiz von seinem Heranwachsen. Sie markiert den Abschluss dieser Geschichte. Die Anerkennung Samuels als Prophet in Israel lässt darauf schließen, dass er jetzt erwachsen ist. Da Eli kurz darauf 98-jährig stirbt (4,15), nach der Nachricht von Elis hohem Alter – vielleicht 90 Jahre – in 2,22 also acht Jahre vergangen sind, werden wir uns Samuel als jungen Erwachsenen vorstellen müssen.[2]

So detailliert uns der erste Lebensabschnitt Samuels von der Vorgeschichte seiner Geburt bis zum Ende sei-

---

mit »Herr« wiedergegeben. Luther ließ HERR in Kapitälchen setzen, um den Charakter des Eigennamens in Erinnerung zu rufen.

2 Zu genaueren Überlegungen, ob Samuel als 20-, 25- oder 30-jährig vorgestellt wird, vgl. Kessler, Chronologie, 117.

ner Ausbildung am Tempel von Schilo und seiner allgemeinen Anerkennung in Israel geschildert wird, so plötzlich und vollständig verschwindet er nun aus der Erzählung. Diese wendet sich in den folgenden drei Kapiteln (1Sam 4–6) dem Geschick des Schreins JHWHS zu, ohne Samuel auch nur mit einem Wort zu erwähnen.[3] Der heilige Gegenstand geht zunächst an die Philister verloren. Elis Söhne kommen in der Schlacht um. Als ihr Vater vom Verlust des Schreins hört, fällt er vom Stuhl und bricht sich das Genick. In einer Schlussnotiz erfahren wir, dass Eli 40 Jahre Richter über Israel war (4,18) – eine Erinnerung daran, dass wir uns noch in der vorstaatlichen Epoche der Geschichte Israels befinden.

Auch die anschließende Erzählung vom Geschick des Gottesschreins bei den Philistern und seiner schließlichen Rückkehr nach Israel kommt ohne eine Erwähnung Samuels aus. Ja, die ganze Erzählung macht mit einem Mal einen riesigen Zeitsprung. Wurden uns die ersten rund 20 bis 30 Jahre Samuels ausführlich geschildert, spielten sich die Ereignisse um den Schrein in knapp einem Jahr ab – nach 6,1 blieb er sieben Monate im Philisterland –, so springt die Erzählung nun 20 Jahre voran, ohne ein Wort über die Zwischenzeit zu verlieren (7,2). Samuel, für dessen Biografie wir uns interessieren, dürfte mittlerweile also etwa 40 bis 50 Jahre alt sein.

Offenbar hatten die ganze Zeit über die Philister über Israel geherrscht. Denn jetzt erst fordert Samuel, der nun wieder in die Erzählung eintritt, die Israelitin-

---

3   In den üblichen Übersetzungen wird das Wort »Lade« verwendet. Das hebräische 'arôn wird in deutschen Synagogen heute als (Tora-)Schrein übersetzt. Diesem Gebrauch schließe ich mich an.

nen und Israeliten zur Umkehr zu Jhwh auf, damit er sie aus der Gewalt der Philister rette. Was hatte Samuel in der Zwischenzeit getan? War er seit Elis Tod »Richter über Israel«? Die Vorstellung einer lückenlosen Abfolge von Richtern legt es nahe, ebenso die Notiz, Samuel sei Richter über Israel »sein ganzes Leben lang« gewesen (7,15). Aber warum ruft er dann erst nach 20 Jahren zur Umkehr zu Gott auf? Und warum erfahren wir nichts über diese 20 Jahre?

Jedenfalls steht fest, dass er zumindest ab diesem Zeitpunkt, als dank Gottes Eingreifen die Philister geschlagen werden, Richter über Israel ist und Jahr für Jahr in einem engen Gebiet im Gebirge Efraim die Runde macht und an verschiedenen Orten Recht spricht (7,15f.). Doch ist das auch schon wieder alles, was wir erfahren – für mindestens weitere 20 Jahre. Denn als uns Samuel zwei Verse später wieder begegnet, ist er bereits »alt geworden« (8,1). Dazu aber muss man in Israel mindestens 60 (Lev 27,7), eher 70, wenn nicht gar 80 Jahre alt sein (Ps 90,10). Das heißt, über rund 40 Jahre im Leben Samuels erfahren wir so gut wie nichts. Sollten seine Kindheit und Jugend so ausführlich erzählt worden sein, um dann in einem biografischen Loch zu enden? Wohl kaum!

Samuels große Stunde schlägt überhaupt erst, nachdem er alt geworden ist. Die sich naturgemäß stellende Frage, wie es weitergehen soll, löst nämlich einen in der Geschichte Israels bis dahin beispiellosen historischen Umbruch aus: den Übergang von der Vorstaatlichkeit zur Staatlichkeit.

Samuels Söhne kommen als seine Nachfolger nicht in Frage; sie sind bestechlich und beugen das Recht. Da ergreifen die Ältesten Israels die Initiative, versammeln sich bei Samuel in dessen Heimatstadt Rama und fordern einen König, »uns zu richten wie bei allen

Völkern« (1Sam 8,5). Obwohl weder Samuel selbst noch Gott, an den er sich im Gebet wendet, an dem Vorhaben Gefallen haben, fordert Gott Samuel auf, auf das Volk zu hören und ihm einen König zu geben. Der ist schnell gefunden. Nachdem die Volksversammlung aufgelöst ist, erfährt Samuel von Gott in einer Offenbarung, wen er »zum Anführer über mein Volk Israel salben« soll (1Sam 9,16): Saul, einen Mann aus Benjamin, der auf der Suche nach den verlorengegangenen Eselinnen seines Vaters in Samuels Stadt kommt. Allerdings bleibt die Salbung geheim. Doch in einer anschließenden weiteren Volksversammlung in Mizpa, das in der Nähe von Rama liegt, wird in einem von Samuel geleiteten Losverfahren der gewünschte König ermittelt. Das Los fällt, wie nicht anders zu erwarten, auf Saul. Mit dem Ruf »Es lebe der König!« (1Sam 10,24) wird er vom Volk als sein König anerkannt.

Gleich darauf kommt es zum Krieg mit den Ammonitern. Saul beendet ihn erfolgreich, und in einer dritten Volksversammlung, diesmal in Gilgal im Jordangraben, wird Sauls Königtum »erneuert« (1Sam 11,14). Anschließend hält Samuel eine lange Abschiedsrede. Noch einmal weist er auf seine Vorbehalte gegen die neue Institution des Königtums hin, warnt vor einem Abfall von Gott und droht für diesen Fall an: »Wenn ihr euch aber andauernd böse verhaltet, dann werdet ihr weggerafft, sowohl ihr als auch euer König« (12,25).

Vergleichen wir die Erzählung von der Entstehung des Königtums in 1Sam 8–12 mit dem Bericht über den Zeitraum seit der Rückkehr des Gottesschreins von den Philistern in 1Sam 7, dann springt die unterschiedliche Fokussierung ins Auge. Wird dort über mindestens 40 Jahre in wenigen Versen berichtet, so

17

hier über ein Geschehen, das allenfalls einige Monate dauert, in fünf langen Kapiteln.[4]

Mit seiner Abschiedsrede hat sich Samuel vom Richteramt verabschiedet. Die mit diesem verbundene politische Macht ist nun an die neue Institution des Königtums übertragen. Doch obwohl Samuel »alt und grau geworden« ist (1Sam 12,2), zieht er sich nicht in einen bürgerlichen Ruhestand zurück. Vielmehr besteht seine neue Rolle darin, dass er als Prophet dem König als dem Herrscher gegenübertritt und diesem den Willen Gottes übermittelt. Was ursprünglich in seiner Person eine Einheit bildete, ist künftig auf die Institutionen Prophetie und Königtum verteilt.

Damit sind Konflikte vorgegeben, und es dauert wohl gerade einmal zwei Jahre, bis es zwischen Samuel und Saul zum endgültigen Bruch kommt. Schon bei Sauls erster militärischer Aktion nach der Erneuerung seines Königtums erhält das Verhältnis zwischen den beiden einen empfindlichen Riss. Noch bei ihrer allerersten Begegnung – direkt nach der heimlichen Salbung – hatte Samuel Saul aufgetragen, in Gilgal sieben Tage auf ihn und weitere Anweisungen zu warten (1Sam 10,8). Jetzt befindet sich Saul in Gilgal, in militärischer Konfrontation mit den Philistern. Die Lage ist prekär, die Truppe droht auseinanderzulaufen. Saul wartet sieben Tage, und als Samuel nicht kommt, wird er tätig. Kaum hat er angefangen, erscheint Samuel und bezichtigt ihn, den Befehl Gottes nicht beachtet zu haben. Er droht ihm das Ende seines Königtums an: »Jetzt aber hat dein Königtum keinen Bestand. Jhwh hat sich einen Mann nach seinem Her-

---

4   Zum Auseinandertreten von chronologischem Gerüst und aufgewendeter Erzählzeit im 1. Samuelbuch vgl. Kessler, Chronologie.

zen gesucht, den befiehlt Jhwh zum Anführer über sein Volk. Denn du hast nicht beachtet, was Jhwh dir befohlen hat« (1Sam 13,14). Mit diesen Worten verlässt Samuel auch schon wieder das Geschehen.

Beim nächsten Feldzug wird Samuel sehr viel aktiver, und darüber kommt es dann auch zum endgültigen Bruch. Der Erzähler zeigt uns, wie Samuel selbst Saul dazu auffordert, gegen Amalek ins Feld zu ziehen und alles »der Vernichtung zu weihen, was zu ihnen gehört« (1Sam 15,3), d. h. keinerlei Beute zu machen, sondern alles durch Tötung der Gottheit zu übergeben. Saul schlägt Amalek. Aber er nimmt den König und Schafe und Rinder lebend mit. Samuel stellt ihn zur Rede. Alle Ausflüchte – man habe die Tiere in Gilgal dem Gott Israels opfern wollen – verfangen nicht. Samuel kündigt Saul seine Verwerfung durch Gott an: »Du hast das Wort Jhwhs verworfen, so hat Jhwh dich verworfen, dass du nicht mehr König über Israel sein sollst« (1Sam 15,26). Wie um den Ernst der Lage zu unterstreichen, schlägt Samuel eigenhändig den noch lebenden König von Amalek in Stücke.

Nach diesen Vorfällen ist Sauls Königtum im Grunde am Ende, auch wenn er noch etliche Jahre regieren wird. Samuel, der persönlich darüber durchaus unglücklich ist, erhält noch einmal einen großen göttlichen Auftrag – es wird sein letzter sein. Er soll statt des verworfenen Saul einen neuen König salben. Der Erzähler lässt ihn auf Gottes Befehl nach Betlehem gehen. Dort salbt er den jüngsten Sohn Isais, und wir lesen: »Die Geistkraft Jhwhs durchdrang David von diesem Tag an« (1Sam 16,13). Samuel geht zurück in seinen Heimatort Rama. Und um klarzumachen, dass insgeheim bereits eine neue Zeit angebrochen ist, auch wenn sich äußerlich an den Herrschaftsverhältnissen zunächst nichts ändert, fährt die Erzählung fort: »Die Geistkraft Jhwhs hatte sich aber von Saul zurückgezogen« (V. 14).

Mit der Salbung Davids zieht sich Samuel praktisch aus der Geschichte zurück. Noch einmal hat ihn die Erzählung in Gottes Auftrag Geschichte schreiben lassen. Allerdings besteht doch ein wesentlicher Unterschied zu den Ereignissen um die Königserhebung Sauls. Mit ihr war eine lange Epoche nichtstaatlicher Existenz zu Ende gegangen. Eine neue Institution hatte die Bühne der Geschichte Israels betreten. Sauls Verwerfung dagegen beendet nicht zugleich die Einrichtung der Monarchie, sondern bedeutet nur den Wechsel von einer Dynastie zur andern. Denn jetzt schon kündigt sich an, was später eintritt: Der Judäer David wird das Königtum von Sauls Sohn Isch-Boschet übernehmen.

Samuel, für dessen Gestalt wir uns hier interessieren, hat dagegen nur noch einen kurzen Auftritt. Als David, der sich mittlerweile am Hof Sauls aufhält, vor dessen Nachstellungen flieht, begibt er sich zu Samuel nach Rama, wo dieser einer Gemeinschaft von Propheten vorsteht. Alle Verfolger werden von einer Art prophetischer Ekstase erfasst. Als schließlich Saul persönlich kommt, wird er von göttlicher Geistkraft durchdrungen. »Auch er zog seine Kleider aus und auch er weissagte geistergriffen vor Samuel. Er fiel hin und lag nackt da, den ganzen Tag und die ganze Nacht« (1Sam 19,24). David aber kann fliehen.

Dies ist das Letzte, was uns die Erzählung aus Samuels Lebzeiten berichtet. Danach werden nur noch sein Tod und Begräbnis vermeldet (1Sam 25,1). Doch einmalig in der biblischen Geschichte – sehen wir einmal von der Auferweckung Jesu und seinen Erscheinungen ab – dürfen wir noch einen kurzen geheimnisvollen Blick in Samuels postmortale Existenz werfen. Saul, der von jedem Gotteskontakt abgeschnitten ist und vor der entscheidenden Schlacht gegen die Philister steht, wendet sich in seiner Verzweiflung an eine Totenbeschwörerin. Diese soll ihm Samuel aus der Totenwelt heraufbeschwören. Samuel erscheint, beklagt, dass seine Ruhe gestört wurde, und bestätigt Sauls Verwerfung. Die letzten Worte Samuels, die uns die Erzählung mitteilt, kündigen Saul die Niederlage gegen die Philister an: »Morgen werden du und deine Söhne bei mir sein, und auch das Heer Israels wird JHWH den Philistern in die Hand geben« (1Sam 28,19).

Was der Seher ankündigt, trifft ein. Saul fällt in der Schlacht gegen die Philister mitsamt seinen Söhnen. Die Lebensgeschichte Samuels aber, die wir von der Zeit vor seiner Geburt an verfolgen durften, ist mit seinem Heraufsteigen aus dem Totenreich zu ihrem Ende gekommen.

2. Das 1. Samuelbuch im Kanon der Schrift

Das 1. Samuelbuch, in dem das Leben Samuels erzählt wird, ist durchaus eine in sich geschlossene Größe. Samuels Vater wird mit den Worten eingeführt: »Es gab einmal einen Mann aus Ramatajim-Zofim im Gebirge Efraim. Er hieß Elkana ben Jeroham ben Elihu ben Tohu ben Zuf, ein Efraimiter« (1Sam 1,1). Das ist ein feierlicher Erzählanfang. Mit dem Tod und der Erscheinung Samuels ist dessen Biografie zu Ende. Sauls Leben, das von dessen Eintritt in die Erzählung an aufs Engste mit dem Samuels verbunden ist, en-

21

det – wie Samuel ankündigte – einen Tag nach der Totenbeschwörung. Mit dem Tod Sauls findet auch das 1. Samuelbuch seinen stimmigen Abschluss.

Zugleich aber ist das 1. Samuelbuch Teil einer großen Geschichtserzählung, die von der Erschaffung der Welt bis zum Untergang Jerusalems im Jahr 586 v. Chr. reicht. Und bei aller ihrer Geschlossenheit weist die Erzählung von Samuel (und Saul) selbst immer wieder auf diesen größeren Zusammenhang hin.

2.1 Der Ort in der großen Geschichtserzählung

Das herausragende Thema des 1. Samuelbuches ist der Übergang aus einer nichtstaatlichen Existenzform zur Monarchie. Damit ist bereits der markante Ort in der großen Geschichtserzählung angegeben. Die nichtstaatliche Lebensweise Israels nach der Einnahme des Landes wird im Buch der Richter und in den ersten Kapiteln des Samuelbuches geschildert. Demnach sollen die Stämme zwar keine staatlichen Zentralinstanzen gehabt haben. In Notzeiten aber habe Gott jeweils Rettergestalten erweckt, die das Volk von den äußeren Feinden befreiten. Diese werden auch als »Richter« bezeichnet. Da das hebräische Wort für »richten« auch die Bedeutung von »herrschen« hat, entsteht der Eindruck einer Abfolge von Richtern, die durchaus Ähnlichkeit mit einer Abfolge von Königen hat. Was fehlt, sind eine erbliche Dynastie und ein Staatsapparat mit Beamten, Militär usw. neben der Gestalt des Richters – oder der Richterin: Debora, von der Ri 4–5 erzählt, ist eine Frau.

In diese Abfolge der Richter- und Richterinnen-Gestalten stellt sich der Anfang des 1. Samuelbuches ganz bewusst hinein. So heißt es beim Tod Elis, er habe »40 Jahre über Israel Recht gesprochen« (1Sam

4,18). Auch Samuel wird in der Zeit seiner aktiven Berufstätigkeit, über die wir so wenig erfahren, als Richter geschildert: »Samuel richtete Israel sein ganzes Leben lang. Jahraus, jahrein machte er die Runde zwischen Bet-El, Gilgal und Mizpa. Er war Richter über Israel an allen diesen Orten. Und wenn er nach Rama zurückkehrte – denn dort war er zu Hause –, war er dort Richter über Israel« (7,15–17). Auch die Tätigkeit als Retter vor den äußeren Feinden wird Samuel zugeschrieben. Es sind sein Gebet und Opfer, die zur militärischen Niederlage der Philister führen, so dass es heißen kann: »Die Hand Jhwhs lag auf den Philistern, solange Samuel lebte« (7,13). Bei seiner Abschiedsrede in 1Sam 12 blickt Samuel dann noch einmal auf seine unbestechliche Tätigkeit als Richter zurück (V. 1–5) und reiht sich zugleich als Letzter in die Reihe der Retter »aus der Gewalt eurer Feinde ringsum« ein (V. 11).

Mit Samuel wird die Abfolge der Richter beendet und von ihm selbst in das erbliche Königtum überführt. Dieser tiefe Einschnitt in der Geschichte Israels erfolgt nun nicht unvorbereitet. Sowohl am Ende des Richterbuches als auch am Anfang des 1. Samuelbuches wird nämlich immer wieder darauf hingewiesen, dass das System der Richter nicht funktioniert.[5]

---

5 Wer die hier gemachten Ausführungen anhand einer deutschen Bibel – eine Ausnahme ist die Bibel in gerechter Sprache – verfolgt, stellt fest, dass zwischen dem Richter- und dem 1. Samuelbuch die vier Kapitel des Rut-Büchleins stehen. Das geht auf die jüdisch-hellenistische Tradition zurück und hat seinen Grund darin, dass die Erzählung von Rut in der Zeit der Richter spielt. Literarisch gehört sie in der Hebräischen Bibel aber nicht in den durchlaufenden Erzählzusammenhang vom Richter- zum 1. Samuelbuch, sondern in den dritten Kanonteil, die Schriften, und dort zu den

Schlagen wir in unserer Bibel von 1Sam 1 zurück ins Richterbuch, dann stoßen wir in Ri 17–21 auf eine Abfolge schrecklicher Erzählungen von Diebstahl und falschem Gottesdienst, Vergewaltigung, Krieg und Frauenraub. Ihr Tenor wird in dem wiederholten Satz festgehalten: »Damals gab es noch keinen König in Israel; alle taten, was ihnen recht schien« (Ri 17,6; 21,25, vgl. 18,1; 19,1). Nach diesen Texten ist also eine Zeit ohne König eine Zeit der Rechtlosigkeit und Willkür. Und eben dieser Zug wird im 1. Samuelbuch aufgegriffen, wenn von den Söhnen Elis erzählt wird, dass sie sich willkürlicher Übergriffe im Kultbetrieb am Tempel von Schilo schuldig machen, und von den Söhnen Samuels, dass sie als Richter bestechlich sind.

Durch das Motiv, dass die Richterzeit in gewisser Weise von selbst auf das erbliche Königtum und die Errichtung eines Staates hindrängt, ist das 1. Samuelbuch unlösbar mit dem Richterbuch verknüpft. Zugleich drängt das 1. Samuelbuch auf seine Fortsetzung im 2. Samuelbuch und dann in den beiden Königebüchern hin. Denn zwar bildet der Tod Sauls einen sinnvollen Abschluss des 1. Samuelbuches. Aber mit der Salbung Davids in 1Sam 16,1–13 ist bereits ein neuer Erzählbogen eröffnet, der erst mit der Errichtung von Davids Königtum im 2. Samuelbuch zum Ziel kommt. Dieses Königtum ist wiederum der Ausgangspunkt für die Geschichte der gesamten Königszeit, die mit dem letzten Davididen Zidkija, dem Untergang Jerusalems und der Exilierung der judäischen Oberschicht endet, wie sie am Ende des 2. Königebuches mitgeteilt werden.

fünf Festrollen (Rut, Hoheslied, Kohelet, Klagelieder, Ester). Zum Rut-Buch insgesamt vgl. Hausmann, zur Stellung im Kanon, 113–117.

Tatsächlich blickt die Samuelerzählung an einer Stelle sogar ausdrücklich so weit in die Zukunft voraus. Sie lässt nämlich in 1Sam 2,27–36 einen Gottesmann auftreten, der Eli das Schicksal seines Geschlechts ankündigt. Es ist düster. Fast alle werden ausgerottet. Die aber, die übrigbleiben, werden – so der Gottesmann – darum betteln, um ihres Lebensunterhalts willen zum Priesterdienst am Tempel zugelassen zu werden. Damit richtet die Erzählung ihren Blick ganz ans Ende der Königszeit, als der König Joschija alle Heiligtümer im Land beseitigt und den Kult in Jerusalem zentralisiert. In diesem Zusammenhang wird ausdrücklich auf das Schicksal der nun arbeitslos gewordenen Landpriester eingegangen (2Kön 23,9).

Doch blickt die Samuelerzählung nicht nur bis zur Endzeit des Königtums voraus. Viel häufiger schaut sie zurück in die Vergangenheit, und zwar weit über die Zeit der Richterinnen und Richter hinaus. Damit umgreift sie die Geschichte, wie sie von der Genesis, dem ersten Buch der Bibel, an erzählt wird. Dies geschieht freilich nur in großen Linien. Am weitesten geht Samuel selbst zurück. In einem einzigen Vers erinnert er an die wichtigsten Etappen der Geschichte Israels gemäß der biblischen Erzählung: Wie der Erzvater Jakob mit seiner Familie nach Ägypten kommt, wie sie dort unterdrückt werden, wie sie unter der Führung von Mose und Aaron aus Ägypten ausziehen und wie sie das Land einnehmen (1Sam 12,8). Daran schließt schon die Richterzeit an, von der wir bereits gehandelt haben. Noch zwei weitere Male erwähnt Samuel den Exodus aus Ägypten als Urdatum der Geschichte, immer im kritischen Gegenüber zum Wunsch des Volkes nach einem König (1Sam 8,8; 10,18). Schließlich wird zweimal auf einzelne Ereignisse der Vergangenheit verwiesen. Nach 1Sam 2,27f.

soll die Familie Elis noch in der Zeit des Ägyptenaufenthalts zum Priestertum erwählt worden sein – was wir freilich in den Erzählungen über diese Epoche nicht lesen können; und nach 15,2 begründet Samuel das brutale Vorgehen gegen die Amalekiter damit, dass diese sich den Israelitinnen und Israeliten seinerzeit nach dem Auszug aus Ägypten in den Weg gestellt haben (Ex 17,8–16).

Es sind nur wenige Worte, mit denen der geschichtliche Wendepunkt von der vorstaatlichen Existenz zur Monarchie in den großen Zusammenhang eingefügt wird. Aber sie zeigen, dass die Entstehung des Königtums Teil einer großen Geschichtserzählung ist, innerhalb derer sie auf einer Stufe mit dem Übertritt der Erzelternfamilien nach Ägypten, mit dem Auszug aus Ägypten und mit der Landnahme steht.

2.2 Das Werden der Samuelüberlieferung

Die Geschlossenheit der Samuelbiografie und ihre Einfügung in den Zusammenhang einer großen Geschichtserzählung können nicht darüber hinwegtäuschen, dass die Darstellung einige Auffälligkeiten aufweist, die zu kritischen Nachfragen herausfordern. Eine haben wir schon gestreift: Warum wird so ausführlich von Samuels Kindheit und Jugend erzählt, wenn sein Erwachsensein praktisch keine Rolle spielt und er erst im Alter zu seiner wahren Bedeutung gelangt? Hinzu kommen weitere Auffälligkeiten, von denen nur einige genannt seien. Liest man 1Sam 9–11 hintereinander, bekommt man den Eindruck, dass in 1Sam 9,1–10,16 und in 10,17–27 Saul zweimal von Samuel als künftiger König ausgewählt wird, und die »Erneuerung« des Königtums in 1Sam 11 sieht sogar wie eine dritte Erzählung aus, die erklärt, wie Saul

König wurde. Liest man dann bis Kapitel 13 weiter, stößt man auf eine weitere Ungereimtheit. Die Aufforderung Samuels an Saul in 10,8, er solle nach Gilgal gehen und dort sieben Tage auf ihn warten, zielt nämlich unmittelbar auf 13,8–15a, wo es darüber zum Konflikt kommt. Die in 10,17–12,25 berichteten Versammlungen und Kriege haben dazwischen schlecht Platz. Und schließlich fällt in Kap. 8–12 auf, dass Samuel bzw. der Erzähler gegenüber dem Wunsch nach einem König sehr unterschiedlich argumentieren. Teils wird er als Verwerfung der Königsherrschaft Gottes scharf kritisiert, daneben stehen die Erzählungen, in denen Gott selbst Saul als künftigen König auswählt, und dazwischen gibt es manche Nuancen.

Derartige Doppelungen, Ungereimtheiten und Spannungen finden sich in der biblischen Literatur häufig. Sie kommen daher, dass *es sich hier nicht im modernen Sinn um Autorenliteratur, sondern wie häufig im Altertum um Traditionsliteratur handelt.* Dabei werden vorgegebene Überlieferungen, die in kleineren oder größeren Einheiten schriftlich fixiert oder mündlich tradiert vorliegen, miteinander verbunden, ohne dass dabei Vereinheitlichung und Widerspruchsfreiheit im modernen Sinn angestrebt werden. Der Autor betätigt sich überwiegend als Redaktor und Kommentator. Was er sagen will, drückt er durch die Zusammenstellung der Überlieferungen und kürzere oder längere kommentierende Texte aus, die er oft einem der Akteure der Erzählung in den Mund legt.

Betrachten wir auf diesem Hintergrund die Erzählungen von Samuel, dann ergibt sich in etwa das folgende Bild. Das fast völlige Fehlen einer Überlieferung über Samuels »beste Jahre« weist darauf hin, dass er in die biblische Überlieferung nur als derjenige eingegangen ist, der das Königtum in Israel einführt und insbesondere Saul als ersten König einsetzt.[6] Als literarischer Held des 1. Samuelbuches kommt Samuel nur im Gegenüber zu Saul vor. Schon die Kindheitsgeschichte weist geheimnisvoll auf Saul hin.[7] Alles, was wir dann vom alten Samuel hören, zeigt ihn im Gegenüber zu Saul (und in zwei Szenen zu David als dem designierten Nachfolger Sauls), und noch die Beschwörung des toten Samuel wird von Saul veranlasst und bestätigt dessen Verwerfung.

Die Doppelungen in 1Sam 9–11 sprechen dafür, dass Samuel diese literarische Rolle ursprünglich in zwei selbständigen Erzählkomplexen gespielt hat, die beide von der Figurenkonstellation Samuel-Saul getragen werden. Der erste enthält keinerlei Konflikt zwischen den beiden, sondern erzählt nur den Übergang von der vorstaatlichen Richterzeit zum Königtum Sauls. Er beginnt mit der Jugend Samuels, erwähnt dessen Richtertätigkeit, erklärt den Wunsch nach einem König, erzählt von Sauls Erwählung und seinem ersten erfolgreichen Krieg und endet mit einem Summarium über seine Regierungszeit (1Sam 1–3*[8]; 7*; 8,1–5; 10,17–27* [Motiv der Loswahl]; 11; 14,47–52).[9]

---

6   Zwar nimmt Mommer, Samuel, 192–202, an, es habe einmal eine davon unabhängige Erzählung von der Jugend Samuels gegeben, die in 1Sam 7 endete. Aber dem steht entgegen, dass die Jugendgeschichte Samuels in allem auf die Einführung des Königtums hinausläuft; vgl. u. S. 66–69.

7   S. u. S. 44–46.

8   Das Sternchen (*) an Kapitel- oder Vers-Angaben weist in der wissenschaftlichen Literatur darauf hin, dass nicht alle Verse oder Worte des angegebenen Textes zum ursprünglichen Bestand gehören, sondern dass er Zusätze enthalten kann, die zur besseren Übersichtlichkeit aber nicht ausgewiesen werden.

9   Dietrich, Königszeit, 237–239, nennt diesen Komplex die Samuel-Saul-Geschichte.

Der zweite Erzählkomplex beginnt ebenfalls mit der Erwählung Sauls, zeigt dann aber schnell Spannungen zwischen Samuel und Saul, die über Samuels Tod hinausgehen. Ob diese Erzählung, die 1Sam 9,1–10,16; 10,17–27* [Motiv des Versteckens]; 13,1–14,46*; 15*; 28,3–25; 31 umfasst haben dürfte, ursprünglich von David gar nicht handelte und mit dem Tod Sauls endete[10] oder ob zu ihr von Anfang an Erzählungen von David als Gegenüber und Nachfolger Sauls gehören,[11] ist umstritten. Unbestreitbar aber ist, dass Samuel früher oder später auch in die Überlieferung von Davids Aufstieg eingedrungen ist. Denn in einer Szene salbt er ihn als Nachfolger Sauls (16,1–13), in der andern bewahrt er ihn vor dessen Nachstellung (19,18–24). Doch bleibt auffällig, dass Samuel mit Saul erzählerisch ungleich enger verbunden ist als mit David.

Die beiden Samuel-Saul-Überlieferungen werden dann in vermutlich mindestens zwei Redaktionsgängen miteinander und mit weiteren Überlieferungen verknüpft, von denen einerseits die Erzählungen vom Gottesschrein in 1Sam 4–6 und andrerseits zahlreiche Geschichten vom Aufstieg Davids am Hof Sauls und von seiner Verfolgung durch Saul in 1Sam 16–30, die am Anfang des 2. Samuelbuches ihre Fortsetzung finden, herausragen. In ihnen spielt Samuel so gut wie keine Rolle. Spätestens die Schlussredaktion fügt die Samuel-Saul-David-Erzählungen in den größeren Rahmen der Geschichte Israels ein. Man nennt sie ge-

---

10 So Hentschel, 17–19, und Lehnart, Prophet, 13–176, der bei den Texten von 1Sam 9–31* von »einer vordtr [vordeuteronomistischen] Samuel-Saul-Komposition (SSK)« ausgeht (99).

11 Also etwa 1Sam 17; 20 und dann Texte aus dem 2. Samuelbuch, so Dietrich, Königszeit, 242–247.

wöhnlich »deuteronomistisch«, weil sie sich in Sprache, Stil und Theologie an das Deuteronomium (das 5. Buch Mose) anlehnt.

Dabei beschränken sich die deuteronomistischen Redaktoren nicht auf die bloße Zusammenstellung von Überlieferungskomplexen. An herausgehobenen Stellen formulieren sie auch eigene Texte, in denen sie ihre Auffassung klar zum Ausdruck bringen. Häufig geschieht das in Gestalt von Reden, die Figuren der Erzählung in den Mund gelegt werden. Die Samuelüberlieferungen enthalten einige herausragende Beispiele dieser Art von Texten.

3. Die Entstehung früher Staaten in Israel und Juda

Die zuletzt erwähnte Einfügung der Samuel-Saul-David-Überlieferung in die große Erzählung von der Geschichte Israels siedelt den erzählten Stoff in der Zeit des Übergangs von einer vorstaatlichen in eine staatliche Existenzweise des antiken Israel an. Nach unserer Zeitrechnung gelangen wir damit in die Zeit um das Jahr 1000 v. Chr.[12]

Gegen Ende des 13. Jh.s v. Chr. bildet sich im Land Kanaan eine Größe heraus, die den Namen »Israel« trägt. Inschriftlich erscheint der Name erstmalig auf einer Stele des Pharaos Mer-en-ptah über einen Feldzug, den er im Jahr 1208 durchgeführt hat.[13] »Israel«

---

12 Zur folgenden Darstellung der Epoche vgl. ausführlicher Kessler, Sozialgeschichte, 49−113.

13 Die Chronologie des alten Ägypten schwankt für diese Epoche um wenige Jahre. Deshalb findet man in geschichtlichen Darstellungen gelegentlich leicht abweichende Zahlenangaben.

erscheint dabei als eine nicht näher beschriebene Bevölkerungsgruppe, die deutlich von den kanaanäischen Stadtstaaten, die das Bild der Region prägen, unterschieden wird.

Diese erleben in der Zeit zwischen 1200 und 1000 v. Chr. – man spricht von der Eisen-I-Zeit – einen deutlichen Niedergang; einige verschwinden ganz, andere verlieren einen großen Teil ihrer Bevölkerung. Bevölkerungselemente, die aus dem jeweiligen Herrschaftssystem herausfallen, findet man im Übrigen schon während des gesamten 2. Jahrtausends in allen Teilen des Nahen Ostens. Sie heißen Apiru, welches mit dem bekannten Wort »Hebräer« identisch ist; »Hebräer« ist also ursprünglich eine soziale und keine ethnische Bezeichnung. Solche Apiru zusammen mit Kleinviehnomaden und möglicherweise Zuwanderern, die von außen kommen, siedeln sich in der Eisen-I-Zeit zunehmend in den wenig zugänglichen gebirgigen Regionen von Zentralpalästina an. Sie leben dort in kleinen offenen Siedlungen, treiben Ackerbau sowie Schaf- und Ziegenzucht. Wegen der unterschiedlichen Anbaumöglichkeiten sind sie darauf angewiesen, untereinander und mit den verbliebenen kanaanäischen Städten Handel zu treiben.

Die gesellschaftliche Basis dieser neuen Siedler sind Familie und größerer Verwandtschaftsverband, weshalb man von einer verwandtschaftsbasierten Gesellschaft sprechen kann. Familien und Sippen bilden verschiedene Stämme, die sich in ihrem Siedlungsgebiet und ihrer Lebensweise voneinander unterscheiden. Zentralinstanzen fehlen dagegen. Wenn sich diese Größe dennoch wahrscheinlich bereits als »Israel« versteht, dann beruht die Einheit der Größe vorrangig auf einem gewissen Selbstverständnis. Man fühlt sich miteinander verwandt, hat bestimmte gemeinsame

Bräuche – so die Beschneidung und das Schweine-fleischtabu (in den Neusiedlungen werden bei archäo-logischen Erkundungen nie Schweineknochen gefun-den wie sonst in den Siedlungen des Landes), vor allem aber ist man durch die gemeinsame Verehrung des Gottes Jahwe miteinander verbunden.

Diese verwandtschaftsbasierte Gesellschaft ist so-zial wenig differenziert. Zwar gibt es innerhalb der Sippen quasi natürliche Unterschiede, zwischen Män-nern und Frauen, zwischen Alten und Jungen. Und es werden auch nicht alle Sippen gleich groß und wirt-schaftlich gleich stark sein. Doch führt all das nicht zur Herrschaft der einen über die andern. Zwar tre-ten bei äußerer Bedrohung Führergestalten auf, die die wehrfähige Bevölkerung in den Kampf gegen den Feind führen. Aber nach dem Sieg treten sie wie-der zurück und werden nicht zu dauerhaften Herr-schern.

Gegen Ende des etwa 200-jährigen Zeitraums än-dert sich dies jedoch allmählich. Die Gesellschaft franst an den Rändern aus. Es bildet sich eine dünne Oberschicht; in größeren Siedlungen, wo mehrere Sippen beisammen wohnen, übernehmen Älteste die Vertretung der gemeinsamen Interessen. Andrerseits fallen am unteren Ende der Gesellschaft Menschen aus dem Sozialsystem heraus, die überschuldet sind oder familiäre Streitigkeiten haben oder auch eines Verbrechens schuldig geworden sind. Sie sammeln sich in Banden, die die Gegend unsicher machen.

Zugleich steigt der Druck durch die Philister, die sich etwa zeitgleich in der Küstenebene ansiedeln. Sie sind eine nichtsemitische Bevölkerungsgruppe, die im Zuge einer Wanderbewegung über das Mittel-meer – man spricht deshalb auch von »Seevölkern« – zunächst nach Ägypten strebte, von Pharao Ramses

Abb. 1: Seevölkerkrieger mit Federhelmen. Ägyptische Darstellung

III. nach 1177 v. Chr. aber in die Küstenebene der südlichen Levante abgedrängt wurde. Dort bildeten sie Stadtstaaten nach dem Muster der älteren kanaanäischen Staaten. Vom kulturellen Niveau her waren sie den neuen Bauerngesellschaften des Binnenlandes überlegen (vgl. 1Sam 13,19–21). Da sie im Gegensatz zu den Israeliten und anderen Völkern der Region die Beschneidung der Jungen nicht kennen, werden sie in der Bibel oft als »die Unbeschnittenen« oder besser mit einem Ausdruck von Martin Buber als »die Vorhäutigen« bezeichnet (Ri 14,3; 15,18; 1Sam 14,6 u. ö.).

Auf dem Hintergrund dieser inneren und äußeren Bedingungen bilden sich um das Jahr 1000 herum dauerhafte Flächenstaaten in der Region, die sich deutlich von den alten und teilweise noch fortbestehenden kanaanäischen sowie den neu entstandenen philistäischen Stadtstaaten unterscheiden. Allerdings sind die Gebilde, die sich unter der Führung Sauls in Benjamin und Efraim und wenig später unter David in Juda herausbilden, noch wenig entwickelte

33

Staaten. Man spricht von »archaischen« oder »frühen Staaten«. Sie haben nur eine ganz kleine herrschende Schicht. Aufgabe des Königs und seiner Umgebung sind hauptsächlich die Kriegsführung und Rechtsprechung. Es gibt keine ausdifferenzierte Verwaltung, kein Steuerwesen, keine Hauptstadt, keine Staatstätigkeiten etwa im Bereich der Wirtschaft. Vor allem ist die Bevölkerung selbst nach wie vor noch wenig differenziert, es gibt keine Klassen, deren Interessen einander entgegenstehen. All das bildet sich erst allmählich heraus, so dass man im nördlichen Bereich (Israel) erst im 9. und im südlichen (Juda) erst im 8. Jh. von voll entwickelten Staaten sprechen kann.

Die Erzählungen im 1. Samuelbuch handeln von dieser Zeit des Übergangs von der verwandtschaftsbasierten vorstaatlichen Lebensweise zur Bildung eines frühen Staates. Sie tun dies freilich anders, als moderne Geschichtsschreibung das tut. Zwei Prinzipien, die typisch für die biblische Geschichtsschreibung sind, werden auch hier wirksam: *Fokussierung und Personalisierung.* Damit ist erstens gemeint, dass in der biblischen Darstellung die einzelnen Epochen scharf voneinander abgegrenzt und die Übergänge in einem kurzen Zeitraum fokussiert werden, während wir heute eher von fließenden Übergängen ausgehen, die längere Zeit beanspruchen. Und zweitens geht es darum, dass herausragende Persönlichkeiten als Triebkräfte herausgestellt werden, während moderne Geschichtsschreibung eher auf Strukturen und anonyme Entwicklungen achtet.

Der Unterschied zwischen biblischer und moderner Art der Geschichtserzählung lässt sich gut am eben Geschilderten illustrieren. Aus der Entstehung Israels in einem Zeitraum von rund 200 Jahren wird in der biblischen Darstellung die Landnahme unter Führung Josuas, die sich innerhalb kürzester Zeit vollzieht. Entsprechendes gilt für den Übergang zur Monarchie. Was sich unserem Verständnis nach in mehreren Schritten und über einen längeren Zeitraum hinweg vollzieht, fokussiert die biblische Darstellung auf wenige Volksversammlungen, bei denen *eine* Persönlichkeit eine herausragende Rolle spielt: Samuel.

Wie ist die Gestalt Samuels historisch einzuschätzen?

4. SAMUEL: GOTTES STIMME AM HISTORISCHEN WENDEPUNKT

Vergleiche mit anderen Kulturen zeigen, dass an historischen Wendepunkten, wie es die Einführung einer erblichen Monarchie ohne Zweifel ist, häufig prophetische Gestalten eine wichtige Rolle spielen. Dabei ist der Begriff des Prophetischen sehr weit zu fassen, im Grunde so weit, dass er alle Arten des Mittlertums zwischen Gott (bzw. den Göttern) und den Menschen umgreift. Wir werden sehen, dass Samuel durchaus eine prophetische Gestalt in diesem Sinn ist: Er ist Offenbarungsempfänger (1Sam 3 u. ö.), er leistet Fürbitte und opfert (7,8–10 u. ö.), er wird als Prophet (3,20), Gottesmann (9,6–8 u. ö.) und Seher (9,9.11 u. ö.) bezeichnet.

Ist Samuel also eine historische Figur, die bei der Einführung der Monarchie in Israel eine ausschlaggebende Rolle gespielt hat? Im Sinne moderner kritischer Geschichtsschreibung können wir die Frage nicht mit Sicherheit bejahen, allerdings ebenso wenig mit Sicherheit verneinen. Doch selbst wenn wir annehmen, *dass* es eine solche Mittlergestalt gegeben hat, wissen wir praktisch nichts darüber, *wie* sie gewirkt hat – trotz des umfangreichen biblischen Berichts.[14]

Der biblischen Geschichtsdarstellung geht es nämlich nicht um historische Rekonstruktion der Vergangenheit als solcher. Sie sieht vielmehr in den Ereignissen der Vergangenheit Vorgänge, die ihre gegenwärtige Wirklichkeit bestimmen, und sie erzählt die Vergangenheit so, dass ihre Bedeutung für die Gegenwart unmittelbar aufscheint.

Die große Geschichtserzählung, in die die Samuelgestalt eingegliedert ist, reicht auf jeden Fall bis zum Ende der Königszeit in Israel und Juda. Sie blickt auf sie als Ganze zurück. Sie sieht diese Epoche wesentlich geprägt durch das Gegenüber von staatlicher Macht, repräsentiert durch den König, und göttlichem Eingreifen, vermittelt durch Propheten. Das reicht von David, dem Natan (2Sam 12) und Gad (2Sam 24) gegenübertreten, über Ahija von Schilo (1Kön 11,29–39) und Schemaja (12,22–24) zur Zeit der Reichsteilung, über Elija und Elischa (1Kön 17–2Kön 8) und Jesaja (2Kön 18–20) bis zur Prophetin Hulda, die fast schon am Ende der Königszeit dem König Joschija ein wichtiges Orakel übermittelt (2Kön 22,12–20). Die Aufzählung ist nicht vollständig, es kommt nur aufs Prinzip an: Kein König bleibt ohne göttliche Begleitung in Gestalten eines Propheten oder einer Prophetin.

Es ist dieses Geschichtsbild, das in der Erzählung von der Entstehung des Königtums grundgelegt wird. Mit Samuel ist es die letzte große Gestalt der zu Ende gehenden Epoche, von der die Ältesten einen König fordern. Er hatte noch politische und geistliche Macht

---

14 Vgl. dazu noch unten S. 203–210 die nur wenig weiter gehenden Bemerkungen zu Samuel als Prophet.

in seiner Person vereint. Indem die Einrichtung der neuen Institution der Monarchie im engsten Kontakt zwischen Samuel und Gott erfolgt, indem Gott selbst hinter der Auswahl Sauls zum ersten König steht, indem Gott aber auch den ersten König verwirft und statt seiner David erwählt – und alles das vermittelt durch Samuel –, wird klar, *dass zwar die politische Macht auf den König übergeht, die Rolle des Vermittlers zwischen Gottes Willen und dem König aber beim Propheten bleibt.* Das eine Amt, das Samuel innehatte, geht nicht einfach an Saul oder David über, sondern spaltet sich auf. Und dieses Gegenüber von König und Prophet (oder Prophetin) wird bis zum Ende der Königszeit prägend für den Verlauf der Geschichte Israels sein.

Dieses Geschichtsbild hat für die biblische Darstellung der Gestalt Samuels zwei Folgen. Die erste ist, dass es vor allem auf die Funktion Samuels als Mittler gegenüber dem König ankommt. Deshalb wird seine Jugend so ausführlich geschildert, weil er da in diese Rolle hineinwächst, und deshalb steht die Ausübung gerade dieser Funktion im Zentrum seiner Darstellung ab 1Sam 8, während die politische Rolle, die er über 40 Jahre lang gespielt haben soll, in Kap. 7 nur kurz gestreift wird. Die zweite Konsequenz ist, dass bereits in die Schilderung der Entstehung des Königtums eine grundsätzliche Diskussion über diese Institution hineingelegt wird. Noch bevor der erste König eingesetzt ist, werden schon die Nachteile der Monarchie ausgebreitet (1Sam 8,10–17), wird von der göttlichen Erwählung des Herrschers erzählt (1Sam 9–11), wird über das Verhältnis von menschlichem und göttlichem Königtum nachgedacht (8,7; 12,12).

Das Ergebnis ist zwiespältig, es spannt sich zwischen den Extremen aus, dass die Forderung eines

Königs die Verwerfung Gottes als König darstellt und doch Gott selbst es ist, der den ersten (und dann auch den zweiten) König auswählt. Die 400-jährige Geschichte des Königtums in Israel und Juda, die im Folgenden erzählt wird, bleibt von dieser Ambivalenz geprägt. Sie endet damit, dass das Königtum zuerst in Israel (im Jahr 722, erzählt in 2Kön 17) und dann in Juda (im Jahr 586, erzählt in 2Kön 25) verschwindet und durch die imperiale Vorherrschaft des assyrischen bzw. neubabylonischen Weltreichs abgelöst wird.

Was bleibt, ist die prophetische Stimme. Es kommt nicht wieder, wie zuletzt in der Gestalt Samuels, zur Vereinigung von politischer und geistlicher Macht. Aber die Politik, auch die der fremden Weltreiche, bleibt nicht ohne das Gegenüber der Stimme Gottes, vermittelt durch seine Prophetinnen und Propheten. Was mit Samuel beginnt, hat Bestand über die Institution eines eigenständigen Königtums in Israel und Juda hinaus. *Selbst wenn wir am Maßstab moderner Geschichtsschreibung gemessen über die historische Gestalt Samuels so gut wie nichts sagen können, hat Samuel als prophetische Stimme Gottes gegenüber der politischen Macht dennoch bleibende historische Bedeutung.*

B. DARSTELLUNG

Aus Samuels Stellung am Übergang von einer geschichtlichen Epoche zu einer anderen und aus seiner bleibenden Bedeutung gerade als Gegenüber zum Königtum, das er einsetzt und dessen beide erste Vertreter er begleitet (den zweiten, David, allerdings nur bei seinen ersten Schritten), geht hervor, dass von Samuel nicht erzählt werden kann, ohne zugleich von Saul und David zu erzählen. Nur in den beiden ersten Etappen seines Lebens, seiner Kindheit und Jugend (1Sam 1–3) und seiner Zeit als Richter Israels (1Sam 7), ist von den Königen noch nicht ausdrücklich die Rede – auch wenn wir sehen werden, wie sie insgeheim schon gegenwärtig sind. Dann aber vermischt sich die Darstellung Samuels unentwirrbar mit der Sauls, zunächst bei der Einsetzung des Königtums (1Sam 8–12) und dann bei den Konflikten zwischen beiden (1Sam 13–15). Schließlich kommt in Samuels letzter Lebensphase David ins Spiel (1Sam 16,1–13; 19,18–24). Auch die letzte Begegnung des aus der Unterwelt heraufbeschworenen Samuel mit Saul steht schon ganz im Schatten des Übergangs der Herrschaft auf David (1Sam 28).

Für die Leserinnen und Leser der Reihe »Biblische Gestalten« hat die Vermischung der Darstellung Samuels mit der Sauls und Davids den Vorteil, dass sie das hier Gesagte mit den Ausführungen von Georg Hentschel über Saul und Walter Dietrich über David vergleichen können. Sie werden dabei viele Übereinstimmungen finden, gelegentlich auch die eine oder andere Differenz. Sie werden aber auf keinen Fall eine bloße Wiederholung des dort Dargestellten lesen. Denn dem Konzept der Reihe gemäß liegt das Gewicht auf den jeweiligen Gestalten. Auch da, wo dieselben Erzählungen behandelt werden, ist also die Perspektive eine andere.

1. Samuels Kindheit und Jugend

Die Erzählung von Samuels Kindheit und Jugend setzt vor seiner Geburt ein. Sie ist zunächst eigentlich die Erzählung von seinen Eltern, besonders von seiner Mutter Hanna, die den Jungen für den Dienst im Tempel bestimmt (1Sam 1). In einem Lied, das Hanna singt (2,1–10), ist zum ersten Mal von einem König in Israel die Rede; damit wird bereits auf Samuels Lebensaufgabe vorausgeblickt. Doch noch ist es nicht so weit. Samuel wächst zunächst am Tempel in Schilo unter der Anleitung des Priesters Eli heran. Gegliedert wird diese Erzählung, die nicht nur von Samuel, sondern auch von Elis Söhnen (2,12–17.22–25) und einem namenlosen Gottesmann (2,27–36) handelt, durch Notizen, die uns das Heranwachsen Samuels genau beobachten lassen: »Und der Junge war noch ein richtiges Kind« (1,24) – »Der Junge blieb im Dienst Jhwhs unter Aufsicht des Priesters Eli« (2,11) – »Samuel stand im Dienst Jhwhs, ein Gehilfe« (2,18) – »Und der Junge Samuel wurde groß bei Jhwh« (2,21) – »Und der Junge Samuel gewann weiter an Größe und Ansehen bei Jhwh und bei den Menschen« (2,26) – »Der Junge Samuel stand im Dienst Jhwhs unter der Aufsicht Elis« (3,1) – »Und Samuel wuchs heran« (3,19). Zum Ziel kommt diese Geschichte, als »ganz Israel von Dan bis Beerscheba erkannte, dass Samuel als Prophet für Jhwh bestätigt war« (3,20).

1.1 Samuels Geburt und Übergabe an Jhwh (1Sam 1)

Schon die Tatsache, dass ausführlich von der Vorgeschichte der Geburt Samuels erzählt wird, zeichnet ihn aus, wenn wir bedenken, wie viele bedeutsame biblische Gestalten erst als (junge) Erwachsene in unser Blickfeld treten: Noah, Abraham und Sara, Josua, Rut, David und viele mehr. Aber der Beginn der Erzählung ist nicht nur um des Helden willen wichtig. Er bietet auch das Porträt einer willensstarken und weitsichtigen Frau, Samuels Mutter Hanna.

1.1.1 Gliederung

Der Text beginnt, bevor die eigentliche Erzählung einsetzt, mit einer ausführlichen Einleitung. Die Protagonisten werden uns vorgestellt, Elkana und seine beiden Frauen Hanna und Peninna. Mit der Erwähnung, dass Hanna kinderlos ist, wird schon in der Einleitung ein Spannungsmoment eingeführt, das im Verlauf der folgenden Erzählung zur Lösung kommt. Nach weiteren Hintergrundinformationen über die jährlichen Wallfahrten und das Verhältnis der beiden Frauen zueinander geht es mit V. 7 fast unmerklich in die eigentliche Erzählung über. Jetzt befinden wir uns mit den Protagonisten in einem bestimmten Jahr im Tempel von Schilo.

Die Erzählung selbst verläuft in zwei Bögen. Den ersten bilden V. 7–20. Das einleitend schon erwähnte Spannungsmoment von Hannas Kinderlosigkeit wird seiner Lösung zugeführt. Hanna betet im Tempel und macht ein Gelübde für den Fall, dass sie ein Kind bekommen sollte. Der Priester Eli kündigt ihr die Erhörung ihres Gebets an. Und tatsächlich wird übers Jahr ihr Sohn Samuel geboren. Doch mit dem Gelübde

(V. 11) wurde ein zweiter Spannungsbogen eröffnet, denn Hanna hatte versprochen, das Kind an den Tempel zu geben. In V. 21–28 wird erzählt, wie dieses Gelübde erfüllt wird. Hanna stillt den Jungen zunächst, aber als er abgestillt ist – was damals etwa im Alter von drei Jahren geschah (vgl. 2Makk 7,27) –, weiht sie ihn feierlich dem Tempel. Mit der Schlussbemerkung, dass Samuel in Schilo JHWH anbetet (V. 28), tritt der künftige Held der Erzählung zum ersten Mal aktiv hervor.[15]

1.1.2 Hanna, eine willensstarke Frau

Im Mittelpunkt der Erzählung von 1Sam 1 steht Hanna. Zwar wirkt der Anfang so, als gehe es um ihren Mann Elkana. Dieser wird mit einer eindrucksvollen Ahnenreihe vorgestellt: Elkana ben Jeroham ben Elihu ben Tohu ben Zuf, ein Efraimiter. Aber im Verlauf der Erzählung tritt er stark in den Hintergrund. Alle wesentlichen Impulse gehen von Hanna aus. Gewiss zielt die Erzählung auch letztlich nicht auf Hanna, sondern ihren Sohn Samuel ab. Doch zunächst ist er nur das Kind seiner Mutter, und sie ist es, die über seinen Lebensweg bestimmt, indem sie ihn dem Tempel weiht. Deshalb soll unsere erste Aufmerksamkeit dieser bemerkenswerten Frau gelten.

Hanna gehört zur langen Reihe eindrucksvoller selbstbewusster Frauengestalten der Bibel, die von Eva und Sara im ersten Buch des Alten Testaments bis zu Maria, der Mutter Jesu, und Maria von Magdala im Neuen Testament reicht. Wie manche biblische Frau vor und nach ihr hat sie unter dem Problem der Kinderlosigkeit zu leiden. Und wie diese geht sie das Problem aktiv an. Bei einer der jährlichen Wallfahrten

---

15   Vgl. Stolz, 28.

zum Tempel von Schilo betet sie zu Gott und legt ein Gelübde ab (V. 11): Den Sohn, den sie bekommen würde, will sie dem Tempel weihen. Ferner soll »kein Schermesser an seinen Kopf kommen«, eine besonders enge Form der Hingabe an Gott, die mit dem hebräischen Ausdruck als Nasiräat bezeichnet wird (vgl. Num 6,1–21; Ri 13,5.7; 16,17; Am 2,12).[16]

Der Priester Eli, der nur die Bewegungen ihrer Lippen sieht, hält Hanna für betrunken und stellt sie zur Rede. Der Anfang ihrer Antwort wird in deutschen Übersetzungen meist so wiedergegeben: »Ich bin ein betrübtes Weib« (Luther) oder »eine verzweifelte Frau« (Zürcher Bibel) oder »eine unglückliche Frau« (Einheitsübersetzung) (V. 15). Doch gibt das Hebräische keinesfalls das scheinbar so eindeutige Bild der passiven, leidenden Frau her. Mit zumindest gleicher sprachlicher Berechtigung lässt sich übersetzen: »Ich bin eine willensstarke Frau.« Dem Kontext und dem Bild, das er von Hanna zeichnet, dürfte diese Übertragung eher angemessen sein. Denn Hanna überzeugt nicht nur den Priester, der ihr die Erhörung ihrer Bitte ankündigt, sondern auch Gott, der ihr die Schwangerschaft ermöglicht.[17]

Nach der Geburt des Sohnes tritt Hanna keineswegs in die Passivität zurück. Sie entscheidet, mit dem Kind bis zur Entwöhnung im Haus zu bleiben. Sie beschließt, wann sie mit dem Kind zum Tempel geht, und sie nimmt die entsprechenden Opfergaben mit; dass darunter ein Rind von drei Jahren ist (V. 24), ist wohl als Hinweis darauf zu verstehen, dass auch Samuel dieses Alter hat. Und es ist Hanna, die ihren

---

16   Zum Nasiräat vgl. Dietrich, Kommentar, 45 f.
17   Zu dem hier vertretenen Übersetzungsvorschlag vgl. Loretz, 293 f. (»eine starkmütige Frau«).

Sohn für den Dienst im Tempel bestimmt. Einer der wichtigsten Männer der biblischen Geschichte wird von seiner Mutter auf den Weg seiner Bestimmung gebracht.

Noch steht Hannas letzte Handlung aus, das Singen ihres Liedes. Doch wollen wir zunächst im 1. Kapitel des Buches verbleiben und uns dem Sohn Hannas zuwenden.

1.1.3 Samuel und Saul

Scheinbar erfahren wir in 1Sam 1 noch nicht allzu viel über den künftigen Helden Samuel. Er wird geboren, von seiner Mutter gestillt und mit drei Jahren dem Tempel übergeben. Erst der letzte Halbsatz des Kapitels (V. 28b) hat im Hebräischen Samuel zum Subjekt: »Und er betete dort JHWH an.« Dies wäre dann Samuels erste eigenständige Handlung.[18]

Doch der Schein trügt. Denn der hebräische Text ist voller Anspielungen, die sich um die beiden Namen Samuel und Saul drehen. Da im Hebräischen nur die Konsonanten geschrieben werden und als die eigentlichen Bedeutungsträger gelten, gleichen sich die beiden Namen bis auf einen Buchstaben. Samuel hat die Buchstaben Š-M-' [ein kaum hörbarer Knacklaut] -L, Saul die Buchstaben Š-'-L; ausgesprochen wird etwa *Schmuël* und *Schaul*. Damit ist das Material beisammen für Wort-Spiele, die im Hebräischen nicht als bloße Unterhaltung, sondern als geheimnisvolle Verweise verstanden werden. Dabei spielt es keine Rolle, dass die beiden Namen etwas völlig Unterschiedliches bedeuten. Samuel setzt sich aus den Elementen *šem* (= Name) und *el* (= Gott allgemein oder speziell der Gott El) zusammen und heißt: »(der, über dem der) Name

---

18   Vgl. Stolz, 28.

Els (genannt ist)«, Saul heißt einfach »der Erbetene«. Es ist die weitgehende Buchstabengleichheit, die es ermöglicht, diese beiden Namen aufeinander zu beziehen.

In V. 17 fängt es an. Eli antwortet Hanna: »Der Gott Israels gebe dir das, was du in deiner *Bitte* von ihm *erbeten* hast!« Zweimal erscheinen die Buchstaben des Namens Saul. In V. 20 benennt Hanna das Kind. Sie nennt ihn Samuel. Aber in der Begründung erscheinen wieder die Buchstaben von Saul: »Von Jhwh habe ich ihn *erbeten*«. In Hannas letzten Worten, mit denen sie Samuel dem Tempel übergibt, wird es immer dichter (V. 27–28): »Um diesen Jungen habe ich gebetet, und Jhwh hat mir gegeben, was ich in meiner *Bitte* von ihm *erbeten* habe. So mache ich ihn nun selbst zu einem, der von Jhwh *erbeten* ist. Er wird ein *Erbetener* vor Jhwh sein.« Viermal erscheinen die Buchstaben des Namens Saul, und an letzter Stelle ganz genauso geschrieben wie der Name des künftigen ersten Königs in Israel: »Er wird ein Erbetener = *Saul* vor Jhwh sein.«

Gelegentlich wird auf Grund dieser Wortspiele die Meinung vertreten, die Erzählung von 1Sam 1 habe ursprünglich gar nicht von der Geburt Samuels gehandelt, sondern von der Sauls, und sie sei erst nachträglich auf Samuel übertragen worden.[19] Das ist sicher zu viel des Scharfsinns, denn jeder Redaktor des Textes hätte ja ohne Weiteres die Wortspiele ändern können. Hier liegt kein Versehen der Textgeschichte vor, sondern absichtsvolle Anspielung. Wer die Erzählung von der Geburt Samuels, des von Hanna so sehnlich Erbetenen, hört, wird sogleich untergründig

---

19 So Stolz, 25. Vgl. die Belege für diese These bei Stoebe, 97, Anm. 58.

darauf hingewiesen, dass die Geschichte des erbetenen Samuel aufs Engste mit der Geschichte dessen
verwoben ist, der schon mit Namen »der Erbetene«
(= Saul) heißt. Die Geschichte der beiden ist nicht voneinander zu trennen.

Doch bevor die Erzählung über Samuel weitergeht,
ergreift noch einmal Hanna das Wort.

1.2 Hannas Lied (1Sam 2,1–10)

Samuels Mutter Hanna wird sich bald, nachdem ihr
Sohn am Tempel herangewachsen ist, aus der Geschichte verabschieden – für immer. Sie teilt damit das
erzählerische Schicksal mancher biblischen Frauen,
die nur als Mütter ihrer großen Söhne von Interesse
sind, dann aber in den Hintergrund treten. Dennoch –
die Erzählung gewährt Hanna einen großartigen Ab-
gang. Denn bevor sie endgültig aus der Erzählung
verschwindet (2,18–21), betet sie einen Psalm. Der ist
nicht nur ein gewaltiger Lobpreis des Gottes, der ihr
den Sohn geschenkt hat. Er blickt auch schon auf die
künftige Geschichte des Königtums, das durch diesen
Sohn eingesetzt wird, voraus. Und er wird zum Vorbild für das Magnificat Marias, der Mutter Jesu.

Hanna hatte schon einmal gebetet, in Verzweiflung,
ohne Stimme, nur die Lippen bewegend (1,10–13).
Jetzt betet sie »an derselben Stelle mit aufgerichtetem
Haupt und weit geöffnetem Mund«.[20] Sie betet einen
Psalm. In der hebräischen Literatur ist es nicht un-
üblich, dass prosaische Erzähltexte durch Gebete, die
in einer kunstvollen poetischen Sprache formuliert
sind, unterbrochen werden. Die Handlung hält inne.
Das Gebet, das einem der Akteure in den Mund gelegt

---

20   Butting, 169.

wird, nimmt dabei in der Regel nicht nur Bezug auf die aktuelle Lage der Beterin oder des Beters; man denke in Hannas Psalm an die Zeile: »Sogar die Unfruchtbare gebiert siebenfach, und die Kinderreiche welkt dahin« (V. 5), die an die Situation zwischen ihr und der zweiten Frau ihres Mannes zu Beginn der Erzählung erinnert. Über die persönliche Lage der Beterin hinaus dient der Psalm auch als Lesehilfe für die folgende Erzählung.[21] Besonders beachtenswert ist, dass der Psalm Hannas am Anfang der beiden Samuelbücher sein Gegenstück in dem Psalm Davids in 2Sam 22, also am Ende des großen Werkes, findet. Beide Psalmen rahmen die Bücher.

Das Lied Hannas hat drei Teile. V. 1–3a bilden die Einleitung. Hier wechseln die Rederichtungen ständig. Erst spricht Hanna von sich und ihrer Freude. Dann redet sie Gott in seiner Unvergleichlichkeit an. Und schließlich fordert sie nicht näher bezeichnete andere Menschen dazu auf, nicht »so viel Hochtrabendes« und »Vorlautes« von sich zu geben. All das dient nur einem Zweck, das Herzstück des Psalms einzuleiten.

Dieser umfangreichste Teil des Psalms umfasst V. 3b–10a. Er wird mit einem typischen »denn« oder »ja« eingeleitet (»Ja, ein wissender Gott ist Jhwh«) und macht dann Aussagen in dritter Person über Gott. Man kann von einem Hymnus auf Gott sprechen. Dieser Hymnus hat im Grunde ein einziges Thema: die Umkehrung dessen, was man für »normal« oder erwartbar hält. Bei Hanna war das die Erfahrung, dass die Unfruchtbare gebiert, während die Kinderreiche

---

21 Schroer, 44: »die richtige theologische Brille« für die Lektüre der Samuelbücher; Mathys, 133: »eine Leseanleitung für das, was folgt«.

dahinwelkt (V. 5). Allerdings sieht man schon hier, wie das Persönliche überstiegen wird. Denn Hanna hat nicht »siebenfach« geboren, sondern bisher nur einen Sohn; sie wird danach noch fünf Kinder bekommen (2,21), insgesamt also sechs. Und dass die zweite Frau ihres Mannes »dahinwelkte«, hat überhaupt keinen Anhalt in der Erzählung. Doch ist genau das das Entscheidende, dass die – relativ kleine – eigene Erfahrung auf den Gott verweist, der »die Enden der Erde richtet« (V. 10) und der deshalb noch ganz andere Taten vollbringen kann.[22]

Dies besingt der Hymnus, indem er Gegensatzpaare bildet und jeweils das »Normale« oder Erwartbare umkehrt: »Die Bogen der Helden zerbrechen, und die Strauchelnden rüsten sich mit Macht« (V. 4). Weiter geht es mit Satten und Hungrigen und eben der Unfruchtbaren und Kinderreichen. Die nächsten Verse machen deutlich, dass es Gott ist, der hinter dieser Umkehrung scheinbar unabänderlicher Gegebenheiten steht: »Jhwh tötet und macht lebendig, führt hinab in die Unterwelt und herauf. Jhwh beraubt und bereichert, erniedrigt und erhöht. Er richtet Geringe aus dem Staub auf, erhebt Arme aus dem Müll, um sie an die Seite Edler zu setzen« (V. 6–8).[23] Die letzten

---

22 Dietrich, Kommentar, 72, drückt es so aus, »dass Hanna ihre persönliche Erfahrung im Lied generalisiert«.

23 1Sam 2,1–2.6–8a ist in der IV. Perikopenreihe der evangelischen Kirchen Predigttext für den Ostersonntag. Die Aussage von V. 6, wonach Gott »tötet und lebendig macht, in die Unterwelt hinab- und heraufführt«, wird dabei auf die Auferstehung der Toten bezogen. Für dieses Verständnis tritt auch nachdrücklich Albani ein. Vorausgesetzt ist dabei, dass es dasselbe Individuum ist, das erst zu Tod kommt und danach lebendig wird. Es kann aber auch gemeint sein, dass Gott die einen in den Machtbereich des Todes geraten lässt und die andern daraus befreit, wobei die Todessphäre nicht erst mit dem

48

Verse des Hymnus verlassen das Thema der Umkehrung des scheinbar Natürlichen nicht, legen aber größeres Gewicht auf Aussagen über die Macht Gottes, die alles das ermöglicht: »Ja, JHWHS sind die Pfeiler der Erde, gegründet auf ihnen das Erdenrund« (V. 8). Deshalb ist der Mensch gut beraten, der nicht auf die Macht seiner gerade innegehaltenen Position vertraut, die doch jederzeit ins Gegenteil verkehrt werden kann, sondern auf Gott: »Denn nicht in seiner Kraft liegt die Stärke eines Menschen« (V. 9).

Was das alles mit der langen Erzählung der Samuelbücher über die Anfänge des Königtums in Israel zu tun hat, verrät der dritte Teil des Psalms, der nur aus dem Halbvers V. 10b besteht. Er ist eine Fürbitte für den König: »JHWH gebe seinem König Stärke, erhebe das Horn seines Gesalbten!« Hier wird Hanna zur Prophetin – als solche wird sie übrigens in der jüdischen Tradition auch angesehen. Denn noch gibt es ja gar keinen König in Israel, erst ihr Sohn Samuel wird den ersten und zweiten König Israels salben, der dann auch immer wieder als »Gesalbter« – hebräisch »Messias« – bezeichnet werden wird.[24] Aber Hanna kündigt nicht nur die Einrichtung des Königtums an, sie nimmt im Grunde seine Geschichte vorweg. Mit ihrem Psalm sagt sie, dass alle Macht des Königtums nur Bestand haben kann, wenn die Könige auf Gott vertrauen. Mit ihrer eigenen Macht sind sie schnell am

---

biologischen Tod beginnt. Die voranstehenden Verse mit den Gegensatzpaaren Helden-Strauchelnde, Satte-Hungrige und Unfruchtbare-Kinderreiche lassen eher an Letzteres denken, so dass »hier nicht von einer Totenauferweckung die Rede« wäre; so Stoebe, 104, vgl. Stolz, 30.

24 »Mit ›Gesalbter‹ (manchmal auch mit dem Fremdwort ›Messias‹ bezeichnet) meinen die älteren Texte des ATs stets den gegenwärtig herrschenden König«; Stolz, 31.

Ende, die kehrt Gott sofort in Ohnmacht um. Saul, auf dessen Namen ja schon im 1. Kapitel vielfach voraus-verwiesen wurde, wird der Erste sein, der dies am eigenen Leib zu spüren bekommt.

Hannas Psalm findet ein spätes Echo im Neuen Tes-tament. Lukas legt Maria, die mit Jesus schwanger ist, einen Psalm in den Mund (Lk 1,46–55), der eng an 1Sam 2,1–10 angelehnt ist. Gleich der Anfang ist ganz parallel gestaltet. Hanna beginnt: »Es frohlockt mein Herz in Jhwh, erhaben ist mein Horn in Adonaj. Mein Mund ist aufgetan gegen meine Feinde, denn ich er-freue mich deiner Hilfe« (1Sam 2,1). Und Maria er-öffnet mit Worten, die auf Latein »Magnificat« heißen und ihrem Lied den Namen gegeben haben: »Meine Seele lobt den Herrn, und mein Geist jubelt über Gott, der mich gerettet hat. Er hat auf die Erniedrigung seiner Sklavin geschaut« (Lk 1,46–48). Dann preisen beide Frauen Gottes Heiligkeit (»Keine ist heilig wie Jhwh, ja keine außer dir«, singt Hanna, 1Sam 2,3, und »heilig ist sein Name« Maria, Lk 1,49). Und schließlich stellt Maria wie Hanna den Umsturz aller scheinbar ewigen Ordnungen durch Gottes Eingreifen in den Mittelpunkt: »Er hat Gewaltiges bewirkt …, er hat Mächtige von den Thronen gestürzt und Erniedrigte erhöht. Hungernde hat er mit Gutem gefüllt und Rei-che leer weggeschickt« (Lk 1,51–53).

Obwohl Hanna nach dem Singen ihres Liedes nur noch einmal kurz erwähnt wird, klingt ihr Psalm nicht nur in den beiden Samuelbüchern, sondern bis in die Kindheitsgeschichte Jesu nach.

1.3 Samuels Zeit im Tempel von Schilo
(1Sam 2,11–3,21)

Nachdem Samuel von seiner Mutter an den Tempel gebracht worden ist, spielt das Folgende am Heiligtum in Schilo. Die Erzählung beschränkt sich nicht auf die Gestalt Samuels, sondern flicht andere Erzählmotive und -stränge ein. Doch es zeigt sich, dass diese mehr als nur indirekt auch mit Samuel zu tun haben.

1.3.1 Gliederung

In 1Sam 2 erfahren wir zunächst so gut wie nichts über Samuel selbst. Dennoch bildet er – wie schon erwähnt – das Gerüst der Erzählung, die durch die Notizen über sein Heranwachsen gegliedert wird.[25] Der erste Abschnitt handelt nicht von Samuel, sondern von Elis Söhnen, die sich in unwürdiger Weise an den Opfergaben und den Opfernden vergehen (2,12–17). Zum Kontrast folgt ein Absatz über Samuel, genauer gesagt über seine Eltern Elkana und Hanna, die sich nun endgültig aus der Geschichte verabschieden. Die von Gott gesegnete Familie bildet das Gegenstück zu den Zuständen in der priesterlichen Familie (2,18–21).[26] Wieder springt die Erzählung zu Eli und seinen Söhnen; der Vater vermahnt sie, aber sie hören nicht. Die den Absatz abschließende Notiz von Samuels Zunahme »an Größe und Ansehen bei Gott und bei den Menschen« zeigt, dass es auch anders geht (2,22–26). Und wieder springt die Erzählung in die priesterliche Familie. Diesmal treten die Söhne gar

---

25 S. o. S. 40.

26 Lux, 48: »Der fremde Musterknabe und das missratene eigene Fleisch und Blut, das ist die Dramatik des Konfliktes in 1Sam 2,12–4,22.«

nicht mehr in Erscheinung. Vielmehr kommt ein namenloser »Gottesmann« zu Eli und kündigt ihm in einer langen Rede den Tod seiner Söhne und das Ende seines Priestergeschlechts an (2,27–36).

Jetzt erst ist der Weg frei, dass sich die Erzählung ganz Samuel widmen kann. Das gesamte 3. Kapitel berichtet davon, wie er von Eli zur rechten Gotteserkenntnis geführt wird. Am Ende des Kapitels wird dann festgestellt, dass Samuel in ganz Israel als »Prophet für Jʜwʜ« anerkannt ist (3,20). Damit ist die Jugendgeschichte Samuels an ihr Ende gekommen.

1.3.2 Der Tempel von Schilo, der Gottesschrein und das Priestergeschlecht der Eliden

Wir haben gesehen, dass sich nach dem Lied Hannas fast das ganze 2. Kapitel den Verhältnissen am Tempel von Schilo zuwendet. Was hat es mit diesem Heiligtum und seiner Priesterschaft auf sich?

Wer die biblische Erzählung im Zusammenhang liest, trifft auf den Ort Schilo zum ersten Mal in Jos 18,1. Demnach hätten die Israeliten und Israelitinnen, nachdem sie das Land erobert haben, sich dort versammelt und das heilige Zelt aufgestellt. In Schilo wird dieser Erzählung zufolge dann die Verlosung und Verteilung des ganzen Landes an alle Stämme vorgenommen (18,8–10; 19,51; 21,2; 22,9). Offenbar gilt der Ort als die zentrale Versammlungsstätte überhaupt, denn bei einem Konflikt zwischen verschiedenen Stämmen versammelt sich die ganze Gemeinde ebenda (22,12).

Später dann, am Ende des Richterbuches, heißt es in einer eigentümlichen Notiz, ein bestimmtes Kultbild sei so lange in Dan verblieben, solange »sich das Haus Gottes in Schilo befand« (Ri 18,31). Noch einmal hören wir in Ri 21,12, dass sich das Lager der Israeliten dort befindet. Demnach wird in diesen Texten Schilo als so etwas wie der kultische und politische Zentralort Israels in vorstaatlicher Zeit angesehen. Allerdings ist die Vorstellung, dass die Israeliten in vorstaatlicher Zeit ein einziges zentrales Heiligtum gehabt hätten, eine Rückprojektion aus späterer Zeit, als Jerusalem diese Stellung innehatte. Aber dass Schilo gleichwohl »bes[onders] in der Richterzeit eine bedeutende Rolle [spielt]«[27], geht nicht zuletzt aus unserer Erzählung in 1Sam 1–3 hervor. Sie setzt zum einen voraus, dass Schilo eines der Ortsheiligtümer ist, zu dem die Bevölkerung Wallfahrten unternimmt. So liegt Schilo vom Heimatort der Familie Samuels rund einen Tagesmarsch entfernt, je nachdem, wo man das efraimitische Rama(tajim) (1,1; 7,17; 25,1) archäologisch lokalisiert.[28]

Zweitens aber ist Schilo zumindest am Ende der vorstaatlichen Epoche zusätzlich der Aufbewahrungsort jenes heiligen Gegenstandes, der als »Lade« oder »Schrein Jhwhs« bekannt ist. Vermutlich haben aus dieser Erinnerung heraus die Josua- und Richter-Texte den irrtümlichen Schluss gezogen, Schilo sei von der Landverteilung an so etwas wie ein Zentralort für ganz Israel gewesen. Doch ist es viel wahrscheinlicher, dass der Schrein, bevor er in den Tempel von Jerusalem verbracht wurde, ein »Sonderheiligtum« des Stammes Efraim und vielleicht auch der Benjaminiter war.[29]

Dieser Schrein – das im Deutschen geläufige Wort »Bundeslade« kommt in unserem Zusammenhang

---

27 Kreuzer, 475.
28 Vgl. die verschiedenen Vorschläge bei Dietrich, Kommentar, 32–35.
29 So W. H. Schmidt, 171. Zum Gottesschrein vgl. den Exkurs bei Schroer, 49–51.

übrigens nie vor – wird in 1Sam 1–3 nur beiläufig erwähnt, wenn es in 3,3, heißt: »Samuel lag im Tempel Jhwhs, wo sich der Gottesschrein befand.« Erst in Kap. 4–6, die ihrerseits Samuel mit keinem Wort erwähnen, steht der Schrein völlig im Mittelpunkt der Erzählung. Aus ihr – und etlichen anderen Texten – geht hervor, dass er ein mobiles Kriegsheiligtum ist, das bei Kampfhandlungen mitgeführt wird. Man hat sich wohl den Gott Israels über diesem heiligen Gegenstand gegenwärtig gedacht, so dass er unmittelbar in den Kampf zu Gunsten seiner Leute eingreifen konnte. Wegen der machtvollen göttlichen Gegenwart hat der Schrein unter den Philistern, als sie ihn eroberten, erhebliches Unheil angerichtet. Aber das Tabu, den Schrein auch nur zu berühren, kann sogar auf Israeliten zurückschlagen, selbst wenn sie die beste Absicht haben (2Sam 6,6–7). Dass der Aufbewahrungsort dieses wichtigen heiligen Gegenstandes eine herausgehobene Stellung hat, liegt auf der Hand.

Dennoch kehrt der Gottesschrein nach seiner Entführung durch die Philister nicht nach Schilo zurück (1Sam 6,13–7,2). Hängt das damit zusammen, dass Schilo inzwischen zerstört wurde?[30] Eine Zerstörung des Heiligtums wird nämlich in Jer 7,12.14; 26,6.9; Ps 78,60 in späterer Zeit als bekannt vorausgesetzt. Archäologisch lässt sich tatsächlich eine Zerstörung im 11. Jh. v. Chr. nachweisen. Dass der Ort danach wieder schwach besiedelt ist, zeigen die Ausgrabungen und wird auch in 1Kön 14,2.4 und Jer 41,5 vorausgesetzt, ohne dass daraus geschlossen werden könnte, dass auch das Heiligtum wieder errichtet wurde. So plausibel diese Erklärung dafür ist, dass der Schrein

---

30 Dietrich, Kommentar, 127, hält dies für »durchaus möglich, ja wahrscheinlich«; vgl. auch ebd., 214f., sowie Schroer, 41.49.

nicht wieder nach Schilo kommt, so hat sie doch einen Haken: Die Erzählung vom Verlust der Lade an die Philister und ihrer späteren Heimkehr nach Israel erwähnt eine Zerstörung des Heiligtums von Schilo nicht, ja noch nicht einmal Kampfhandlungen in der Nähe der Stadt (1Sam 4).

Allerdings hat die Kindheitsgeschichte Samuels in 1Sam 1–3 auch gar kein Interesse an der Zukunft des Ortes Schilo, sondern vielmehr an der seines Priestergeschlechts. Und die sieht schlecht aus. Kurz gesagt, es soll ausgerottet werden; denn Samuel soll Eli im Namen Gottes ausrichten: »Ich teile ihm mit, dass ich seine Familie für immer verurteile wegen der Schuld, die ihm bekannt ist, dass nämlich seine Söhne Gott gering achten und er sie nicht zurechtweist. Deshalb also habe ich der Familie Elis geschworen: Die Schuld der Familie Elis soll niemals, weder durch Opfer noch durch Gaben, zu sühnen sein« (1Sam 3,13–14).

Damit dieses göttliche Urteil nicht als Willkürakt erscheint, werden die Söhne Elis von Anfang an in die Erzählung einbezogen. Schon bei der ersten Erwähnung des Heiligtums werden sie ausdrücklich genannt (1Sam 1,3). Dann wird in 2,12–17 ausführlich mitgeteilt, wie sie sich an den Opfergaben und den Opfernden vergehen. Wir bekommen dadurch zugleich einen lebendigen Einblick, wie man sich so eine Familienwallfahrt, wie sie Samuels Familie Jahr für Jahr unternimmt, vorzustellen hat. Die Familie bringt ihr Opfertier selbst mit und schlachtet es auch selbst.[31] Dann wird das Fett abgetrennt und für Gott als Opfer

---

31   »Dies steht im Widerspruch zu Texten, welche die Opferpraxis im späteren Israel beschreiben (vgl. besonders 3. Mose 1–5)«; Stolz, 33.

verbrannt. Das übrige Fleisch kommt zerteilt in einen Kessel. Jetzt darf ein Priestergehilfe mit einer dreizackigen Gabel hineinstechen. Das Stück, das er – in einer Art Gottesurteil – erwischt, gehört den Priestern. Den Rest genießt die Familie in einer fröhlichen Feier. Was den Söhnen Elis vorgeworfen wird, ist, dass sie das Gottesurteil umgehen wollen. Sie wollen das Fleisch sofort haben – da sieht man, was man bekommt. Und das Fett wollen sie gleich mit, so dass es Gott nicht geopfert werden kann.[32]

Freilich kommt das Ende des Eliden-Geschlechts nach 3,13–14 nicht nur wegen der Missetaten der Söhne Elis – 2,22 fügt noch hinzu, »dass sie mit den Frauen schliefen, die am Eingang des Begegnungszelts Dienst taten« –, sondern auch, weil Eli sich nicht gegen sie durchsetzen kann. Genügt diese Tatsache in der Kindheitsgeschichte Samuels dazu, das Vernichtungsurteil Gottes gegen die Eliden zu begründen, so erhält sie später noch eine tiefere Bedeutung. Wir werden sehen, dass auch Samuel mit demselben Problem zu tun hat, nur dass es bei seinen Söhnen nicht um Priester-, sondern um Richter-Dienste geht (1Sam 8,1–5). Insgesamt wird so darauf verwiesen, dass alle wesentlichen Institutionen in der zu Ende gehenden vorstaatlichen Zeit mit inneren Schwierigkeiten zu kämpfen haben, die geradezu nach der ordnenden Hand eines Königs rufen.

Ich habe bisher nur den Grundtext von 1Sam 2–3 berücksichtigt und die große Rede des Gottesmannes in 2,27–36 ausgespart, die sich ausschließlich mit der Zukunft des elidischen Priestergeschlechts befasst. Ich habe das getan, weil es sich wohl um einen ers-

---

32   Hertzberg, 22, charakterisiert das Verhalten der Elisöhne als »die sie gänzlich bestimmende Gier«.

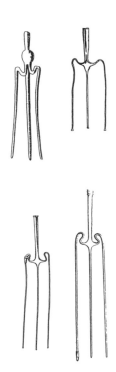

Abb. 2: Dreizackige Gabeln aus verschiedenen nahöstlichen
Fundstätten

ten großen Zusatz handelt, der auf die oben erwähnten deuteronomistischen Redaktoren zurückzuführen ist.[33]

1.3.3 Ein deuteronomistischer Einschub (1Sam 2,27–36)

Der namenlose Gottesmann, der zu Eli kommt, eröffnet
einen ganz anderen Horizont, als ihn die Kindheitsgeschichte Samuels bisher hatte. Ich erwähnte schon,

---

33   S. o. S. 29 f.

dass Schilo zwar ein wichtiges, aber sicher nicht das einzige Heiligtum im Gebiet der israelitischen Stämme war. Jedes dieser Heiligtümer hatte natürlich seine eigene Priesterfamilie.[34] In der Rede des Gottesmannes aber stellt sich das anders dar. Ihr zufolge hat Gott Elis Vorvater einst zum Priester für ganz Israel bestimmt: »Ich habe ihn aus allen Stämmen Israels für mich zum Priester ausgewählt, damit er zu meinem Altar hinaufsteigt, Weihrauch verbrennt und den Priesterschurz vor mir trägt. Ich übergab der Familie deines Vorvaters alle Feueropfer der Israeliten« (V. 28). Die Vorstellung ist also die, dass es nur ein rechtmäßiges Heiligtum und entsprechend auch nur eine rechtmäßige Priesterschaft geben kann. Das ist unverkennbar die Vorstellung, die auch das Deuteronomium, das 5. Buch Mose, vertritt. Aus guten historischen Gründen ist man der Ansicht, dass dieses Buch nicht vor Ende des 7. Jh.s v. Chr. entstanden sein kann. Deshalb dürfte auch die Rede des Gottesmannes kaum früher in den Text der Samuelerzählung eingefügt worden sein, um sie an die Gedankenwelt des Deuteronomiums anzupassen (und es ist wiederum diese Nähe zum Deuteronomium, weshalb man von deuteronomistischer Redaktion spricht).[35]

Wenn aber Elis Familie von Gott verworfen wird, dann muss er konsequenterweise für Ersatz sorgen, weil sonst der Tempel unversorgt bliebe. In der Tat kündigt der Gottesmann im Namen Gottes solchen Ersatz an: »Mir aber werde ich einen zuverlässigen

---

34   Vgl. Stolz, 35.
35   Nach Dietrich, Kommentar, 123–125, liegt in 1Sam 2,27–36 ein vordeuteronomistischer Grundbestand mit umfangreichen deuteronomistischen und nachdeuteronomistischen Erweiterungen vor.

Priester einsetzen, nach meinem Herzen und Geschmack wird er handeln; dem gründe ich eine zuverlässige Familie, alle Zeit wird er vor meinem Gesalbten bestehen« (V.35). Nun soll freilich Elis Familie nicht ganz ausgerottet werden. »Zwar will ich dir nicht alle von meinem Altar weg ausrotten, um deine Augen nicht erlöschen und deine Kehle nicht verschmachten zu lassen. Aber die große Mehrzahl deiner Familie wird im besten Alter sterben«, gesteht Gott Eli zu (V.33). Damit stellt sich die Frage, wie die übrig gebliebenen sich zu den Priestern, die dann legitimerweise den Kult versorgen werden, zu stehen kommen. Auch darauf weiß die Rede des Gottesmannes eine Antwort: »Und alle, die in deiner Familie übrig geblieben sind, werden sich vor ihm um ein Geldstück oder einen Brotlaib niederwerfen und sagen: Schließ mich doch einer deiner Priesterschaften an, damit ich einen Bissen Brot zu essen kriege« (V.36). Elis Nachfahren werden sich also um niedere Dienste am Tempel bemühen müssen, und sie werden das für jeden Lohn tun.

Mit diesen Bemerkungen werden keine theoretischen Fragen abgehandelt. Als Ende des 7. Jh.s der judäische König Joschija auf Grund der Ideen des Deuteronomiums den Kult in Jerusalem konzentrieren will, stellt sich das Problem nämlich sehr praktisch. Zwar hatte das Deuteronomium selbst noch vorgesehen, dass die nun arbeitslos gewordenen Landpriester das Recht haben sollten, in Jerusalem Dienst zu tun und dafür auch entsprechend versorgt zu werden (Dtn 18,6–8). Doch aus dem Bericht über die Reformen Joschijas erfahren wir, dass dieser Punkt nicht umgesetzt wurde (2Kön 23,9). Eine Rede wie die des Gottesmannes in 1Sam 2,27–36 hat da unter anderem auch die Aufgabe, die missliche Lage dieser Landpriester verständlich zu machen und auf frühere Versündigungen zurückzuführen.

Der Gottesmann blickt aber nicht nur bis ans Ende der judäischen Königszeit voraus, sondern auch bis zum Ägyptenaufenthalt der Israeliten zurück. Er beginnt seine Rede, die er als Rede Gottes hält, mit diesem Rückblick: »So spricht Jhwh: Habe ich mich nicht der Familie deines Vorvaters offenbart, als sie noch in Ägypten, im Pharaonenstaat, waren?« (V. 27) Uralt wäre demnach das elidische Priestergeschlecht. Woher der Gottesmann – oder sagen wir besser, der deuteronomistische Redaktor – diese Vorstellung hat, wissen wir nicht. In den Erzählungen vom Aufenthalt der Israeliten in Ägypten wird eine Erwählung der Eliden jedenfalls nie erwähnt. Wahrscheinlich hat er es sich einfach so zurechtgelegt, und unter seinen Voraussetzungen ganz folgerichtig. Er macht drei Voraussetzungen: Es gibt nur ein legitimes Heiligtum und eine legitime Priesterschaft; zur Zeit Samuels ist dieses Heiligtum Schilo und die Priesterschaft die der Eliden; und vorher war nichts von einem Wechsel der legitimen Priesterfamilie zu hören. Also muss Gott dieses Geschlecht wohl schon in Ägypten berufen haben.

Ein solcher Zusatz zur älteren Erzählung hat zwei Aufgaben. Zum einen aktualisiert er den Text, lässt ihn auf zur Zeit des Zusatzes aktuelle Fragen eingehen. Eine ganz wichtige war die, wie sich die arbeitslos gewordenen Landpriester zur legitimen Jerusalemer Priesterschaft verhalten und wie man sich ihr unglückliches Geschick als mit dem Willen Gottes übereinstimmend erklären soll. Zum andern stellt ein solcher Zusatz den Text in größere geschichtliche Zusammenhänge. Er blickt weit über den Buchanfang des 1. Samuelbuches zurück bis in die Zeit des Ägyptenaufenthalts der Israeliten. Und für seine Zeitgenossen verstehbar blickt er voraus bis in die letzten Jahre des judäischen Königtums mit der Kultzentralisation unter König Joschija.

Nach diesem Ausblick kehren wir wieder in den sehr viel engeren Horizont der Kindheitsgeschichte Samuels zurück.

1.3.4 Samuel wird Prophet (1Sam 3)

Nach der langen Rede des Gottesmannes holt uns ein Halbvers in die Samuelgeschichte zurück: »Der Junge Samuel also stand im Dienst Jhwhs unter der Aufsicht Elis« (3,1a). Dass er damit priesterliche Dienste versieht, geht aus einer zuvor schon gemachten Bemerkung hervor: »Samuel stand im Dienst Jhwhs, ein Gehilfe, bekleidet mit einem leinenen Priesterschurz« (2,18). Dieser Efod genannte Schurz ist ein Kleidungsstück, das nur Priester tragen, wenn sie kultisch tätig sind (vgl. Ex 28–29; 39). Samuel ist zu Beginn von Kap. 3 also schon herangewachsen, wie wir immer wieder gehört haben (1,24; 2,11.18.21.26). Aber er ist noch nicht selbständig. Wie es dazu kommt, wird im Folgenden erzählt.

Noch etwas erfahren wir, bevor die für die Kindheitserzählung entscheidende Geschichte anfängt, eine Art Zeitdiagnose: »Das Wort Gottes war selten zu dieser Zeit, Gesichte waren nicht verbreitet« (3,1b). Ich finde diese Notiz erstaunlich – und zugleich tröstlich. Wir haben oft den Eindruck, früher war die religiöse Welt noch in Ordnung. Da war das Abendland noch christlich, in den Familien wurde noch gebetet und die Bibel gelesen, und sonntags gingen alle zur Kirche. Wir dagegen, so empfinden wir, leben in einer entchristlichten, säkularisierten und nur noch an Konsum und Karriere interessierten Welt, die von Gott nichts mehr wissen will. Einmal abgesehen davon, dass diese Diagnose weder für die Vergangenheit noch für die Gegenwart so richtig stimmt: Der halbe Vers aus 1Sam 3,1b sagt, dass es solche Zeiten der scheinbaren oder wirklichen Gottesferne durchaus gibt und dass es sie auch früher schon gegeben hat. Und er führt sie sogar auf Gott selbst zurück. Denn er selbst ist es, der Wort und Visionen zurückhält. Gott ist meiner Überzeugung nach zwar nicht tot, wie Friedrich Nietzsche meinte. Aber er kann sich zeitweise etwas zurückhalten – zumindest in bestimmten Teilen der Welt. Denn dass er auch gegenwärtig in Lateinamerika, Afrika oder Südkorea äußerst lebendig am Werk ist, lässt sich kaum bestreiten.

In dieser gottesarmen Zeit nimmt es nicht wunder, dass der unerfahrene Samuel es noch nicht einmal merkt, wenn Gott mit ihm redet. Er schläft im Tempel, direkt beim Gottesschrein. Er hört seinen Namen rufen. Und er muss denken, dass Eli ihn ruft. Eli aber schickt ihn wieder schlafen, denn er hat ihn ja wirklich nicht gerufen. Kurz hält der Erzähler inne und kommentiert das Geschehen: »Samuel hatte JHWH nämlich noch nicht kennen gelernt, ihm war noch kein Wort JHWHs offenbart worden« (V. 7).[36] Eli aber ist der Erfahrenere. Beim dritten Mal begreift er, was los ist. Gott selbst ruft Samuel. Er gibt dem Jungen Anweisungen, wie er sich verhalten soll, und tatsächlich spricht dann Gott mit Samuel.

Der alte Eli ist für mich der Inbegriff eines guten theologischen Lehrers. Er hat sicher auch seine Theorien, seine Theologie und Philosophie, sein Weltbild.

---

36   Nach Vette, 50, werden durch eine solche Erzählunterbrechung »dem Leser Hintergrundinformationen geliefert, die zum Verständnis der eigentlichen Handlung notwendig sind«. Er nennt das »expositionales Material«.

Aber die sind nicht das Wichtigste. Wichtig ist, dass der Schüler von seinem Lehrer darauf hingewiesen wird, die Stimme des Lehrers nicht mit der Stimme Gottes zu verwechseln.[37] Theologie taugt nur, sofern sie auf Gottes Wort selbst hinweist. Und im Übrigen ist die Tatsache, dass es heute nicht nur Lehrer und Schüler, sondern immer mehr Lehrerinnen und noch viel mehr Studentinnen der Theologie gibt, für mich ein Hinweis darauf, dass sich Gott in unserer Zeit doch nicht ganz zurückgezogen haben kann.

Eli ist auch deshalb ein so guter theologischer Lehrer, weil er zulässt, dass das, was Gott zu sagen hat, nicht mit dem übereinstimmt, was er sich persönlich vorstellen und wünschen mag. Denn als Gott endlich mit Samuel spricht, gibt er die Vernichtung der Familie Elis bekannt (3,11–14). Die entscheidenden Worte wurden oben schon zitiert.[38] Da Eli ahnt, dass Gott nichts Gutes zu sagen hat, bedroht er seinen Schüler Samuel regelrecht,[39] ihm ja die Wahrheit zu sagen. Als er sie vernimmt, fügt er sich in weiser Einsicht: »Er ist JHWH. Was er für gut hält, tut er« (V. 18). Mit diesen Worten bricht die Erzählung ab. Das nächste Kapitel wird dann erzählen, wie Elis Söhne umkommen und wie auch der Vater zu Tode kommt, als er erfährt, dass der Gottesschrein von den Philistern erobert worden ist. Zwar gebiert Elis Schwiegertochter noch einen Sohn Ikabod, über den die Linie der Eliden weitergeht. Aber sie selbst stirbt unter der Geburt (1Sam 4).

---

37 Dietrich, Kommentar, 194: Eli als »Ersatzvater und Lehrer« Samuels »hat nur eine Aufgabe: das Kind über sich hinauszuweisen auf Gott – und das tut er.«

38 S. o. S. 55.

39 Nach Dietrich, Kommentar, 166, »wird er zudringlich, fast aggressiv«.

Doch bevor der Erzählblock vom Gottesschrein und seinem Schicksal (Kap. 4–6) anfängt, wird in einer knappen Schlussnotiz die Kindheitsgeschichte Samuels zu Ende gebracht: »Und Samuel wuchs heran. Jhwh war mit ihm und ließ von all seinen Worten nichts unter den Tisch fallen. So erkannte ganz Israel von Dan bis Beerscheba, dass Samuel als Prophet für Jhwh bestätigt war. Jhwh erschien auch weiterhin in Schilo. Ja, Jhwh offenbarte sich Samuel in Schilo im Wort Jhwhs« (V. 19–21). Ich zitiere diese Schlussnotiz im vollen Wortlaut, weil sie so erstaunlich knapp ist. Im Grunde erfahren wir nur zwei Dinge.

Das erste ist, dass Samuel *in ganz Israel* anerkannt wird. Das ist insofern überraschend, als wir uns bisher

Abb. 3: Julius Schnorr von Carolsfeld: Der Herr verkündet dem Knaben Samuel Elis Tod und seines Hauses Untergang. 1851–1860

geografisch in einem recht engen Horizont bewegt haben. Hier schlägt deutlich die oben erwähnte Auffassung durch, wonach Schilo das einzige Zentralheiligtum für ganz Israel in vorstaatlicher Zeit war, ganz nach dem Modell des Jerusalemer Tempels nach der Kultreform Joschijas. Folglich muss, so die Logik, das, was in Schilo passiert, in ganz Israel bekannt sein. Dabei werden für die Grenzen Israels die im Norden gelegene Stadt Dan und das südliche Beerscheba angegeben, eine Formel, die sich auch sonst öfters findet (Ri 20,1; 2Sam 3,10; 17,11 u. ö.).

Als zweites hören wir, dass Samuel *als Prophet* anerkannt wird. Was das heißt, wird präzisiert: Gott erscheint ihm und offenbart sich ihm in seinem Wort. Zum ersten Mal wird Samuel eine bestimmte Rolle zugeschrieben, die des Propheten. Deutlich bezieht sich das auf die erste Offenbarung, die tatsächlich eine Prophezeiung Gottes für Eli zum Inhalt hat, die Samuel diesem als Prophet übermitteln soll.[40] Weitere Prophezeiungen Samuels werden uns in dieser knappen Schlussnotiz nicht mitgeteilt.

Daneben erhält die Schlussnotiz zwei Irritationen. Die erste besteht darin, dass zweimal ausdrücklich betont wird, dass die weiteren Gottesoffenbarungen in Schilo stattfinden. Schon im nächsten Kapitel sterben Eli und seine Söhne. Nun wird nicht gesagt, in welchem zeitlichen Abstand das geschieht. Sollte Samuel noch bis zum Tod der Priesterfamilie in Schilo geblieben sein und dort als Prophet gewirkt haben? Oder blieb er auch danach noch in Schilo? Doch wer hat

---

40 Dietrich, Kommentar, 182: Mit der Offenbarung in V. 11–14 »ist exakt die Rolle des (klassischen) Propheten erfasst: Er sagt Dinge an bzw. aus, die verborgen und gleichwohl höchst real sind.«

dann das Heiligtum kultisch betrieben, wenn die Eliden alle tot sind?

Das führt zu der zweiten, noch größeren Irritation. Warum tritt Samuel nicht in priesterlichen Dienst ein? Er war doch Priesterlehrling im Heiligtum.[41] Wäre es da nicht das Nächstliegende gewesen, dass er das Heiligtum übernimmt?[42] Offenbar aber war er dazu nicht berufen, sondern zum Prophetenamt.

So entlässt uns die Kindheitsgeschichte Samuels mit offenen Fragen. Wir werden sehen, dass sie sich im Lauf der weiteren Erzählung keineswegs von selbst beantworten. Es wird sogar zunächst noch komplizierter werden. Dennoch werden wir am Ende ein in sich stimmiges Bild erhalten.

Doch bevor wir im Erzählverlauf weitergehen, werfen wir noch einen zusammenfassenden Rückblick auf die Kindheitsgeschichte Samuels.

1.4 Die erzählerische Funktion der Kindheitsgeschichte

Der Anfang von 1Sam 1 ist deutlich als Anfang eines Buches formuliert: »Es gab einmal einen Mann aus Ramatajim-Zofim im Gebirge Efraim. Er hieß Elkana ben Jeroham ben Elihu ben Tohu ben Zuf, ein Efra-

---

41 Lux, 42, weist darauf hin, dass die Tätigkeit des Priesters ein Lehrberuf ist, den sowohl die Familienangehörigen als auch »Quereinsteiger« unter Anleitung des amtierenden Priesters erlernen können.

42 Stoebe, 84, erklärt die Auffälligkeit damit, dass »die Ablösung Silos … endgültig« sei. Nach Dietrich, Kommentar, 176, hätte eine ältere Fassung der Erzählung tatsächlich »die Ablösung Elis durch Samuel als des für das Heiligtum in Schilo Verantwortlichen zum Gegenstand« gehabt, sei aber verändert worden, »als die Kultstätte von Schilo an Bedeutung verlor«.

imiter. Der hatte zwei Frauen. Die eine hieß ...« (V. 1 f.). Indem das Buch mit der Kindheitsgeschichte *Samuels* beginnt, ist deutlich, dass Samuel keine Nebenfigur ist, auch wenn das Buch auf die Einführung des Königtums und damit auf die Gestalten Sauls und Davids hinausläuft. Samuel ist nicht das Vorspiel, auf das die Haupthandlung erst folgt; Samuel gehört in die Haupthandlung hinein.

Die Haupthandlung ist die Einführung des Königtums in Israel. Auf sie weist die Kindheitsgeschichte mehrfach hin. Oben wurden schon die zahlreichen Anspielungen auf den Namen »Saul« erwähnt. Auch das üble Verhalten der Söhne Elis gehört hierhin. Denn es begründet nicht nur den Untergang der Elidenfamilie, sondern macht auch plausibel, dass angesichts solcher Zustände an einem Heiligtum die ordnende Hand eines Königs sinnvoll sein könnte. Und schließlich blickt Hanna – hierin Prophetin wie ihr Sohn – schon auf das künftige Königtum voraus, wenn sie ihr Gebet mit der Fürbitte für den »Gesalbten JHWHS« beendet (1Sam 2,10).

Welches Eigengewicht die Kindheitsgeschichte Samuels im strukturellen Aufbau des 1. Samuelbuches hat, zeigt sich, wenn wir sie mit dem Beginn der Saulgeschichte vergleichen. Dieser ist nämlich ganz ähnlich wie der Anfang der Samuelgeschichte formuliert: »Es war ein Mann aus Benjamin, der hieß Kisch ben Abiël ben Zeror ben Bechorat ben Afiach, ein Benjaminiter, ein vermögender Mann. Der hatte einen Sohn mit Namen Saul ...« (1Sam 9,1 f.). Die beiden gewichtigen Erzählanfänge zeigen, dass die beiden Gestalten Samuel und Saul nicht unter- oder übergeordnet, sondern gleichrangig sind.

Das Gewicht Samuels wird noch größer, wenn wir das im biblischen Kanon davorstehende Richterbuch mit einbeziehen. Die letzte bedeutende Richtergestalt, die das Buch präsentiert, ist Simson (Ri 13–16). Auch Simson hat wie Samuel eine Kindheitsgeschichte, auch er wird Gott als Nasiräer geweiht (13,5.7). Und seine Geschichte beginnt wie die Samuels und Sauls mit der Vorstellung der Eltern: »Es war ein Mann aus Zora, aus der Sippe der Daniter, der hieß Manoach. Seine Frau war unfruchtbar ...« (13,2). Wie Samuel wird auch Simson nur durch ein göttliches Wunder geboren.[43] Durch die Abfolge der Bücher wird Samuel als der Erbe des umfassenden Richteramtes der vorstaatlichen Zeit eingeführt.

Scheinbar liegen zwei gegenläufige Tendenzen vor. Zum einen nämlich ist die Haupthandlung des 1. Samuelbuches eindeutig die Einführung des Königtums, worauf schon die Kindheitsgeschichte Samuels selbst vielfach vorausweist. Zum andern aber ist Samuel gegenüber dem ersten König Saul keine untergeordnete Nebenfigur, sondern eine Hauptfigur. Diese scheinbar auseinanderlaufenden Tendenzen werden zusammengeführt, wenn wir das Ziel der Kindheitsgeschichte hinzunehmen: Samuel wird *als Prophet* anerkannt (3,20). Das war insofern erstaunlich, als die Erzählung selbst eine priesterliche Tätigkeit Samuels nähergelegt hätte. Vom Ganzen der Erzählung her aber ist die Bezeichnung Samuels als Prophet durchaus konsequent. Denn nachdem das Königtum einmal etabliert ist, treten nach der Darstellung der Samuel- und Königebücher den Königen immer Propheten an die Seite, die sie zurechtweisen, aber auch unterstützen. Und Samuel ist der erste Prophet, der dem ersten

---

43 Zur Parallelität der Samuel- und Simson-Geschichte vgl. Dietrich, Kommentar, 27.31 f.

(und ein Stück weit auch dem zweiten) König gegenübertritt.[44]

Nach dem Durchgang durch die Kindheitsgeschichte Samuels kann man sogar noch einen Schritt
weitergehen. Die Vorstellung des 1. Samuelbuches ist
nicht eigentlich die, dass nach der königslosen Zeit
nun endlich ein König auftritt, dem dann ein Prophet
nur zur Seite gestellt würde. Die Vorstellung ist vielmehr die, dass *das eine umfassende politische und religiöse Leitungsamt der vorstaatlichen Epoche mit Errichtung
des Königtums in zwei Funktionen aufgespalten wird, die
politische des Königs und die religiöse des Propheten. Insofern ist eben der Prophet dem König nicht unter- oder nur
beigeordnet, sondern gleichgestellt* – um noch gar nicht
von denjenigen Traditionen zu sprechen, die die Propheten den Königen überordnen.[45] Aus diesem Grund
muss die Kindheitsgeschichte Samuels das Gewicht
haben, das sie hat.

Doch ganz lässt sich dieser Gedanke erst erfassen,
wenn wir in der Erzählung weitergehen.

2. Samuel als Richter Israels

Samuel ist nun erwachsen geworden. Er wirkt am
Heiligtum von Schilo als Prophet für ganz Israel. So
hält es der erste Satz der kommenden Erzählung fest
(4,1). Danach verlieren wir Samuel zunächst aus den

---

44 1Sam 3,20 ist so zwar auch »Vorgriff auf die große Erzählung
    1Sam 9,1–10,16« (so Dietrich, Kommentar, 187, vgl. ebd., 175),
    aber es ist mehr als nur das: Es weist schon auf die weitere
    Königszeit voraus.
45 S. dazu u. S. 150–153 und 164–169 zu Kap. 13,7b–15a und
    Kap. 15.

Augen. Wir bleiben zwar noch in Schilo. Aber was in den folgenden drei Kapiteln vom Schicksal des Gottesschreines erzählt wird, kommt ohne eine einzige Erwähnung Samuels aus.[46] Erst nachdem diese Geschichte erzählt ist, tritt die Gestalt Samuels in Kap. 7 wieder in den Mittelpunkt des Interesses.

2.1 Das Geschick des Gottesschreins (1Sam 4–6)

Da dieses Buch seinen Leserinnen und Lesern die Gestalt Samuels nahebringen möchte, können wir die drei Kapitel über das Schicksal der »Lade Jhwhs« – wofür ich das Wort »Schrein« vorziehe – knapp behandeln. Denn wie gesagt wird Samuel nach dem Einleitungssatz: »Das Wort Samuels ereignete sich für ganz Israel« (4,1a) nicht mehr erwähnt.

Trotzdem sind diese drei Kapitel auch für Samuel und seinen weiteren Weg von Bedeutung. Die Erzählung beginnt damit, dass ein neuer Akteur eingeführt wird: die Philister. Gleich aus dem ersten Satz geht hervor, dass zwischen ihnen und Israel Feindschaft besteht: »Da zog Israel gegen die Philister in den Krieg« (V. 1b). Die folgenden drei Kapitel werden ausführlich auf die Spannungen zwischen den beiden Völkern eingehen. Diese werden aber auch für das gesamte weitere 1. Samuelbuch die Grundkonstellation bilden, die immer im Hintergrund und oft auch im Vordergrund des Geschehens steht: Saul kämpft gegen die Philister (Kap. 13–14), der junge David tötet den Philister Goliat (Kap. 17), später flieht David zu

---

46 Nach ausführlicher Diskussion der Argumente Pro und Kontra sieht Eynikel, Relation, die alte These bestätigt, dass es sich bei der Erzählung vom Gottesschrein um ein ursprünglich eigenständiges Überlieferungselement handelt.

dem Philisterfürsten Achisch von Gat (21,11–16; 27; 29), und schließlich fallen Saul und sein Sohn Jonatan im Kampf gegen die Philister (Kap. 31). Erst mit der Notiz von 2Sam 8,1: »David schlug die Philister und unterwarf sie« ist dieses Thema beendet.[47]

Die Philister sind es auch, die als Vollstrecker der göttlichen Drohungen gegen das Haus Elis aus 1Sam 2 und 3 auftreten. Denn im Kampf gegen sie fallen Elis beide Söhne Hofni und Pinhas (4,11). Auch Eli selbst fällt vom Stuhl und bricht sich das Genick, als er die Nachricht von der Niederlage der israelitischen Truppen erfährt (V. 18). Zwar bringt Elis Schwiegertochter, die Frau Pinhas', im Augenblick der Katastrophe noch *postum* einen Sohn Pinhas' zur Welt, den sie Ikabod nennt (V. 19–22). Später erfahren wir, dass dieser Ikabod einen Bruder namens Ahitub hatte, in dessen Nachfolge weitere Priester agieren (14,3). Aber insgesamt erweckt die Erzählung von 1Sam 4 den Eindruck, dass die in den vorangehenden Kapiteln angekündigte Ausrottung der Eliden nun vollzogen ist.

Dass von einer Zerstörung des Heiligtums von Schilo nicht die Rede ist, wurde schon erwähnt.[48] Sie ist auch eher unwahrscheinlich, weil die Kampfhandlungen an einem Ort stattfinden, von dem aus ein Bote einen Tag lang laufen muss, um die Nachricht nach Schilo zu bringen (4,12). So müssen wir es dabei belassen, dass sich die Spur Schilos in der Geschichte verliert, ohne dass wir eine Antwort auf die Frage nach dem Zeitpunkt der Zerstörung erhielten.

Das hängt wohl damit zusammen, dass sich die Erzählung gar nicht für das Heiligtum, dafür aber umso

---

47 Zum historischen Hintergrund vgl. o. S. 32f.
48 S. o. S. 54f.

mehr für den Gottesschrein interessiert.[49] Um sein Schicksal geht es in Kap. 4–6. Er wird von den Philistern erbeutet, richtet unter ihnen großes Unheil an – schließlich ist durch ihn Jhwh selbst präsent – und wird schließlich an die Israelitinnen und Israeliten zurückgegeben. Dass er nicht wieder nach Schilo kommt, wo er sich zu Anfang der Erzählung befunden hatte (4,3f.), könnte nun doch wieder als indirekter Hinweis darauf gedeutet werden, dass das Heiligtum zerstört war. Aber selbst wenn das nicht gemeint ist: Ein Heiligtum, dessen Priesterschaft ausgerottet ist, eignet sich nicht als Aufbewahrungsort des heiligsten Gegenstandes des Volkes.

Mit dem Tod Elis und seiner Söhne wird nicht nur der Spannungsbogen abgeschlossen, der mit der Ankündigung dieses Ereignisses in Kap. 2 und 3 eröffnet wurde. Er stellt auch das Ende einer Epoche dar. Denn jetzt erfahren wir, dass Eli »40 Jahre über Israel Recht gesprochen« hatte (4,18). Er war also nicht nur der Priester von Schilo, als den wir ihn bisher ausschließlich kannten, sondern auch der Richter Israels und damit Nachfolger Simsons, von dem es zuletzt geheißen hatte, dass er »20 Jahre über Israel Recht gesprochen« hatte (Ri 16,31). Was es mit der Vorstellung von einem zentralen Amt des Richters über ganz Israel in vorstaatlicher Zeit auf sich hat, werden wir im folgenden Kapitel näher betrachten.

Aus V. 15 erfahren wir zudem, dass Eli bei seinem Tod 98 Jahre alt ist. Demzufolge hätte er das Richter-Amt mit 58 angetreten. Doch ist das sicher zu pedantisch gerechnet. Denn die 40 Jahre Elis sind wie die 20 Jahre Simsons runde Zahlen, die im Fall der 40 Jahre

---

49 Dietrich, Kommentar, 204: »Im Fokus sind die Lade und die Eliden, genauer: deren Verlust und Verlöschen.«

einfach eine sehr lange Amtszeit andeuten wollen. Dennoch sind die Zahlen wichtig, weil sie uns ins Verständnis der Erzählung einführen. Schon in 1Sam 2,22 stand, dass Eli »sehr alt« war. Jetzt ist Eli »noch viel älter als damals«[50]. Das stimmt mit dem überein, was wir über das Heranwachsen des jungen Samuel lesen. Die Erzählung will uns das Bild vermitteln, dass Eli schon lange Richter über ganz Israel war, dass er im hohen Alter von 98 Jahren stirbt und dass Samuel schon ein erwachsener junger Mann sein muss, als dies geschieht.[51] Ergänzend ist noch hinzuzufügen, dass sich die Ereignisse um die Lade in einem sehr kurzen Zeitraum abspielen, denn nach 6,1 bleibt sie nur sieben Monate bei den Philistern, ehe sie an Israel zurückgegeben wird.

Auf dem Hintergrund dieser Vorstellungen bekommt das, was nun in Kap. 7 über Samuel berichtet wird, sein Profil.

2.2 Samuels beruflicher Weg (1Sam 7)

Beim einführenden Durchgang durch Samuels Lebensweg hatte ich gesagt, dass wir uns mit dem, was wir in 1Sam 7 über den Helden der Erzählung erfahren, in einem biografischen Loch befänden.[52] Dies ist nun durch einen genaueren Blick auf dieses Kapitel zu präzisieren.

---

50   Ebd., 220.
51   Vgl. dazu o. S. 14.
52   S. o. S. 16.

2.2.1 Der literarische Charakter von 1Sam 7

1Sam 7 lässt sich grob in drei Teile gliedern. Den ersten Teil bildet V. 1, der eigentlich der Schlussvers der Erzählung über das Geschick des Gottesschreins ist. Wir hören, dass der Schrein nach Kirjat-Jearim verbracht und dort im Haus eines gewissen Abinadab von dessen Sohn Eleasar in Obhut genommen wird. Darauf folgt der Hauptteil des Kapitels, V. 2–14. Er beginnt mit einem Zeitsprung von 20 Jahren (V. 2). Er führt Samuel wieder in die Erzählung ein (V. 3), aus der er in 4,1 verschwunden war. Sein Hauptthema ist der Konflikt zwischen Israel und den Philistern. Abgeschlossen wird das Kapitel mit dem dritten Teil, V. 15–17, der summarisch über Samuels Tätigkeit als Richter über Israel informiert.

Der umfangreiche Hauptteil lässt sich noch weiter untergliedern. Die Einleitung in V. 2 enthält neben der Zeitangabe den Auslöser des folgenden Geschehens: »Das ganze Haus Israel klagte gegenüber Jhwh.« Worüber sie klagen, können wir erst aus dem Folgenden erschließen, wenn Samuel in einer ersten Rede ankündigt, Gott werde »euch aus der Hand der Philister retten« (V. 3). In dieser ersten Rede fordert Samuel die Israelitinnen und Israeliten auf, allerlei fremde Götter zu entfernen und ihr Herz fest auf den Gott Israels zu richten, damit er sie aus der Gewalt der Philister errettet, was die Israeliten dann auch tun (V. 3 f.). Danach beruft Samuel eine Versammlung nach Mizpa ein, auf der das Volk ein Sündenbekenntnis ablegt (V. 5–7). Jetzt erst treten die Philister in Aktion und ziehen zum Krieg gegen Israel heran. Doch weil Gott sie mit donnernder Stimme in Schrecken versetzt, werden sie geschlagen und verfolgt, und zwar so gründlich, dass sie zu Samuels Lebzeiten zu keiner Bedrohung mehr für Israel werden. Sogar einige Städte, die die Philister zuvor eingenommen hatten, fallen wieder an Israel zurück (V. 7–14a). Der Schlusssatz, dass »Friede zwischen Israel und den Amoritern«, also den übrigen Bewohnern des Landes Kanaan, war (V. 14b), leitet über zum letzten Abschnitt über Samuels Tätigkeit als Richter über Israel.

Man sieht, 1Sam 7 lässt sich klar gliedern und inhaltlich gut nacherzählen. Dennoch wirft das Kapitel eine Reihe von Fragen auf, die sachgemäß nur beantwortet werden können, wenn wir weiter in seinen literarischen Charakter eindringen. Warum dauert es 20 Jahre, bis die Israeliten über die Philisterbedrückung klagen? Worin besteht diese Bedrückung überhaupt, wenn nach Kap. 6 die Philister den Gottesschrein kleinmütig und unter Beigabe von Geschenken zurückgegeben und sich selbst zurückgezogen haben (6,16)? Warum rücken sie erst nach der Klage zum Krieg gegen Israel heran? Warum hat Samuel 20 Jahre lang zugesehen, dass die Israelitinnen und Israeliten fremden Gottheiten dienten? Wie muss man sich Samuels Rede an das »ganze Haus Israel« (V. 3) vorstellen, wenn er erst anschließend das Volk nach Mizpa versammelt? Kämpfen die Israeliten überhaupt gegen die Philister, oder laufen diese in Verwirrung davon und werden von den Israeliten nur verfolgt (V. 10 f.)? Wenn Samuel nach V. 12 einen Gedenkstein aufstellt und ihn »Eben-Eser, Stein der Hilfe« nennt, wie konnten sich dann 20 Jahre vorher die israelitischen Truppen bei Eben-Eser zum Kampf gegen die Philister sammeln (4,1)? Und wie stimmt die Notiz: »Die Hand Jhwhs lag auf den Philistern, solange Samuel lebte« (V. 13), damit überein, dass bereits in 9,16 von der Unterdrückung durch die Philister die Rede ist und noch vor Samuels Tod (25,1) sowohl Saul als auch David in heftigste

Kriege mit den Philistern verwickelt sind (1Sam 13–14; 17; 18)?[53]

Fragen über Fragen! Ihre Beantwortung hängt wie gesagt mit dem literarischen Charakter des Kapitels zusammen. Man kann ihn grob gesagt als summarisch bezeichnen.[54] Damit ist gemeint, dass trotz direkter Rede und Erzählformen dem Text die Anschaulichkeit und Lebendigkeit anderer Erzählungen – in unserem Fall etwa in der Kindheitsgeschichte Samuels und in der Erzählung vom Geschick des Gottesschreins – abgeht. Der Text will gar nicht ein bemerkenswertes Einzelereignis schildern, sondern grundsätzlich etwas über die Zeit der Wirksamkeit Samuels aussagen. Um das zu verstehen, ist es wiederum nötig, sich inhaltlich mit dem biblischen Konzept einer Richterzeit zu befassen, die zwischen die Landnahme und den Beginn des Königtums gesetzt wird.

2.2.2 Das Konzept der Richterzeit

In einem programmatischen Text am Beginn des Richterbuches wird den Leserinnen und Lesern ein Geschichtsschema vorgestellt, das nach Meinung seines Verfassers für das im folgenden Buch geschilderte Geschehen zu Grunde zu legen ist (Ri 2,10–19). Es besteht aus dem zyklischen Ablauf von Ereignissen, die sich die Richterzeit über wiederholen. Nach dem Tod Josuas, mit dem die Landnahmezeit zu Ende geht,

---

53 Nach der einleuchtenden Antwort von Frolov, 156, hängt auf der Ebene des Endtextes die Rückkehr der Philisternot damit zusammen, dass die Israeliten durch ihr Königsbegehren in Kap. 8 die Herrschaft Gottes verworfen haben. Allerdings wird dies an keiner Stelle der Erzählung ausdrücklich gesagt.

54 Nach der Analyse von Eynikel, Place, geht 1Sam 7 auf einen im Exil arbeitenden deuteronomistischen Autor (»Dtr2«) zurück (97).

kommt eine Generation, die JHWH verlässt und fremden Göttern dient. Daraufhin gibt Gott sie in die Gewalt von Feinden. Wenn sie angesichts der Unterdrückung zu Gott schreien, schickt er ihnen einen Richter. Dieser rettet sie aus der Gewalt der Feinde. Wenn der Richter dann gestorben ist, geht alles wieder von vorne los.

Wesentliche Elemente dieses Schemas gehen in die Schilderung der Tätigkeit Samuels in 1Sam 7 ein und erklären manche Ungereimtheiten. Dem ersten Teil des Schemas ist das Motiv des Abfalls zu fremden Göttinnen und Göttern entnommen; auch die Namen der Baal-Götter und Aschtarte-Göttinnen tauchen in beiden Texten auf (Ri 2,11.13; 1Sam 7,3f.). Ebenfalls aus dem Schema stammt das Motiv der Unterdrückung durch die Feinde; geradezu stereotyp ist die Wendung von der »Hand« der Feinde, in die Gott die Israeliten gibt oder aus der er sie rettet (was im Deutschen oft abstrakter mit »Gewalt« wiedergegeben wird) (Ri 2,14.16.18; 1Sam 7,3.8.14). Nun hören wir in der Erzählung des 1. Samuelbuches weder etwas vom Abfall der Israeliten zu fremden Göttern noch von einer philistäischen Unterdrückung. Wir können dies aber den Reden Samuels in Kap. 7 entnehmen, und zwar deshalb, weil hier ein Autor das Geschehen um Samuel nach dem Schema der Richterzeit gestalten will.

An einer Stelle freilich geht das Schema mit der Samuel-Überlieferung nicht richtig überein. Nach dem Schema nämlich beruft Gott den rettenden Richter erst, wenn die Israelitinnen und Israeliten eine ganze Weile von JHWH abgefallen waren und dann wieder zu ihm schreien. Samuel aber ist nach Kap. 1–3 längst berufen. So entsteht der merkwürdige Eindruck, dass er 20 Jahre lang dem Götzendienst seiner Landsleute untätig zuschaut. Dieser Eindruck hat nichts mit der Samuel-Überlieferung zu tun, sondern geht auf das Schema zurück.

Auch die eben erwähnten 20 Jahre verdanken sich dem Richterbuch, wenn auch nicht dem einleitenden Geschichtsschema. Es gibt nämlich in diesem Buch immer wieder pauschale Zahlenangaben, die mit 20 oder einem Vielfachen davon operieren. 20 Jahre dauert die Unterdrückung, ehe die Richterin Debora auftritt (Ri 4,3). 20 Jahre ist Simson Richter (Ri 15,20; 16,31). Davor war Israel 40 Jahre in der Gewalt der Philister (13,1). Noch davor hatte es immer wieder am Ende einer erfolgreichen Rettungsaktion 40 Jahre Ruhe vor den Feinden (3,11; 5,31; 8,28), einmal auch 80 Jahre (3,30). Und natürlich gehört in dieses Zahlenschema auch die 40-jährige Richtertätigkeit Elis, von der wir schon gehört haben (1Sam 4,18). Die 20 Jahre erzählerische »Lücke« im Leben Samuels gehen also auf dieses Schema zurück. Gleichwohl sind die Jahre vorhanden, und wir müssen uns Samuel in Kap. 7 als etwa 40- bis 50-jährigen Mann vorstellen.

Ein weiteres Motiv, das allerdings nicht auf die Richterzeit beschränkt ist, ist das vom göttlichen Eingreifen in eine militärische Auseinandersetzung. Es ist ja auffällig, dass die Israeliten in 1Sam 7 im entscheidenden Augenblick gar nicht gegen die Philister kämpfen. Vielmehr heißt es: »Während Samuel das Opfer aufsteigen ließ und die Philister schon zum Krieg gegen Israel herangerückt waren, donnerte JHWH an diesem Tag die Philister mit gewaltiger Stimme an und versetzte sie in Verwirrung. So wurden die Philister von Israel geschlagen« (V. 10). Auch hier wird nicht eigentlich über ein einmaliges geschichtliches Ereignis berichtet. Vielmehr wird die theologische Aussage, dass der Gott Israels zu Gunsten seines Volkes dessen militärische Feinde in »Verwirrung« versetzt, indem er sie entweder lähmt oder in panische Flucht jagt (Ex 14,24; 23,27; Jos 10,10; Ri 4,15; vgl. 6,22), auf Samuel und seine Zeit übertragen.

Eindeutig dem Richterschema entspringt das Motiv, dass die Philister so lange im Zaum gehalten werden, wie Samuel lebt, was zur folgenden Erzählung gar nicht passt. Denn in teilweise wörtlicher Übereinstimmung heißt es im Richterschema: »Jhwh rettete sie aus der Hand ihrer Feinde, solange der Richter lebte« (Ri 2,18) und von Samuel: »Die Hand Jhwhs lag auf den Philistern, solange Samuel lebte« (V. 13).

Noch in einem letzten Punkt erklärt sich das Samuel-Bild von 1Sam 7 aus dem Konzept der Richterzeit, wie es das biblische Richterbuch entwirft. Dessen »Richter« genannte Führungsgestalten füllen zwei sehr unterschiedlich profilierte Tätigkeiten aus. Zum einen richten sie im engeren Sinn, also sprechen Recht, so die Prophetin Debora (Ri 4,4 f.) und die so genannten kleinen Richter, über die wir in zwei listenartigen Zusammenfassungen hören (10,1–5 und 12,8–15). Andrerseits treten sie als militärische Führer hervor, so neben Debora (Ri 4–5) diejenigen Rettergestalten, von denen ausführliche Geschichten erzählt werden (z. B. Gideon, Ri 6–8; Jiftach, Ri 11–12; Simson, Ri 13–16). Wenn diese zudem als Richter bezeichnet werden, dann nur in pauschalen Zusätzen, die eine tatsächlich ausgeübte Rechtsprechungstätigkeit kaum erkennen lassen (vgl. 12,7; 15,20; 16,31). Im Gesamtbild der Richterzeit aber soll man es sich so vorstellen, dass die »Richter« beides taten, Recht sprechen und Krieg führen. Und genau so wird auch Samuel in 1Sam 7 gezeichnet.[55] Unter seiner Führung

---

55 Veijola, 33, formuliert den Befund so, dass das Bild Samuels in 1Sam 7 die »Kontamination der sog. kleinen Richter

kommt der Gottesschrecken über die Philister, so dass sie militärisch geschlagen werden, und zugleich spricht Samuel den Israelitinnen und Israeliten Recht (V. 6.15–17).

Wollen wir das biblische Konzept der Richterzeit historisch bewerten, dann ist das Urteil ziemlich klar. Die Vorstellung, dass das vorstaatliche Israel von Richtern geleitet wurde, die wie Könige aufeinander folgten, ist unhistorisch. Sie projiziert die Verhältnisse der Königszeit auf die Epoche davor. Es kann durchaus sein, dass es in vorstaatlicher Zeit Personen gab, die eine gewisse Autorität hatten und zu denen man bei Rechtsstreitigkeiten zog, wie Debora, die unter einem Baum sitzend von den Leuten aufgesucht wird, um ihnen Recht zu sprechen (Ri 4,4 f.). Daneben gab es in militärischen Notzeiten charismatische Führer, die eine schnell zusammengestellte Truppe gegen die Feinde anführten, wie Gideon oder Jiftach. Doch war die Rolle solcher Retter-Gestalten immer zeitlich begrenzt; es folgte kein dauerndes Leitungsamt. Und Retter wie Richter wirkten nie für »ganz Israel«, sondern immer in einem recht engen Umkreis. Erst der Geschichtsrückblick frühestens aus der Königszeit, vielleicht aber auch erst aus der Zeit nach dem Untergang der Monarchien in Israel und Juda, macht daraus ein zentrales und ständig besetztes »Richter-Amt«.

In dieses Amt wird – nach Eli (1Sam 4,18) – nun Samuel eingezeichnet.

(Ri 10,1–5; 12,7–15) mit den charismatischen Helden der vorköniglichen Zeit zur Voraussetzung hat.«

2.2.3 Samuel, der letzte Richter

Wir haben bereits gesehen, wie viele Motive von 1Sam 7 sich dem konstruierten Bild der Richterzeit verdanken: der Abfall zu fremden Gottheiten, die Bedrückung durch die Feinde, die 20 Jahre, der Gottesschrecken, die Friedenszeit nach der Rettungstat, die Richtertätigkeit. Dennoch geht die Samuel-Schilderung in 1Sam 7 in diesen Motiven nicht auf. Typisch für 1Sam 7 ist, dass Samuel als Fürbitter für Israel auftritt (V. 5.8 f.). Dieser Zug fehlt im Richterbuch völlig. Durch ihn wird Samuel auf eine Stufe mit Mose gestellt, der immer wieder in Notlagen fürbittend für sein Volk eingreift (Ex 32,11–14; Num 11,2; 14,13–20 u. ö.). Beim Propheten Jeremia erscheinen denn auch Mose und Samuel in einem Atemzug als die exemplarischen Fürbitter Israels (Jer 15,1).[56]

Auch die Tatsache, dass Samuel nach 1Sam 7 eine kultisch geprägte Volksversammlung leitet (V. 5 f.) und Opfer darbringt (V. 9 f.), hebt ihn über das herkömmliche Richterbild hinaus. Zwar ist nach dem biblischen Bild der Richterzeit eine Opferdarbringung von Laien außerhalb eines Tempels durchaus möglich (Ri 6,18–21; 13,15–20). Doch das sind Einzelfälle und zudem Reaktionen auf das außergewöhnliche Ereignis einer Engelerscheinung. Dass der Richter zugleich der kultische Anführer des Volkes wäre, gehört gerade nicht zum üblichen Richterbild.

So kann man sagen, dass Samuel nach 1Sam 7 zugleich der letzte Richter Israels[57] und doch mehr als

---

56 Zur Zuordnung von Samuel und Mose in der späteren Überlieferung s. u. S. 214 f.

57 Nach Hertzberg, 48, »erscheint Samuel ... als der letzte Richter, in dem aber noch einmal all das, was die führenden Persönlichkeiten der Richterperiode bedeuten, in großer Form erscheint«.

das ist. Von den Gestalten der Richterzeit ist er am ehesten mit Debora zu vergleichen, die wie er Prophetin ist (Ri 4,4), Recht spricht und eine militärische Aktion einleitet. Noch näher kommt er Mose, der neben dem allen wie Samuel auch noch Fürbitter Israels ist. Eine höhere Auszeichnung als diese Nähe zu Mose, der allerdings als der Gesetzesmittler alle andern bei weitem überragt, ist nicht denkbar.

2.2.4 1Sam 7 als überlieferungsgeschichtlicher Kern der Samuel-Gestalt?

Angesichts der Vielfalt von Rollen, die Samuel zugeschrieben wird, ist es verständlich, dass man gerne wüsste, welche dieser Rollen Samuel ursprünglich zugehört und welche ihm erst im Laufe der weiteren Überlieferungsgeschichte zugewachsen ist. Hätte man einen solchen überlieferungsgeschichtlichen Kern erhoben, wäre es nur noch ein einziger Schritt, mit dem man zur Frage nach der historischen Zuverlässigkeit der Samuel-Überlieferung schreiten könnte. (Nur in Klammern sei hinzugesetzt, dass sich dieselbe Frage für die rollenreiche Gestalt des Mose stellt.)

Dass die Frage nach dem überlieferungsgeschichtlichen Kern der Samuel-Gestalt an dieser Stelle aufgeworfen wird, liegt daran, dass er im Verlauf der wissenschaftlichen Beschäftigung mit der Samuel-Geschichte eben hier gesucht wurde. Für Peter Mommer, der der Samuel-Überlieferung ein ganzes Buch gewidmet hat, begegnet »die authentische Samuelüberlieferung ... an zwei Stellen«. Das sind zunächst »die Richternotizen in 1Sam 7,15–17*; 25,1« und sodann die Stellen, an denen Samuel und Saul sich feindlich gegenüberstehen, also die überlieferungsgeschichtliche Grundlage der Erzählungen in

1Sam 13,7–15 und 15.[58] Auf Letztere wird unten zurückzukommen sein.[59] Was aber hat es mit den Richternotizen auf sich?

Notizen, die denen in 1Sam 7,15–17; 25,1 ähneln, finden sich in zwei Listen, die im Richterbuch zu finden sind (Ri 10,1–5 und 12,7–15). Vergleicht man die Texte, muss man für 1Sam 7,15–17; 25,1 festhalten: »Alle konstitutiven Elemente sind ... vorhanden.«[60] »Allenfalls ist hier [in 1Sam, R.K.] eine dtr *Bearbeitung* anzunehmen.«[61] Dann liegt der nächste Schluss nahe: »Der Grundbestand von 1Sam 7,15–17a; 25,1 gehörte einmal zu der Liste der sogenannten ›kleinen Richter‹, wie sie im Richterbuch überliefert ist.«[62] Hält man diese Liste ihrerseits für alt, dann ergibt sich fast zwangsläufig daraus, dass in den Mitteilungen über die Richtertätigkeit Samuels der Kern der Überlieferung über diese Gestalt zu suchen ist.

Allerdings macht diese Argumentation zwei Voraussetzungen, die beide nicht sicher sind. Die erste ist die vom hohen Alter der beiden Listen im Richterbuch. Dieses ist aber nicht über jeden Zweifel erhaben. So gibt es durchaus Hinweise dafür, »daß die Richterliste nach der literarischen Vorlage der Königsannalen gebildet worden ist«.[63] Ihr Ziel wäre es dann, die »Richter« nachträglich in Analogie zu den Königen Israels zu stilisieren, die Differenz liegt »lediglich im Fehlen der dynastischen Erbfolge«[64]. Wären die Noti

---

58   Zusammenfassend Mommer, Samuel, 208–211, Zitat 208. Vgl. auch schon Hertzberg, 49.
59   Vgl. u. S. 153.157 f.
60   Mommer, Samuel, 46.
61   Mommer, Samuel, 37.
62   Mommer, Samuel, 47.
63   Müller, 60.
64   Müller, 63.

zen über Samuel Teil dieser redaktionellen Bildung, könnten sie kaum die ursprüngliche Samuelüberlieferung darstellen.

Doch ist es nicht einmal sicher, ob die wenigen Sätze in 1Sam 7,15–17; 25,1 wirklich ursprünglich Teil der Listen im Richterbuch waren. Sie lassen sich nämlich ebenso gut als Nachbildungen dieser Notizen verstehen. Der Verfasser von 1Sam 7, der insgesamt Samuel als Richter darstellen will – wenn auch als letzten Richter, der alle seine Vorgängerinnen und Vorgänger weit überragt –, hätte verschiedene Ortsnamen aus der Samuelüberlieferung aufgenommen und daraus eine Tätigkeit Samuels als Wanderrichter konstruiert.[65] Dann aber kann das Bild Samuels als Richter nicht der überlieferungsgeschichtliche Kern der Gestalt sein, sondern beruht im Gegenteil auf bewusster und nachträglicher Stilisierung.

Ob es überhaupt möglich ist, einen überlieferungsgeschichtlichen Kern, eine – in Mommers Worten – »authentische Samuelüberlieferung«[66] zu finden, kann erst im weiteren Durchgang durch die Texte geklärt werden.[67] Zum Verstehen der Samuel-Figur, wie sie uns in der biblischen Erzählung präsentiert wird, ist dies aber auch gar nicht die wesentliche Frage. Wichtiger ist an dieser Stelle zu fragen, welche Funktion das Samuel-Bild von 1Sam 7 in der größeren Erzählung von Samuel hat.

---

65   Zu dieser Argumentation vgl. Lehnart, Prophet, 108–112.
66   Mommer, Samuel, 208.
67   Vgl. dazu u. S. 203–210.

2.2.5 Die Funktion von 1Sam 7 in der
Samuel-Erzählung

Als Ergebnis der Darstellung der Kindheitsgeschichte hatte ich festgehalten,[68] dass Samuel in die Haupthandlung der Einführung des Königtums in Israel und Juda hineingehört, und zwar nicht als Neben-, sondern als Hauptfigur. In der Kindheitsgeschichte läuft dabei alles auf Samuels prophetische Rolle hinaus. In der Erzählung von 1Sam 7 wird demgegenüber Samuel vor allem als letzter Richter Israels präsentiert. Mit dieser Erzählung wird ein erster Höhepunkt in der Schilderung der Gestalt Samuels erreicht. Wir kennen ihn jetzt als Propheten und Priester, als Fürbitter, als militärischen Anführer und Richter.

Was zu seinem Bild noch fehlt, ist die Rolle des Königsmachers. Sie wurde von Kap. 1 an schon angedeutet. Für das Geschichtsbild des 1. Samuelbuches ist wesentlich, dass *vor dem Beginn des Königtums alle Kompetenzen religiöser und politischer Art in der einen Person Samuels zusammengeführt werden*, wie es jetzt in Kap. 7 zum Abschluss gekommen ist. Denn so *wird deutlich, dass die neue Einrichtung des Königtums nur einen Teilaspekt dieser Kompetenzen, nämlich den politischen, beerbt.*

Der Übergang von Samuel zu Saul bedeutet nicht, dass das Amt, das Samuel innehatte, auf Saul übergeht. Dies gilt nur für Samuels politische Funktion. Deshalb muss in 1Sam 7 seine Richter-Tätigkeit so vergleichsweise breit geschildert werden. Als Prophet, der Samuel nach der bisherigen Erzählung auch ist, bleibt er weiter im Amt. Er wird zum Gegenüber der

---

68   Vgl. o. S. 66 f.

Könige, so dass man von einer Aufspaltung des einen Amtes Samuels in die Ämter von König und Prophet sprechen muss.[69]

Das Gegenüber von König und Prophet aber wird für die gesamte Geschichte der Königszeit bestimmend sein. Es wird grundlegend bereits die folgende ausführliche Darstellung der Einführung der Monarchie prägen.

3. DIE EINSETZUNG DES ERSTEN KÖNIGS IN ISRAEL

Ohne Unterbrechung geht die Erzählung von Kap. 7 in Kap. 8 weiter. Subjekt des Geschehens ist nach wie vor Samuel.[70] Und doch liegt ein breiter zeitlicher Graben zwischen den beiden Kapiteln. 1Sam 8,1 setzt mit den Worten ein: »Als nun Samuel alt geworden war …«. Um als »alt« bezeichnet zu werden, muss man im antiken Israel mindestens 60 Jahre alt sein (Lev 27,7). Eher noch ist mit 70 zu rechnen, wie die Bezeichnung des 70-jährigen David als »alt« (1Kön 1,1; 1Chr 23,1) und die Angabe der menschlichen Lebensdauer in Ps 90,10 nahelegen.[71] Wenn wir die 20 Jahre von 1Sam 7,2 als die ungefähre Mitte von Samuels öffentlicher Tätigkeit in Israel verstehen, lägen zwischen den Schluss-

---

69 Rendtorff, 174: »Er hat nicht das Ganze seiner Autorität an den König abgetreten, sondern nur den politischen Teil. … Was bisher vereint war, wird jetzt geteilt.«

70 Wegen dieser Kontinuität nehmen etliche Kommentare Kap. 7 mit den folgenden Kapiteln zu einer Einheit zusammen, so Hertzberg, 46, die Kap. 7–15 und Schroer, 57, Kap. 7,2–12,25.

71 Zahlreiche biblische und außerbiblische Belege, die sich in der Spanne zwischen 60 und 80 Jahren bewegen, führt Meinhold, 108–115, an.

notizen in Kap. 7 und dem Einsatz in Kap. 8 also noch einmal rund 20 Jahre.

Vor allem aber liegt zwischen Kap. 7 und Kap. 8 ein tiefer sachlicher Einschnitt.[72] Das, worauf 1Sam 1–7 vielfach hindrängt, wird nun endlich zum Thema: die Einrichtung des Königtums in Israel. Mit Samuels Alter stellt sich die Frage, wie es weitergehen soll. Diese Frage wird in fünf ausführlichen Kapiteln (Kap. 8–12) behandelt, in langen Reden und in breit angelegten Erzählungen. Der epochale Übergang von der Vorstaatlichkeit zur Staatlichkeit, der zu den menschheitsgeschichtlich tiefsten Einschnitten gehört, verlangt auch in Israel eine gründliche Diskussion. Es kann hier schon verraten werden, dass in dieser Diskussion die Meinungen hart aufeinanderprallen. Sie reichen von der Auffassung, dass der König göttlich erwählt ist, bis zur Vorstellung, dass die Einsetzung eines Königs der Verwerfung Gottes als König über das Volk gleichkommt. Es gehört zu den größten Stärken der biblischen Überlieferung, dass sie in aller Regel solche Meinungsvielfalt zu Wort kommen lässt und durch die erzählende und nur selten ausdrückliche Urteile formulierende Darstellung die Leserinnen und Leser selbst in den Meinungsfindungsprozess mit einbezieht.

---

72 Wenn Frolov anders als hier vorgeschlagen Kap. 1–8 als innerlich verbundene Einheit sieht, lassen sich auch dafür gewichtige Gründe beibringen. Die wichtigsten sind der Neueinsatz in 9,1 f., der dem Beginn in 1,1–3 parallel ist (s. u. S. 102), sowie die in 9,16 vorausgesetzte erneute Philisterbedrohung, obwohl nach 7,13 eigentlich für die Zeit Samuels Ruhe bleiben müsste (s. o. S. 75 f.). Alle Unterteilungen des Textes haben nur relative Bedeutung.

3.1 Das Königsbegehren des Volks (1Sam 8)

Bereits das erste Kapitel des Blocks 1Sam 8–12, an dessen Ende es noch gar keinen König gibt, zeigt das Ineinander der Auffassungen zur Einrichtung des Königtums. Plausible Gründe für das Königtum und ebenso gewichtige Einwände dagegen prallen bereits hier aufeinander. Vom Tenor her überwiegt aber die Ablehnung.

3.1.1 Gliederung und literarischer Charakter

Dem äußeren Ablauf nach zerfällt das Kapitel in zwei Teile. In einer kurzen Einleitung (V. 1–3) wird davon berichtet, dass Samuel wegen seines Alters seine Söhne zu Richtern über Israel einsetzt, diese aber korrupt sind und das Recht beugen. Damit wird unüberhörbar auf den bevorstehenden Epochenwechsel von der – biblisch gesprochen – Richterzeit zur Königszeit verwiesen. In der an herausragenden Personen orientierten Darstellungsweise der Bibel löst nämlich das Älterwerden der Protagonisten naturgemäß tiefgreifende Umbrüche aus, wie die entsprechenden Bemerkungen zu Mose (Dtn 31,2) und Josua (Jos 23,2) belegen.

Der Rest des Kapitels (1Sam 8,4–22) schildert dann eine Versammlung der Ältesten Israels bei Samuel in Rama, von ihrem Zusammentreten (V. 4) bis zu ihrer Auflösung (V. 22). Allerdings ist es keine wirkliche Schilderung der Versammlung; wir erfahren nichts über die Zahl der Anwesenden, über den genauen Versammlungsort, die Zeit des Treffens oder andere Umstände, die interessant sein könnten. Vielmehr ist alles reduziert auf das Zwiegespräch zwischen Samuel und den Ältesten bzw. dem Volk. In dieses Zwiegespräch sind noch einmal zwei Zwiegespräche Samuels mit

Gott eingefügt (V. 6–9 und V. 21–22). Entsprechend dem unanschaulichen Stil des Kapitels wissen wir nicht, ob Samuel sich zu diesen Gebeten von der Versammlung zurückzieht oder sie öffentlich vornimmt. Insbesondere wäre interessant zu wissen, ob die wörtlich zitierten Antworten Gottes (V. 7–9 und V. 22) allen hörbar waren oder ob sie nur Samuel galten.

Einen großen Teil der Antwort Samuels auf das Königsbegehren des Volks, die er im Anschluss an sein erstes Gebet gibt, nimmt die Darlegung des »Rechts des Königs« ein (V. 11–18). Sie blickt bereits voraus auf das vom Volk gewünschte Königtum und schildert es als einen Weg in Abgaben und Enteignungen, ja in die allgemeine Versklavung. Hier liegt offenkundig ein eigenes Überlieferungselement vor, das von den Verfassern von 1Sam 8 an der passenden Stelle eingefügt wurde.

3.1.2 Die Ambivalenz des Königsbegehrens

Nachdem die ersten sieben Kapitel des 1. Samuelbuches schon vielfach, wenn auch fast immer indirekt, auf die Notwendigkeit des Königtums hingedeutet haben, wird nun durch eine kurze Einleitung der anschließend geäußerte Wunsch der Ältesten nach einem König endgültig plausibel gemacht. Samuel ist alt, seine Söhne, die er »zu Richtern über Israel« eingesetzt hatte, sind bestechlich und beugen das Recht (V. 1–3). Das erinnert stark an die Söhne Elis, die ebenfalls nicht in den Fußspuren ihres Vaters blieben.[73] Es macht den Wunsch nach einem König zwar nicht zwingend, aber durchaus nachvollziehbar. Dadurch,

---

73 Vette, 111: »Die intertextuelle Verbindung zwischen Samuel und seinen Söhnen einerseits und Eli und seinen Söhnen andererseits ist nicht von der Hand zu weisen.«

dass die Ältesten als Aufgabe des Königs angeben, »uns zu richten« (V. 5), nehmen sie deutlich Bezug auf das Versagen der Samuel-Söhne. Wenn wir versuchsweise hinter V. 5 eine Klammer setzen oder eine Lücke lassen und gleich in V. 21 oder 22 weiterlesen, ergibt sich eine rundum positiv bewertete Darstellung der Einsetzung des Königtums. Diese Verse schließen glatt an den Anfang des Kapitels an: »Als Samuel alles hörte, was die Leute sagten, brachte er es vor Jhwhs Ohren. Da sagte Jhwh zu Samuel: ›Höre auf sie und setze ihnen einen König ein!‹ …« In der Tat hat man hinter 1Sam 8 eine ursprüngliche positive Tradition von der Einsetzung des Königtums vermutet. Sie würde ihre Fortsetzung in 10,17–25* finden, wo von der Loswahl des Königs erzählt wird.[74]

Aber natürlich gibt es im jetzigen Text hinter V. 5 keine Klammer oder Lücke. Vielmehr setzt mit V. 6 plötzlich eine negative Sicht des Königtums ein, die sehr scharf und grundsätzlich formuliert wird. Dass Samuel auf das Verlangen der Ältesten entsetzt reagiert und sich an Gott wendet (V. 6), kann man noch so verstehen, dass er um die Macht seiner Familie bangt. Gottes Antwort an ihn käme dann in ihrem ersten Teil einer Zurückweisung von Samuels eigenen Dynastiewünschen gleich. Aber Samuel wird nicht deshalb kritisiert, weil Gott an einen anderen als König denkt, sondern weil der Königswunsch eine Ablehnung der Königsherrschaft Gottes über das Volk bedeutet: »Denn nicht dich haben sie abgelehnt, sondern mich haben sie abgelehnt, dass ich nicht länger die Königsherrschaft über sie ausübe«, sagt Jhwh

---

74 Vgl. dazu Veijola, 53–72, der diese positive Schicht dem »›eigenlichen‹ dtr Geschichtsschreiber« (S. 10 Anm. 42) zuweist; Stolz, 58; Mommer, Samuel, 66f.

(V. 7). Gott als König und ein irdischer König schließen demnach einander aus. Der anschließende V. 8 stellt den Wunsch nach Einführung der Monarchie in eine Geschichte des Abfalls zu »andern Gottheiten«, die bereits mit der Herausführung aus Ägypten begann. Deutlich wird die Ablehnung der Monarchie hier theologisch begründet. »Die Errichtung eines Königtums und damit die Gründung eines Staates bedeutet praktizierten Atheismus«.[75]

Die streng theologische Argumentation gegen das Königtum fällt deshalb auf, weil in den folgenden Versen eine weitere Begründung angefügt wird, die völlig untheologisch ist. Es ist das so genannte Recht der Könige, das Samuel dem Volk verkündet (V. 10–18). In ihm geht es ausschließlich um die politischen und sozialen Folgen der Monarchie. Dieser Text soll gleich noch näher in den Blick genommen werden.

Hier halten wir zunächst fest, dass sich in Kap. 8 eine Schicht herausfiltern lässt, die positiv von der Einrichtung der Monarchie erzählt, dass diese aber mit Texten verbunden ist, die das Königtum aus theologischen und politisch-sozialen Gründen grundsätzlich kritisieren. Das Spannende ist, dass in der Figurenkonstellation des Kapitels Gott es ist, der die beiden Traditionen zusammenhält. Die Ältesten bzw. das Volk halten unbeeindruckt an ihrem Königswunsch fest: »Die Leute aber weigerten sich, auf Samuel zu hören, sondern sagten: ›Nein, vielmehr soll ein König über uns sein! …‹« (V. 19). Samuel ist von Anfang bis Ende dem Königtum gegenüber kritisch eingestellt – vielleicht, weil er »nur eine Gefahr für seine Dynastie sieht«.[76] Gott aber bringt einerseits den

---

75 Crüsemann, 84.
76 Vette, 116.

theologischen Einwand auf den Begriff (V. 7 f.) und fordert Samuel auf, dem Volk das Königsrecht bekanntzumachen (V. 9), und sagt dennoch andrerseits dreimal zu Samuel, er solle auf die Stimme des Volkes hören (V. 7.9.22). *Was zwischen den Menschen nur als Widerspruch bestehen bleiben kann, wird in Gott zusammengesehen.*

Ein Kommentator formuliert zu 1Sam 8, »daß dieses Kapitel das theologische Vorzeichen für alles nun Kommende bringt«.[77] In der Tat ist die gesamte Darstellung der Königszeit, wie sie sich in 1Sam bis 2Kön findet, von der Spannung durchzogen, dass die Könige zugleich von Gott erwählt und für den Abfall des Volkes von Gott verantwortlich sind. Doch diese Spannung reicht weit über die Geschichtsdarstellung hinaus. Sie findet sich auch in den Schriften der Propheten. In ihnen gibt es scharfe Kritik an einzelnen Königen (Jes 7,10–14; Jer 22,13–19; Am 7,10 f.), die sich bis ins Grundsätzliche steigern kann (Ez 22,25; Hos 7,3; 8,4). Daneben finden sich Zukunftserwartungen, die eine direkte Herrschaft Gottes voraussetzen (Jes 2,2–4; 4,2–6), neben solchen, die einen neuen, Gott wohlgefälligen Herrscher erwarten (Jes 11,1–5; Jer 23,1–6; Mi 5,1–3). Und auch in den späteren Schriften stehen Texte, die den König eng an die Seite Gottes rücken (Ps 2; 72), neben solchen, die eine Geschichte Israels von Abraham bis in die Perserzeit nachzeichnen, in der das Königtum so gut wie keine Rolle spielt (Neh 9).

Einen Ausgleich findet diese Spannung nicht, nicht einmal im Neuen Testament, wo die Hoffnung auf das Reich Gottes keineswegs immer organisch mit der Erwartung eines messianischen Königs verbunden ist.

---

77   Hertzberg, 55.

Doch lassen wir die Frage der Zukunftshoffnungen beiseite und konzentrieren uns auf die Bewertung des realen Königtums in Israel und Juda! Sie bleibt in der beschriebenen Spannung, die nur auf undurchschaubare Weise in Gott zusammengehalten wird. *Und doch sind sich sowohl die königskritische wie die königsfreundliche Position in einem einig: Das Königtum gehört in Israel nicht von Anfang an dazu.* Es gibt eine lange Geschichtsepoche Israels – von Abraham über Mose und Josua bis zu Samuel –, in der Israel ohne Monarchie existierte. Dies ist, unbeschadet wie man es historisch beurteilt, keineswegs eine selbstverständliche Sicht der Dinge. Denn im Selbstbild anderer Völker kann es durchaus so sein, dass das eigene Königtum am Anfang der Schöpfung steht und eine menschliche Existenz ohne monarchischen Staat gar nicht vorstellbar ist. Von Israel aus musste man nur nach Ägypten oder ins Zweistromland gehen, um auf solche Vorstellungen zu stoßen. Demgegenüber ist die Monarchie in Israel nach dessen eigenem Selbstverständnis eine späte Institution. Sie wird erst lange, nachdem Israel die Tora Gottes gegeben wurde, und lange, nachdem das Volk bereits ohne staatliche Verfassung im Land gelebt hat, errichtet.

Das Wissen darum, dass das Königtum in der Geschichte Israels nicht am Anfang steht, schlägt sich im Königswunsch der Ältesten in den Worten nieder: »Nun setze einen König über uns, uns zu richten, wie bei allen Völkern!« (V. 5). Der Hinweis auf die anderen Völker wird am Schluss noch einmal ausdrücklich wiederholt: »Nein, vielmehr soll ein König über uns sein! Dann werden auch wir wie alle Völker sein: Unser König wird uns richten und vor uns ins Feld ziehen und unsere Kriege führen« (V. 19f.). Es überrascht nicht, dass der Verweis der Ältesten auf die Völker in der Auslegung sowohl für die eine wie für die andere Seite reklamiert wird. In königskritischer Perspektive kann er bedeuten »ein ›Heidenvolk‹ wie andere sein zu wollen«; schließlich war nach der biblischen Darstellung Israel bereits mehrfach ermahnt worden, es nicht den Völkern gleichzutun (Dtn 7,1–11; Jos 23). In königsfreundlicher Auffassung kann der Wunsch nach einem monarchischen Herrscher aber auch heißen, »eine Nation zu bilden, zu der nach Meinung der Ältesten ein König gehört«; so war es »Israel bereits früher verheißen worden«, zum »großen Volk« zu werden (Gen 12,2).[78]

In der Tat sind beide Lesarten möglich. Im Gesamttext von 1Sam 8 dominiert gewiss die kritische. Aber beide Positionen stimmen eben darin überein, dass die Monarchie in Israel eine – wie man in moderner soziologischer Begrifflichkeit sagt – »sekundäre Staatenbildung« ist. Sie setzt historisch die alten Staaten in Ägypten und Mesopotamien, die ebenfalls älteren Stadtstaaten in Kanaan einschließlich der Philisterstädte und die sich ungefähr zeitgleich herausbildenden Staaten der Nachbarvölker in Moab, Ammon und Aram voraus.

Die Spannung in der Bewertung des Königtums wird auch nach dem Untergang der Monarchie im Nordreich Israel 722 und im Südreich Juda 586 v. Chr. nicht aufhören, wie die erwähnten unterschiedlichen Zukunftshoffnungen belegen. Allen aber ist klar, dass die Existenz Israels als Volk Gottes nicht am Königtum hängt. Es gab eine lange Geschichte Gottes mit seinem Volk vor Errichtung der Monarchie, und so kann es auch eine Geschichte Gottes mit Israel nach

---

78 Vgl. die verschiedenen Positionen bei Mommer, Samuel, 59–61, Zitate 60.

dem Untergang der eigenständigen Königtümer geben.

3.1.3 Das »Recht des Königs« (1 Sam 8,11–18)

Nach der zentralen theologischen Kritik am Königtum, dass es mit der Verwerfung der Königsherrschaft Gottes über Israel gleichzusetzen sei, folgt eine weitere Kritik, die rein politisch-sozial argumentiert. Gott selbst beauftragt Samuel, das Volk »streng zu verwarnen« und ihm das »Recht des Königs« bekanntzumachen. Man hat gelegentlich dahinter so etwas wie eine aus der deutschen Königsgeschichte bekannte »Wahlkapitulation« vermutet, in der der König dem Wahlorgan gegenüber bestimmte Verpflichtungen eingeht.[79] Doch lässt der Text Derartiges nicht erkennen. Er trägt vielmehr alle Züge eines Pamphlets gegen die Königsherrschaft.[80] Das »Recht des Königs« besteht ausschließlich aus seinen Vorrechten, seinen Privilegien.

Der Text des Königsrechts hat eine einfache Struktur, die durch Leitverben markiert wird. Das erste und hervorstechendste ist »nehmen«. Der König wird nehmen, nehmen, nehmen: »Eure Söhne wird er *nehmen* und sie bei seiner Streitwagentruppe und den Pferdegespannen einsetzen ...« (V. 11), »eure Töchter wird er als Salbenmischerinnen, Köchinnen und Bäckerinnen *nehmen*. Eure besten Felder, Weinberge und Olivenhaine wird er *nehmen* ...« (V. 13 f.), schließlich: »Eure Sklaven und Sklavinnen, eure besten jungen Männer und eure Esel wird er *nehmen* ...« (V. 16). Doch der Kö-

---

79 Vgl. Stoebe, 186 f.

80 Von »Pamphlet« spricht auch Stoebe, 187. Er vermutet aber, dass der ursprünglich positiv gemeinte Text erst durch Bearbeitung dazu geworden ist.

nig wird nicht nur nehmen, er wird auch geben – das zweite Leitverb: »Eure besten Felder, Weinberge und Olivenhaine wird er nehmen und seinen Getreuen *geben*. Eure Saatfelder und Weinberge wird er mit dem Zehnten belegen und ihn seinen Höflingen und Getreuen *geben*« (V. 14f.). Und schließlich – das dritte Leitverb – wird der König Steuern in Gestalt des Zehnten erheben: »Eure Saatfelder und Weinberge wird er *mit dem Zehnten belegen* ...« (V. 15) und »eure Schafe wird er *mit dem Zehnten belegen*« (V. 17). Diese Schreckensvision wird mit dem Schlusssatz gekrönt: »Und ihr selbst werdet seine Sklavinnen und Sklaven sein« (V. 17).

Fragt man sozialgeschichtlich, wen das Pamphlet über die Privilegien der Könige erreichen will, dann sind das eindeutig die wohlhabenden freien Bauern. Denn vorausgesetzt ist, dass die Hauptleidtragenden der Einführung der Monarchie diejenigen sind, die Felder, Weinberge und Olivenhaine besitzen, die selbst Sklavinnen und Sklaven ihr Eigen nennen und die so viele Produkte von Feldern und Herden erzeugen, dass sie einen Zehnten davon abführen können. Auch die Dienste, die von den Söhnen und Töchtern dieser Wohlhabenden erwartet werden, sind bei den Männern die von Elitesoldaten und Offizieren (V. 11f.) und bei den Frauen die von hochspezialisierten Fachkräften.[81]

Es ist also keineswegs eine Unterschicht, die hier vor dem Königtum gewarnt wird. Im Gegenteil! Wenn wir die Geschichte der Entstehung des Königtums in Israel betrachten, sehen wir, dass David, der die erste stabile Monarchie in Israel errichtet, sich selbst auf

---

81 Dies zeigt Schottroff unter Verweis auf reichliches außerbiblisches Material.

Angehörige der Unterschicht stützt. Nach 1Sam 22,2 heißt es von David, als er noch Anführer einer Bande war: »Um ihn sammelten sich alle, die in Schwierigkeiten waren, alle, die Schulden hatten, und alle, deren Leben bitter war, und er war ihr Anführer; um die 400 Leute waren bei ihm.« Solche Leute, die wegen familiärer Streitigkeiten, Überschuldung oder eines Vergehens ihre Heimat verlassen mussten und sich dem Bandenführer David angeschlossen haben, bilden später die Basis seiner Herrschaft. Wenn das Pamphlet polemisiert, der König werde alles, was er den Wohlhabenden wegnimmt, »seinen Höflingen und Getreuen« geben, dann dürfte es an solche zu Amt und Würden gelangten ehemaligen Bandenmitglieder und ihre Nachfahren denken.

Die Konstellation, die das »Recht des Königs« in 1Sam 8 voraussetzt, findet sich auch in anderen Texten, die sich mit der Entstehung des Königtums befassen. Der eine ist die Jotamfabel in Ri 9,8–15. Sie erzählt, wie die Bäume einen König über sich salben wollen. Alle edlen Bäume – Ölbaum, Feigenbaum und Weinstock – lehnen das ab, nur der Dornbusch, der zu nichts nutze ist, bietet sich für das Amt an. Die Fabel ist durchsichtig: Wer wirtschaftlich stark ist und zur Oberschicht zählt, braucht keinen König über sich; nur Leute, die sonst zu nichts zu gebrauchen sind, streben dieses Amt an. Literarisch von anderer Art und auch in der Aussage von anderer Absicht ist die exemplarische Erzählung in 1Sam 25. Sie zeigt aber dieselbe Konstellation. Der reiche und törichte Nabal ist ein Angehöriger der Oberschicht. Er bezeichnet David und seine Leute als entlaufene Sklaven (V. 10). Seine kluge Frau Abigajil aber sieht in David bereits den kommenden Herrscher und bietet ihm ihre Dienste an. Auch hier also ist es der Repräsentant der wohlhabenden Oberschicht, der das Königtum ablehnt.

Fragt man, wann eine solche Konstellation in der Sozialgeschichte Israels wahrscheinlich ist, kommt man am ehesten auf die frühe Königszeit.[82] Vor Errichtung des Königtums wird man kaum so konkrete Erfahrungen mit dieser Herrschaftsform gemacht haben, wie sie vor allem in 1Sam 8,11–18 vorausgesetzt werden. Immer schon hat man zu den Einzelheiten im »Recht des Königs« beobachtet, »daß die Mehrzahl der motivischen Parallelen aus der Salomodarstellung stammt«.[83] Nach Etablierung des Königtums aber hat sich die Oberschicht schnell mit der Monarchie verbündet, so dass sie an der Macht des Königs partizipiert und dieser sich seinerseits auf die Oberschicht stützen kann.[84] Wenn es jetzt Kritik am Königtum gibt, wie etwa beim Propheten Hosea, dann ist sie religiös begründet. Und auch nach dem Untergang der eigenständigen Königtümer in Israel und Juda konzentriert sich die Suche nach den Ursachen auf die religiösen Verfehlungen der Könige, wie die große Darstellung in den Samuel- und Königebüchern zeigt.[85]

---

82 Dies ist die These von Crüsemann.

83 Müller, 143, der selbst allerdings eine viel spätere Datierung vorschlägt.

84 Vgl. die Darstellung bei Kessler, Sozialgeschichte, 101–105. Aus diesem Grund ist eine Entstehung des Textes im 7. oder 6. Jh. wenig wahrscheinlich, wie es Leuchter vorschlägt, der zudem an die assyrischen Könige als Vorbilder für die im Text genannten Praktiken denkt. 1Sam 8 warnt aber nicht vor fremden Königen, sondern vor einem israelitischen König, wie ihn die Völker haben (V. 5.20).

85 Kaum plausibel ist der Vorschlag von Müller, 144f., das Königsrecht von 1Sam 8 in einer »Debatte um die Wiedereinführung« der Monarchie »in der ersten Hälfte der Perserzeit« zu

3.1.4 Samuel und die Entstehung von 1Sam 8

Wenn wir die bisher gemachten Beobachtungen zusammenfassen, sehen wir uns mit drei Aussagekonzepten konfrontiert, die in 1Sam 8 miteinander verbunden sind. Das erste ist die plausible Begründung für die Einrichtung des Königtums auf Grund des Alters Samuels und des Versagens seiner Söhne. Das zweite ist eine Ablehnung des Königtums mit dem theologischen Argument, dass damit Gottes Königsherrschaft verworfen werde. Und schließlich findet sich in dem so genannten Recht des Königs ein Textblock, der das Königtum aus der Perspektive einer wohlhabenden Oberschicht aus sozialen und politischen Gründen ablehnt. Offenkundig haben die letzten Verfasser dieses Kapitels, die wir gewöhnlich Deuteronomisten nennen,[86] verschiedene Überlieferungen aufgenommen, miteinander verbunden und mit eigenen Worten kommentiert.[87] Wir hatten schon festgehalten, dass nach dem jetzt vorliegenden Text von 1Sam 8 die positive und die negative Wertung der Monarchie nur in Gott zusammengehalten werden. Wie aber fügt sich Samuel in diese spannungsvolle Konstellation ein?

Dass Samuel mit seinem politischen Führungsstil am Ende ist, wird in dem ganzen Kapitel nicht widerrufen. Seine Söhne werden zwar zu Richtern eingesetzt, beugen aber das Recht (dreimal steht im Hebrä-

---

verankern, da die Existenz einer derartigen Debatte reine Spekulation ist.

86 S. o. S. 29 f.

87 Diese Gesamtbeurteilung ist in der Wissenschaft weitgehend unbestritten. Diskutiert wird, welche Verse zu welcher Schicht gehören und was die Deuteronomisten vorgefunden und was sie selbst formuliert haben. Auch wird gelegentlich mit nachdeuteronomistischen Zusätzen gerechnet.

ischen dieselbe Wortwurzel »richten«). Deshalb nennen die Ältesten als erste Funktion des Königs, er solle sie richten (V. 5). V. 20 definiert dann eine doppelte Aufgabe für das Königtum: »Unser König wird uns richten und vor uns ins Feld ziehen und unsere Kriege führen.« Damit ist genau umschrieben, was schon in der gesamten Richterzeit politische Führung ausmacht: Rechtsprechung und Kriegsführung. Am Ende von 1Sam 8 ist deutlich, dass diese Funktionen, die bisher Samuel als letzter Richter innehatte, auf den künftigen König übergehen werden.

Doch Samuel ist mehr. Er ist vor allem Prophet. Und diese Rolle behält er. Auf doppelte Weise wird sie nach 1Sam 8 ausgefüllt. Zum einen ist und bleibt Samuel der Mittler zwischen dem Volk und Gott. Auch wenn der Text Konkretionen darüber vermeidet, *wie* Samuel mit Gott spricht und dieser ihm antwortet, ist er doch darin eindeutig, *dass* die Kommunikation zwischen Gott und Volk nur über Samuel verläuft. Zum andern besteht Samuels Aufgabe darin, das Volk »streng zu verwarnen« (V. 9). Darin, dass »die Leute sich weigerten, auf Samuel zu hören« (V. 19), bildet sich bereits ein Grundzug der späteren Geschichte Israels bis zum Untergang von Samaria und Juda ab. So wird es nach dem Untergang des Nordreichs heißen, Gott habe sie durch alle Propheten »verwarnt« (dieselbe Wurzel wie in 1Sam 8,9), sie aber hätten nicht gehört (2Kön 17,13 f.). Und von König Manasse, der für den Untergang des Südreichs verantwortlich gemacht wird, heißt es, er habe die Leute verführt, so dass sie nicht hörten, obwohl Gott »durch seine Knechte, die Propheten«, warnen ließ (2Kön 21,9 f.).

Was wir schon am Ende der Besprechung von Kap. 7 festhalten konnten, bestätigt sich in Kap. 8. *Nicht das gesamte Amt Samuels geht auf den kommenden*

König über, sondern nur dessen politischer Teil, das Recht-
sprechen und Kriegführen. Die prophetische Funktion aber
bleibt bei Samuel, auch wenn es einen König geben wird.

Noch aber hat Samuel seine wichtigste Tätigkeit nicht aufgenommen, die als Königsmacher. 1Sam 8 endet damit, dass Gott Samuel direkt dazu auffordert, dem Volk nachzugeben und einen König einzusetzen: »Da sagte JHWH zu Samuel: ›Höre auf sie und setze ihnen einen König ein!‹« (V. 22). Wenn Samuel dies nicht tut, sondern die Leute nach Hause schickt, dann wäre es falsch, dies als Ungehorsam Samuels gegenüber Gottes Befehl auszulegen.[88] Es hat vielmehr Gründe, die auf zwei völlig unterschiedlichen Ebenen angesiedelt sind. Die erste ist die der inneren Erzähllogik. Es kann ja wohl kaum sein, dass Samuel nun einen Beliebigen der Anwesenden einfach zum König macht. Er muss auf ein Zeichen Gottes warten. Und dies führt zur nächsten Ebene, der der literarischen Überlieferung. Diese kennt mindestens drei Erzählungen, wie der erste König Saul in sein Königtum gekommen ist. Um diese im Folgenden unterzubringen, muss Samuel die Leute erst einmal an ihre Wohnorte zurückkehren lassen.

3.2 Sauls heimliche Salbung (1Sam 9,1–10,16)

Schon in der Kindheitsgeschichte Samuels war vielfach an den Namen Saul angespielt worden. Der zusammenfassende Bericht über Samuels Tätigkeit in Kap. 7 hatte sich als letzter Höhepunkt der vorstaatlichen Epoche herausgestellt, der auf das Königtum

---

88   Anders Vette, 123; für ihn »ist Samuels … Sprachhandlung als
      direkte Reaktion auf die Anweisung Gottes ein absolutes non-
      sequitur …«.

hindrängt. Mit Kap. 8 war bereits der Weg von Seiten Gottes für die Einsetzung eines Königs freigemacht. Nun endlich betritt der Künftige die Bühne. Die Bedeutung seines Auftritts wird dadurch unterstrichen, dass er analog zur Einführung Samuels in die Erzählung (1,1) mit einer ausführlichen Genealogie des Vaters einsetzt: »Es war ein Mann aus Benjamin, der hieß Kisch ben Abiël ben Zeror ben Bechorat ben Afiach, ein Benjaminiter, ein vermögender Mann« (9,1). Da die Erzählung von Saul keine Kindheitsgeschichte kennt, kann der Protagonist auch selbst sogleich vorgestellt werden: »Der hatte einen Sohn mit Namen Saul, stattlich und schön. Keiner der israelitischen Männer war schöner als er. Er war einen Kopf größer als alle anderen« (V. 2).

Mit Saul ist die zweite Zentralgestalt des 1. Samuelbuches in die Erzählung eingeführt. Die Erzählung von Samuel, die schon durchgängig, aber noch hintergründig und geheimnisvoll, auf Saul vorausverwiesen hatte, ist nun endgültig zur Samuel-Saul-Erzählung geworden. Samuel wird forthin nicht mehr eigenständig handeln. Die einzige Variation, die noch eintritt, ist, dass er nach der Verwerfung Sauls dessen Nachfolger David einsetzt.

3.2.1 1Sam 9,1–10,16 – eine raffinierte und vielschichtige Erzählung

Wenn wir nach 1Sam 8 in Kap. 9 weiterlesen, betreten wir erzählerisch eine ganz andere Welt. Kap. 8 kann als geradlinig erzählt und zugleich im Detail unanschaulich beschrieben werden. Kap. 9 und 10 sind das Gegenteil. Die Geschichte, wie Saul auszieht, um die verirrten Eselinnen seines Vaters zu suchen, und als heimlich Gesalbter zurückkehrt, ist zugleich vielschichtig und voll anschaulicher Einzelheiten.

Die raffinierte Vielschichtigkeit der Erzählung zeigt sich an Techniken wie dem Perspektivwechsel, dem Rückblick und der Vorschau sowie an Verweisungen, die den Binnenraum der Erzählung überschreiten. Zunächst beginnt die Erzählung geradlinig. Nach der schon zitierten Einführung Sauls wird knapp das auslösende Moment angeführt: »Nun gingen Kisch, dem Vater Sauls, die Eselinnen verloren« (V. 3). Die folgenden Verse erzählen, wie Saul sich mit einem Knecht auf den Weg macht, wie sie schon umkehren wollen, dann aber doch noch beschließen, einen bekannten Gottesmann aufzusuchen. Beim Aufstieg zu der betreffenden Stadt stoßen sie auf Mädchen, die ihnen bestätigen, dass der Seher in der Stadt ist. Und tatsächlich kommt es zur Begegnung: »So gingen sie zur Stadt hinauf. Als sie in die Stadt hineinkamen, da ging Samuel ihnen entgegen, um zur Höhe hinaufzusteigen« (V. 14).

An dieser Stelle nimmt der Erzähler einen Wechsel der Perspektive vor und beginnt ihn gleich mit einer Rückschau. In der modernen Sprache der Filmkunst würde man von einem scharfen Schnitt und einer Rückblende sprechen.[89] Statt dass die Erzählung weiterfließt, wird zunächst ein Rückblick auf den vorangegangenen Tag eingeblendet: »Jhwh hatte dem Ohr Samuels einen Tag, bevor Saul kam, Folgendes enthüllt: ›Morgen um diese Zeit schicke ich einen Mann aus dem Land Benjamin zu dir, den sollst du zum Anführer über mein Volk Israel salben ...‹« (V. 15–16). Nach diesem Rückblick wird nicht wie bis-

---

89 Es ist auffällig, wie Untersuchungen der »narrativen Poetik« von Erzählungen immer wieder auf Analogien aus dem Filmschaffen zurückgreifen; vgl. z. B. Vette, 22.75. Zu unserer Stelle spricht Vette, 38 f., von »Analepse«.

her aus der Perspektive Sauls erzählt. Vielmehr sehen wir jetzt in einem abrupten Wechsel die Dinge mit den Augen Samuels: »Und als Samuel Saul gesehen hatte, sagte Jhwh zu ihm: ›Da ist der Mann, von dem ich zu dir gesagt habe: Der wird über mein Volk herrschen‹« (V. 17). Allerdings wird auch diese eindeutige Perspektive gleich wieder verlassen. Die folgenden Szenen, bei denen immer Samuel und Saul gemeinsam auftreten, bis Saul von Samuel weggeht (also 9,18–10,8), werden literarisch gesprochen aus der Perspektive eines allwissenden Erzählers wiedergegeben. Filmisch könnte man das in einer Totale umsetzen, oder man würde bei den Dialogen abwechselnd die jeweils Sprechenden in Großaufnahme zeigen. Wie allwissend der Erzähler ist, zeigt der Beginn des Schlusses: »Und es kam so: Als er sich umwandte, um von Samuel wegzugehen, da verwandelte Gott sein Herz in ein anderes« (10,9). Auch alles Folgende bis zur Rückkehr Sauls zu seinem Onkel wird aus dieser Außenperspektive erzählt.

Neben der Rückschau arbeitet der Erzähler auch mit der Vorschau. Offenbar liebt er dieses Stilmittel so sehr, dass er es gleich zweimal einsetzt. Beide Male geschieht das überaus geschickt. In der ersten Szene gehen Samuel und Saul, nachdem sie sich getroffen haben, zusammen zu einem kultischen Essen. Aus dem Dialog zwischen Samuel, dem Koch und Saul erfahren wir, dass bereits vor der Begegnung ein besonderes Stück Fleisch reserviert worden war, um es nun Saul vorzusetzen: »Samuel sagte zum Koch: ›Gib mir den Anteil, den ich dir gegeben habe, von dem ich dir gesagt habe: Hebe ihn bei dir auf!‹ Darauf nahm der Koch die Keule hoch, brachte sie herauf, legte sie Saul vor und sagte: ›Schau her, das ist es, was aufgehoben wurde. Lege es dir vor, iss! Denn für diesen Zeitpunkt wurde es dir aufbewahrt, dass du sagen kannst: Dazu habe ich die Leute eingeladen‹« (9,23 f.). Fast nur andeutend können wir erschließen, dass Gott Samuel nicht nur die Ankunft Sauls mitgeteilt, sondern ihm auch Anweisungen zu seiner Bewirtung gegeben hatte, die Samuel seinerseits an den Koch weitergegeben hat.

Bei der zweiten Vorschau geht es ähnlich verschachtelt zu. Zunächst besteht sie darin, dass Samuel nach der am nächsten Morgen insgeheim erfolgten Salbung Saul drei Vorzeichen ankündigt: Saul werde beim Rahelgrab zwei Männer treffen, danach werde er auf drei Männer auf dem Weg nach Bet-El stoßen, und schließlich werde er im Gibea Gottes unter eine Schar von Prophetinnen und Propheten geraten. Das Raffinierte ist zum einen, dass die Männer der ersten Begegnung ihrerseits ein Ereignis mitteilen, von dem Saul noch nichts weiß: »Wenn du heute von mir weggehst, wirst du zwei Männer beim Rahelgrab im Gebiet von Benjamin in Zelzach finden, die werden zu dir sagen: ›Die Eselinnen, die du suchen gegangen bist, sind gefunden. Ja, dein Vater hat sogar die Sache mit den Eselinnen aufgegeben und macht sich Sorge um euch, indem er sagt: Was kann ich für meinen Sohn tun?‹« (10,2). Zum andern ist es eine Feinheit der Erzählung, dass von den angekündigten drei Zeichen nur die Erfüllung des dritten erzählt wird – sogar ausführlicher als angekündigt –, während sie von den übrigen nur pauschal mitgeteilt wird (10,9–12).

Schließlich gehört es zu den Stilmitteln der Erzählung, dass der Erzähler gelegentlich den Binnenraum der Erzählung verlässt und über sie hinausverweist. Dies kann auf zweierlei Weise geschehen. Zum einen wendet sich der Erzähler gewissermaßen direkt an die Hörenden oder Lesenden. Auf den Vorschlag von

Sauls Knecht, einen Gottesmann wegen der Eselinnen zu befragen (9,6–8), erklärt er: »Früher sagte man so in Israel, wenn man ging, Gott zu befragen: ›Kommt, gehen wir zum Seher!‹ Denn der Prophet von heute wurde früher Seher genannt« (V. 9). Ähnlich verfährt er am Schluss. Wir hören, dass Saul seinem Onkel von Samuels Auskunft bezüglich der Eselinnen Mitteilung macht. Danach fügt der Erzähler uns zugewendet an: »Aber die Sache mit dem Königtum, die Samuel gesagt hatte, erzählte er ihm nicht« (10,16).

Eine zweite Art von Verweisungen wendet sich nicht an die Lesenden, sondern verweist auf andere Erzählungen. Dies kann sehr offen geschehen. Es fängt gleich bei der Vorstellung des neuen Helden Saul an. Sie endet mit den Worten: »Er war einen Kopf größer als alle anderen« (9,2). Zwar sieht man an dieser Stelle noch nicht, dass es sich um einen Verweis handelt. Liest man aber weiter und kommt zur nächsten Erzählung, die von der Loswahl Sauls im Lager Israels berichtet (10,17–27), stößt man erneut auf denselben Satz: »… und er war einen Kopf größer als alle anderen« (10,23). Noch offener verweisen die letzten Worte Samuels an Saul auf das Folgende: »Du sollst vor mir her nach Gilgal hinabgehen. Und gib acht, ich komme zu dir hinab, um Brandopfer darzubringen, um Gemeinschaftsopfer zu schlachten. Sieben Tage sollst du warten, bis ich zu dir komme und dich wissen lasse, was du tun sollst« (10,8). Hier wird auf ein künftiges Geschehen vorausverwiesen, von dem wir dann tatsächlich in Kap. 13 lesen. Und schließlich stellt auch das dritte Zeichen (10,10–13) einen Vorausverweis dar. Denn später wird Saul noch einmal unter eine ekstatische Gruppe von Propheten fallen (19,20–24), und noch einmal werden die Leute das Geschehen mit denselben Worten kommentieren: »Ist auch Saul unter den Propheten?« (10,11, vgl. 19,24).

Daneben gibt es noch geheime Verweise, die eher hintergründig bleiben. Der auffälligste steht gleich am Anfang. Er besteht in den geografischen Angaben darüber, wo Saul die Eselinnen seines Vaters sucht: »So durchzog er das Gebirge Efraim und durchzog das Gebiet von Schalischa, und sie fanden sie nicht. Sie durchzogen das Gebiet von Schaalim, da war nichts. Und er durchzog das Gebiet von Benjamin, und sie fanden sie nicht. Nachdem sie in das Gebiet von Zuf gekommen waren, sagte Saul zu dem Knecht, der bei ihm war: ›Komm, wir wollen umkehren …‹« (9,4f.). Ihr Weg führt die beiden Suchenden sehr weit, geografisch würde man sagen, durch ganz Mittelpalästina, nämlich das Gebiet von Efraim und Benjamin. Das ist auffällig, wie die Kommentatoren des Textes längst festgestellt haben, »denn Esel laufen wohl gerne fort, aber dann nie weit«.[90] Der geheime Hintergrund der weiten Reise ist, dass Saul das Gebiet seines künftigen Königreichs durchstreift, ohne es zu ahnen. Wer die Geschichte damals las, wusste sofort, worauf sie hinausläuft.

Ein erster Lektüredurchgang zeigt uns 1Sam 9,1–10,17 als eine Erzählung, die mit raffinierten Erzähltechniken arbeitet und durch offene und hintergründige Verweise in das Geflecht der Samuel-Saul-Erzählungen eingebunden ist. Ein genauerer Blick macht allerdings auch auf einige Ungereimtheiten aufmerksam. Das lässt nach der Entstehungsgeschichte der Erzählung fragen.

---

90   Stoebe, 202.

3.2.2 Geschichten hinter der Geschichte

Lassen wir die umstehenden Erzählungen von Samuel und Saul erst einmal beiseite, stellen sich bereits bei der Betrachtung von 1Sam 9,1–10,16 Fragen zur inneren Logik der Erzählung. Nach der Auskunft der Mädchen, die Saul und sein Knecht vor der Stadt befragen, hat man den Eindruck, der bis hier noch namenlose Seher sei vorübergehend in der Stadt. Die Mädchen sagen nämlich: »Er ist da, dort vor dir. Beeile dich jetzt. Er ist nämlich heute in die Stadt gekommen, weil es heute ein Opfermahl für die Leute auf der Kulthöhe gibt« (9,12). Im Folgenden aber besitzt Samuel in der Stadt ein Haus, in dem er Saul zur Übernachtung einlädt (9,25f.). Damit wären wir in Samuels Heimatstadt Rama, wo »sein Haus« in 7,17 ausdrücklich erwähnt wird. Auch dass wir uns im Gebiet von Zuf befinden (9,6), könnte auf den Familiensitz Ramatajim-Zofim (1,1) verweisen. Umso auffälliger ist, dass im gesamten Text von 9,1–10,16 »die Stadt« nie mit Namen genannt wird.

Auch der Ort der Begegnung zwischen Samuel und Saul ist unklar. Nach 9,14 trifft man sich im Inneren der Stadt, nach 9,18 im Stadttor. Ferner wird die Sache mit den Eselinnen mehrfach aufgeklärt und bleibt doch im Unklaren. Nach 9,20 beruhigt Samuel Saul gleich bei der ersten Begegnung, die Eselinnen seien gefunden. Dann kündigt er ihm ein Treffen mit zwei Männern an, die ihm dasselbe noch einmal sagen werden (10,2). Und am Schluss berichtet Saul seinem Onkel, Samuel habe sie über den Verbleib der Eselinnen informiert (10,16). Im Übrigen wird nicht begründet, warum Saul, den sein Vater fortgeschickt hatte, zu seinem Onkel zurückkehrt. Im Zwiegespräch der beiden wird zudem Samuel als eine allgemein bekannte Gestalt vorausgesetzt, während am Anfang der Erzählung der Knecht Saul überhaupt erst auf den wahrsagekundigen Seher in der vor ihnen liegenden Stadt aufmerksam machen muss.

Zur Erklärung solcher Ungereimtheiten legt sich die Annahme nahe, dass die Erzählung nicht in einem Zug entstanden ist, sondern eine längere Vorgeschichte hat. Früher hat man eher der Meinung zugeneigt, zwei ursprünglich selbständige Erzählungen seien nachträglich miteinander kombiniert worden. Die eine enthalte das alte Märchenmotiv, »wie Saul auszog, seines Vaters Eselinnen zu suchen und stattdessen eine Königskrone fand«;[91] die andere könnte »von einem Besuch Sauls bei … Samuel gehandelt haben, von der überraschenden Einladung, den Zeichen mit genauen Ortsangaben und vor allem der Salbung«.[92] Die neuere Forschung neigt dagegen eher zu der Annahme, eine »ursprüngliche Sage« sei durch spätere »Anlagerungen« erweitert worden.[93] Inhaltlich liegen diese Positionen aber gar nicht so weit auseinander, denn auch bei der zu Grunde liegenden Erzählung sei es darum gegangen, dass Saul bei der Suche nach den Eselinnen »etwas ganz anderes erhält als das, was er ursprünglich gewollt hat«; und unter den »Anlagerungen« spiele ebenfalls »das Thema der Salbung« eine wichtige Rolle.[94]

Diskutiert wird auch, inwieweit sich die zwei zu Grunde liegenden Erzählungen bzw. die Grundschicht und ihre Erweiterungen versweise rekonstruieren lassen. Einen solchen Versuch hat auf eindrück-

---

91 Greßmann, 34, in einer klassisch gewordenen und vielzitierten
    Formulierung.
92 Hertzberg, 59.
93 Formulierungen bei Stolz, 64.
94 Stolz, 64 f.

liche Weise L. Schmidt vorgelegt.[95] Dennoch gewinnt in neuerer Zeit die Auffassung die Oberhand, es sei nicht möglich, »daß man exakt ein literarisches Wachstum des Textes anzugeben vermöchte«.[96] Gleichwohl bleibt festzuhalten, dass in 1Sam 9,1–10,16 mehrere Erzählstränge miteinander verknüpft sind und sich manchmal die Knotenstellen deutlich ausmachen lassen.

Geht man über den Binnenraum von 1Sam 9–10 hinaus, wird noch deutlicher, dass wir es bei den Erzählungen vom Königtum Sauls mit einem Patchwork zu tun haben.

3.2.3 Die Samuel-Saul-Überlieferung als Patchwork

Das Patchwork ist eine kunsthandwerkliche Technik, die von nordamerikanischen Siedlerfrauen entwickelt wurde. Einzelne Stoff- oder Lederteile werden zu einem neuen, kunstvollen Muster zusammengenäht. Meist werden die ursprünglichen Stücke dabei unterteilt und an verschiedenen Stellen des Gesamtwerks angebracht. Analog kann man sich die Entstehung der Samuel-Saul-Überlieferung vorstellen. Es waren wohl verschiedene Erzählungen im Umlauf, wie Saul zu seinem Königtum kam. Wie bei den Teilen des Patchworks hatten sie sehr unterschiedlichen Charakter. Im jetzigen Textkomplex der Samuel-Saul-Überlieferungen finden wir die einzelnen Teile an unterschiedlichen Stellen wieder. Auch die Nähte, mit denen die Teile verbunden wurden, sind gut sichtbar.

Beginnen wir mit den Nähten! Nach 1Sam 9 hat der Seher in der vor Saul und seinem Knecht liegenden

---

95   Vgl. die Analyse in L. Schmidt, 58–102, Zusammenfassung der Ergebnisse, 101 f.

96   Stolz, 64.

Stadt zwar eine gewisse Bekanntheit – zumindest der Knecht kennt ihn. Aber allein die Tatsache, dass er seinen Herrn erst auf ihn aufmerksam machen muss, zeigt, dass die Berühmtheit doch nur begrenzt ist. Das ist nach 1Sam 8 völlig überraschend. Denn da hatte Samuel »alle Ältesten Israels« (V. 4), »die Männer Israels« (V. 22), wenn nicht gar »das Volk« (V. 7.10.19) um sich versammelt und mit ihnen über die Einrichtung einer Monarchie gesprochen. Wer, wenn nicht Sauls Vater mit seiner vornehmen Ahnenreihe, »ein vermögender Mann« (9,1), sollte an dieser Versammlung teilgenommen haben? Wie kann dann sein erwachsener Sohn so völlig ahnungslos sein?

Auch mit dem erwachsenen Sohn hat es eine besondere Bewandtnis. Er wird in V. 2 mit dem hebräischen Wort *bachûr* charakterisiert. Das kann man adjektivisch als »stattlich« wiedergeben. Man könnte aber auch übersetzen: »ein junger Mann«. Oft steht das Wort in Paarbildung zusammen mit der jungen, unverheirateten Frau (Dtn 32,25; Ps 148,12) oder als Gegensatz zu den Greisen (Jer 31,13; Joel 3,1; Spr 20,29). Nach 1Sam 9,3 gehört Saul dem väterlichen Haushalt an und untersteht den Befehlen des Vaters. Als er später unter die Prophetenschar gerät, fragen die Leute: »Was ist da mit dem Sohn Kischs geschehen?«; als ben Kisch also bezeichnen sie ihn, bevor sie seinen Eigennamen benutzen (10,11). Innerhalb der Erzählung ist das auch völlig logisch. Schwierig wird es nur, wenn gleich in Kap. 13 Saul einen erwachsenen Sohn Jonatan hat, der mit ihm in den Kampf zieht, und wenn sein jüngerer Sohn Isch-Boschet, der dem Vater auf den Thron folgt, bereits 40 Jahre alt ist (2Sam 2,10). Ganz offenkundig sind hier ins Patchwork unterschiedliche Stücke eingearbeitet, die Saul einmal als jungen Mann, das andre Mal als Familienvater mit erwachsenen Söhnen kennen.

Eine letzte Nahtstelle sei noch erwähnt. Ich hatte bereits den Satz zitiert, mit dem Samuel Saul verabschiedet: »Du sollst vor mir her nach Gilgal hinabgehen. Und gib acht, ich komme zu dir hinab, um Brandopfer darzubringen, um Gemeinschaftsopfer zu schlachten. Sieben Tage sollst du warten, bis ich zu dir komme und dich wissen lasse, was du tun sollst« (10,8). In Kap. 13 wird direkt auf diese Worte Bezug genommen, indem es von Saul heißt: »Er wartete sieben Tage bis zu dem Zeitpunkt, den Samuel angegeben hatte« (13,8). Das ergibt einen glatten Zusammenhang. Schwierig ist nur, dass dazwischen von der Königswahl Sauls im Heerlager (10,17–27), einem Kriegszug gegen die Ammoniter (Kap. 11) und einer erneuten Volksversammlung erzählt wird (Kap. 12), Ereignisse, die nicht gerade in ein paar Tagen oder Wochen unterzubringen sind. Auch hier haben wir »Flicken« (so das englische *patch*), die neu zusammengenäht wurden.

Immer wieder hat man versucht, das Patchwork aufzutrennen und die ursprüngliche Form der Flicken zu rekonstruieren. Ich hatte oben schon erwähnt, dass man so zu der Vermutung kam, die Fortsetzung des Grundbestands von Kap. 8 sei in 10,17–25 zu suchen.[97] Bei 9,1–10,16 hat man Hinweise gefunden, die auf eine ursprüngliche Zusammengehörigkeit mit Kap. 13–14 hindeuten. So beauftragt Gott Samuel, einen Mann zu salben, der das Volk »aus der Hand der Philister retten« soll (9,16). Vor allem Samuels Worte an Saul: »tu, was sich dir anbietet – denn Gott ist mit dir« (10,7) haben sprachliche Parallelen in Beauftragungen

97   S. o. S. 89 f.

zu Kriegshandlungen (Ri 9,33; 1Sam 17,37), und tatsächlich erzählen Kap. 13–14 von einem Kampf gegen die Philister. Aber auch hier wie bei Kap. 8 könnte sich die Zusammengehörigkeit nur auf eine zu rekonstruierende Urform der Erzählung beziehen, wie der Widerspruch zeigt, dass in Kap. 9–10 Saul ein noch im väterlichen Haushalt lebender junger Mann ist, während er in Kap. 13–14 bereits einen erwachsenen Sohn hat.

Ich breche an diesem Punkt ab. Mir ging es darum, einmal das Prinzip der Entstehung der Samuel-Saul-Erzählungen darzulegen, wofür die Analogie zur Patchwork-Technik sinnvoll scheint. Was wir vor uns haben, ist das fertige Patchwork. Ihm wollen wir uns zuwenden, immer im Bewusstsein, dass Flicken unterschiedlicher Herkunft zusammengefügt sind. Die Frage, wie die Flicken früher einmal zusammengesetzt waren und ob sie ihrerseits aus bereits überarbeiteten Stücken bestehen, soll uns nur noch am Rand beschäftigen.

In der Darstellung der »Biblischen Gestalt« Samuels müssen wir uns nun vielmehr dem Bild zuwenden, das in 9,1–10,16 von ihm gezeichnet wird.

3.2.4 Das Bild Samuels

Wenn wir nach der Lektüre der ersten Kapitel der Samuelbücher, die ausschließlich von Samuel handeln, denken, wir wüssten, wer Samuel ist, dann haben wir uns getäuscht. Denn jetzt lernen wir noch einmal einen ganz anderen Samuel kennen.

Viel ist schon die Rede von ihm am Anfang von Kap. 9, bevor noch zum ersten Mal sein Name genannt wird. Aus dem Gespräch zwischen Saul und seinem Knecht entnehmen wir, dass es um einen »Gottesmann« geht, der besondere seherische Fähigkeiten hat – also zum Beispiel sehen kann, wo sich entlaufene Eselinnen befinden – und den man gegen ein Entgelt um Rat bittet (9,6–8). Die Bezeichnung »Gottesmann« wird im Alten Testament sonst einige Male für Elija (1Kön 17,18.24; 2Kön 1,9–13), dann aber fast 30 Mal für dessen Nachfolger Elischa verwendet (2Kön 4,7.9.16 u. ö.). Vor allem bei Letzterem ist deutlich, dass ein »Gottesmann« durchaus für ganz weltliche und alltägliche Nöte zuständig ist: die Not einer verschuldeten Witwe (2Kön 4,1–7), Kinderlosigkeit (4,8–17), den Tod eines Kindes (4,18–37) und vieles mehr. Das Suchen entlaufener Eselinnen reiht sich da gut ein.

Nachdem er den »Gottesmann« mehrfach erwähnt hat, fügt der Erzähler von 1Sam 9 eine Erklärung für seine Zeitgenossen ein: »Früher sagte man so in Israel, wenn man ging, Gott zu befragen: ›Kommt, gehen wir zum Seher!‹ Denn der Prophet von heute wurde früher Seher genannt« (V. 9). Nun war von »Seher« bisher gar nicht die Rede. Für den Kommentator aber sind »Seher« und »Gottesmann« offenbar dasselbe. Vor allem aber sind sie dasselbe wie »Prophet«. Denn das ist die Bezeichnung, die sich mit der Zeit für derartige Mittlergestalten zwischen Gott und den Menschen durchsetzt; der zweite Teil des hebräischen Kanons heißt dementsprechend »Propheten«. Und auch Samuel war uns in 3,20 schon als »Prophet für Jhwh« bekanntgemacht worden. »Prophet«, hebräisch *nabî'*, ist also der Oberbegriff, in dem für den Endtext alle Funktionen Samuels als Gottesmann und Seher zusammengefasst werden.

Nachdem anfangs die Bezeichnung »Gottesmann« überwiegt, wird Samuel ab der Frage von Saul und seinem Knecht an die Mädchen »Seher« genannt (V. 11.18 f.). Die Bezeichnung »Seher« ist erstaunlich selten in der Hebräischen Bibel. Sie kommt hauptsächlich hier in 1Sam 9 viermal vor und wird in den Chronikbüchern zum festen Titel Samuels.[98] Daneben erscheint sie nur noch in 2Chr 16,7.10 und Jes 30,10. Da steht sie in Parallele zu »Visionär«. Man denkt also an eine Gestalt, die außergewöhnliche seherische Fähigkeiten hat. Aus der Antwort der Mädchen entnehmen wir aber, dass »der Seher« auch kultische Funktionen ausübt; bei einer Kultfeier, bei der ein Gemeinschaftsmahl gehalten wird, muss er das Opfermahl segnen, bevor es losgehen kann (V. 12 f.).

Nun endlich, nachdem so viel vom »Gottesmann« und »Seher« die Rede war, wird er mit seinem Namen genannt. »So gingen sie [Saul und sein Knecht] zur Stadt hinauf. Als sie in die Stadt hineinkamen, da ging Samuel ihnen entgegen, um zur Höhe hinaufzusteigen« (V. 14). Immer wieder hat man vermutet, die Erzählung habe ursprünglich gar nicht von Samuel, sondern von einem namenlosen Gottesmann gehandelt, der erst nachträglich mit Samuel identifiziert wurde.[99] Das muss allerdings Spekulation bleiben. Denn genauso gut ist es möglich, dass wir hier einen Zug vor uns haben, der auf die erzählerische Raffinesse von 1Sam 9 zurückzuführen ist: Saul und sein Knecht wissen ja tatsächlich nicht, wen sie vor sich haben, und der Name wird erst in dem Augenblick eingeführt, als die Perspektive zu Samuel wechselt. Dennoch ist so viel richtig: Die Rolle Samuels als Prophet wird in 1Sam 9 mit den Zügen des Gottesmannes und Sehers gefüllt, unabhängig davon, ob dieser ursprünglich namenlos war oder schon immer Samuel hieß.

Und doch halten wir uns immer noch bei der Vorrede auf. Denn das Entscheidende folgt erst jetzt: Sa-

---

98   S. dazu u. S. 218 f.
99   Vgl. Stolz, 64 f.; Mommer, Samuel, 97.

muel ist der Königsmacher. Ging es in Kap. 8 noch »abstrakt um das Königtum«, so jetzt »um die Person des ersten Amtsinhabers«.[100] Gleich die im Rückblick mitgeteilte Gottesrede kommt zur Sache:»Morgen um diese Zeit schicke ich einen Mann aus dem Land Benjamin zu dir, den sollst du zum Anführer über mein Volk Israel salben. Er wird mein Volk aus der Hand der Philister retten. Denn ich schaue auf mein Volk, wo doch ihr Schreien zu mir gedrungen ist« (V. 16).

Hier hat jedes Wort Gewicht. Zunächst fällt auf, dass nicht direkt vom Königtum die Rede ist. Doch das hebräische Wort *nagîd*, das man mit »Anführer« oder »Fürst« oder »Herzog«[101] oder wahrscheinlich wörtlich am besten mit »Hirte«[102] wiedergibt, meint niemand anders als den König (vgl. den Parallelismus in Ps 76,13). Am Schluss des Textes ist dann auch ganz offen von der »Sache mit dem Königtum« (10,16) die Rede. Der künftige Herrscher – die Vokabel »herrschen« wird gleich im folgenden Vers 9,17 gebraucht – wird nicht gekrönt oder inthronisiert, sondern gesalbt. Hebräisch heißt »salben« *mašah*. Davon leitet sich das Nomen Messias ab, das im Alten Testament nie für einen zukünftig erwarteten, sondern immer für einen gegenwärtigen Herrscher verwendet wird. Samuel salbt Saul zum ersten »Messias« Gottes.

Die Hauptaufgabe des ersten Königs wird die Rettung aus der Gewalt der Philister sein. Die weitere Geschichte Sauls ist in der Tat davon geprägt, dass er die Philister besiegt (1Sam 13–14), dann aber letztlich an

---

100 Mommer, Samuel, 93.
101 So Stoebe, 191.
102 Adam, 36, erwähnt diese Deutung, hält selbst freilich die Erklärung als »derjenige, dem zu berichten ist« für wahrscheinlicher.

ihnen scheitert (Kap. 31), so dass erst David zum endgültigen Philisterbezwinger wird (2Sam 8,1). Interessanter noch als die Aufgabe ist die Begründung, die
Gott gibt: »Denn ich schaue auf mein Volk, wo doch
ihr Schreien zu mir gedrungen ist«. So etwas hatte
Gott schon fast wörtlich gleich zu Mose gesagt, als er
ihn berief, Israel aus Ägypten herauszuführen: »Ich
habe das Elend meines Volkes in Ägypten angeschaut,
und das Schreien vor ihren Unterdrückern habe ich
gehört … Schau! Das Schreien der Israeliten ist zu mir
gedrungen« (Ex 3,7.9). Wir hatten schon beobachtet,
dass Samuel in vielem nur Mose vergleichbar ist. Von
der Fülle der mosaischen Funktionen soll er nun eine,
die des Befreiers vor feindlicher Unterdrückung, auf
den künftigen König übertragen. Nur am Rande ist
daran zu erinnern, dass Samuel *vor* Errichtung der
Monarchie auch diese Funktion noch selbst ausgefüllt
hat: »Die Hand Jhwhs lag auf den Philistern, solange
Samuel lebte« (7,13).

Nachdem Samuel und Saul zusammengetroffen
sind, läuft alles auf dessen künftiges Königtum hinaus. Die Sache mit den Eselinnen wird nur noch
nebenbei für erledigt erklärt. Samuel schiebt gleich die
Worte nach: »Auf wen richtet sich denn alles Wünschen Israels, wenn nicht auf dich und die Familie deines Vaters?« (9,20). Saul hat wohl verstanden, welche
Anspielungen sich hinter diesen Worten verbergen.
Denn er erwidert: »Bin ich nicht ein Benjaminiter, aus
dem kleinsten der Stämme Israels, und ist meine
Sippe nicht die geringste von allen Sippen der benjaminitischen Stämme? Warum redest du so zu mir?«
(V. 21). Mit solcher Bescheidenheit antwortet jemand,
der zu Höherem berufen ist (vgl. Mose in Ex 3–4, Gideon in Ri 6,15 und Jeremia in Jer 1,6). Auch die Eh-
rung Sauls bei der kultischen Mahlzeit – der Platz an

Abb. 4: Elfenbeinernes, mit Goldbändern geschmücktes
Salbhorn als Tribut für den Pharao.
Malerei aus dem Grab Thutmosis IV. in Theben

der Spitze und das besondere Stück Fleisch – weisen
schon auf Künftiges voraus.

Was dann am nächsten Morgen geschieht, ist nach
allem keine Überraschung mehr: »Dann nahm Samuel
das Ölfläschchen, goss es auf seinen Kopf, küsste ihn
und sagte: ›Wahrhaftig, Jhwh hat dich zum Herrscher
seines Erbes gesalbt ...‹« (10,1). Saul ist jetzt Gottes
Gesalbter. Allerdings wissen das bisher nur wir, die
wir die Erzählung lesen. Selbst Sauls Onkel erfährt

nichts. Die öffentliche Königserhebung Sauls, die nach Kap. 8 zu erwarten ist, steht noch aus.

Doch zuvor geschehen merkwürdige Dinge mit Saul.

3.2.5 »Ist auch Saul unter den Propheten?«

Der Gottesmann, Seher und Prophet Samuel ist nicht der einzige seiner Art in der Erzählung. Samuel kündigt Saul für den Rückweg drei Zeichen an. Das dritte besteht in Folgendem: »Danach kommst du ins Gibea Gottes, wo die Besatzung der Philister ist. Wenn du dort in die Stadt kommst, wird es geschehen, dass du auf eine Schar von Propheten stößt, die von der Kulthöhe herunterkommen, und vor ihnen her Harfe und Handpauke, Flöte und Leier – und sie reden in Besessenheit. Dann wird die Geistkraft JHWHs dich durchdringen, und du wirst zusammen mit ihnen besessen reden und in einen anderen Menschen verwandelt werden« (10,5f.). Während uns Samuel bisher durchgehend als prophetische Einzelpersönlichkeit vorgestellt wurde, treffen wir hier auf das Phänomen der ekstatischen Gruppenprophetie. Mit Musikinstrumenten – man denke an die Prophetin Mirjam, die mit der Handpauke singend vor den Frauen herzieht (Ex 15,20) – setzen sie sich in einen Zustand besonderer Inspiration. Der wird im Hebräischen mit verschiedenen Stämmen der Wurzel *nb'* ausgedrückt, die auch in dem Nomen *nabî* = Prophet steckt. Deshalb fragen die Leute, als Saul in ebensolche Verzückung gerät: »Ist auch Saul unter den Propheten?« (10,11).

Die Inspiration Sauls wird auf Gottes Geist zurückgeführt, der ihn durchdringt. Das ist natürlich ein positives Geschehen. Aber es bleibt durch und durch ambivalent. Denn auch der Geist, der Saul später in Depression und Wahnsinn treiben wird, kommt von

119

Abb. 5: Musikgruppe: Leierspieler, Tänzer und Trommler.
Felsritzungen aus dem Negev

Gott (16,14). Und seine Raserei wird auch dann mit der Wortwurzel *nb'* ausgedrückt (18,10). Prophetie, Inspiration und Wahnsinn liegen eng beieinander. So werden denn auch an drei Stellen im Alten Testament Propheten als »Verrückte« (hebr. *meššuga'*, davon »meschugge«) bezeichnet (2Kön 9,11; Jer 29,26; Hos 9,7).

Die tiefgehende Veränderung, die mit Saul durch die Begegnung mit der Prophetenschar vor sich geht, bezeichnet Samuel mit den Worten, dass er »in einen anderen Menschen verwandelt« werde (10,6). Doch worin besteht das Neue? Nach der Ankündigung Samuels besteht es darin, dass Saul wie die Propheten in Besessenheit gerät. Die Ausführung verläuft freilich anders. Denn sofort, nachdem er von Samuel weggeht, noch vor der Begegnung mit den Propheten, wird Saul »ein anderer Mensch«: »Als er sich umwandte, um von Samuel wegzugehen, da verwandelte Gott sein Herz in ein anderes« (V. 9). Hier hat man den Eindruck, dass es um die Verwandlung zum König geht. Als dann Saul auf die Prophetenschar trifft, kommt es dann zwar so, wie Samuel angekündigt hat: »Sie kamen dort nach Gibea, und siehe, eine Schar von Propheten ihm entgegen. Da durchdrang ihn die Geistkraft Gottes, und er redete besessen mitten unter ihnen« (V. 10). Aber Sauls Verwandlung in einen Propheten ist nur vorübergehend: »Dann hörte er auf, besessen zu reden ...« (V. 13).

Man kann es so sagen: Saul wird zwar vollständig zum König, äußerlich durch die Salbung und innerlich durch das gewandelte Herz. Zum Propheten aber wird er nur vorübergehend. Vom Geist der Besessenheit bleibt ihm am Ende nur der Wahnsinn.[103] Dieser Erzählzug bestätigt eine Grundaussage, auf die wir schon mehrfach gestoßen sind: Samuel gibt nur einen Teil seiner Funktionen an den neuen König ab. In unserer Erzählung selbst ist es die auch von Mose ausgesagte Kompetenz des Retters vor äußeren Feinden. Die prophetische Inspiration dagegen kommt zwar vorübergehend auf Saul, verlässt ihn aber sogleich wieder. Samuel als Prophet – und nach ihm viele weitere Propheten – bleibt dauerhaftes Gegenüber zum König.

3.3 Sauls Erhebung zum König (10,17–27)

Nach zwei Anläufen – der Aufforderung Gottes an Samuel: »Höre auf sie und setze ihnen einen König ein!« (8,22) und der Salbung Sauls zum Herrscher (10,1) –

---

103 Den Zusammenhang von – unvollständiger – Verwandlung (»Passageritus«), Prophetie und Wahnsinn bei Saul interpretiert Vartejanu-Joubert auf dem Hintergrund der Ethnopsychoanalyse sowie der Philosophie von Michel Foucault mit seinem Werk »Wahnsinn und Gesellschaft«.

kommt nun endlich der Textabschnitt, an dessen Ende
Saul zum König proklamiert wird. Versuchen wir uns
in dem Patchwork der Erzählungen von der Königswerdung Sauls zu orientieren.

3.3.1 Text und Kontext

Schon zu 1Sam 8 hatte ich die Vermutung geäußert,
die ursprüngliche Fortsetzung dieses Kapitels liege in
10,17–27. Nun war Kap. 8 dadurch gekennzeichnet,
dass ein Bericht, der die Einsetzung eines Königs
plausibel mit Samuels Alter und der Unfähigkeit seiner Söhne begründet, stark königskritisch überar-
beitet wurde. Und genau so geht es in 10,17–27 weiter. Als Erstes hören wir die königskritische Stimme.
Nach einem Rückblick auf Gottes Rettungstaten seit
der Herausführung aus Ägypten greift Samuel das
am schärfsten königskritische Stichwort »verwerfen«
aus 8,7 wieder auf: »Ihr aber habt heute euren Gott
verworfen, der euch aus all euren Unglücken und
Schwierigkeiten gerettet hat, und zu ihm gesagt: Einen
König sollst du über uns setzen!« (10,19a)
   Danach aber schwenkt der Text um auf die königsfreundliche Position. In einem Losverfahren, das als
Gottesentscheid gilt, wird der König bestimmt.[104] Und
am Ende nimmt Samuel, der eben noch von »verwerfen« gesprochen hatte, das Stichwort in den Mund,
das Gott und König aufs Engste aufeinander bezieht:

---

104   Vette, 167, meint zwar: »Der Abschnitt in 10,17–21c kann …
      keinesfalls als königsfreundlich verstanden werden.« Er
      schließt das daraus, dass in Jos 7,10–18 und 1Sam 14,38–42
      das Losverfahren zu den »Mitteln einer kriminellen Überfüh-
      rung« (166f.) gehört und so auch hier die Einsetzung des Kö-
      nigs mittels Los »einer Schuldüberführung gleich«komme
      (167). Dazu passt aber spätestens die Aussage von V. 24 nicht
      mehr, wonach Gott diesen König erwählt hat.

»Da sagte Samuel zum ganzen Volk: ›Seht ihr, wen JHWH erwählt hat? ...‹« (V. 24). Der vom Volk *verworfene* Gott hat ihm gleichwohl den König *erwählt*.

Auch rein äußerlich kann man 10,17–27* gut als Forsetzung von Kap. 8 lesen. Vielleicht ging es in der ursprünglichen rein positiven Variante sogar direkt weiter: Gott befahl Samuel, dem Volk einen König zu geben (8,22a), und der organisierte das Auswahlverfahren (10,19b–24). Durch die Entlassung des Volkes nach 8,22b wurde eine erneute Einberufung (10,17) nötig, so dass wir jetzt zwei Volksversammlungen vor uns haben, die erste von Kap. 8 in Rama (8,4) und die zweite von 10,17–27 in Mizpa (10,17).

Dieses Aufbrechen des ursprünglichen Zusammenhangs von Kap. 8 und 10,17–27* wird vor allem dadurch nötig, dass jetzt die Salbungsgeschichte von 9,1–10,16 dazwischen steht. Sie ist erkennbar eine Alternativtradition. Denn dass man Saul erst durch Auslosen als König ermittelt, setzt voraus, dass auch Samuel den künftigen König noch nicht kennt. Auch weist er nach der Loswahl mit keinem Wort darauf hin, dass er den eben Ausgelosten bereits im Namen Gottes gesalbt hat. Ein Ausleger geht sogar so weit zu sagen, dass nach der Salbung »eine Loswahl nicht nur überflüssig, sondern geradezu Sakrileg wäre«.[105]

Allerdings endet die Loswahl mit dem merkwürdigen Zug, dass der durch Los Erwählte sich bei den Gerätschaften versteckt hat, wo man ihn erst suchen muss (10,22f.). Wieso hat er sich versteckt, wo er doch im Voraus nicht wissen kann, wen das Los trifft? Der Grund liegt darin, dass der Saul, der sich versteckt, der Saul ist, der in 10,1 von Samuel gesalbt wurde.[106]

---

105   Stoebe, 214.
106   Vgl. Veijola, 39.

In 10,17–27 verbinden sich also insgesamt drei Traditionen:[107] am Anfang die königskritische Sicht, die entsprechende Passagen aus Kap. 8 aufnimmt; dann das Motiv der Loswahl, das die positive Tradition fortführt, die Kap. 8 zu Grunde liegt und sich in den Versen am Anfang und Ende dieses Kapitels findet; und schließlich der Erzählzug vom Verstecken Sauls, der die Salbungsgeschichte in 9,1–10,16 voraussetzt.

Der Endtext als kunstvoll zusammengesetztes Patchwork integriert die verschiedenen alternativen Traditionen von der Königswerdung Sauls und damit auch königsfreundliche und königskritische Stimmen. Danach stellt die Errichtung der Monarchie zwar prinzipiell eine Verwerfung des Gottes Israels dar. Doch der erwählt, nachdem er die Institution des Königtums zugestanden hat, selbst den Herrscher. Und zwar tut er das in zwei Schritten. Zunächst offenbart er ihn seinem Propheten Samuel und betraut diesen mit der Salbung (9,1–10,16). Danach bestätigt er den Vorgang öffentlich in der Volksversammlung. Jetzt endlich kann Saul als König proklamiert werden: »Da jubelten alle Leute und sagten: ›Es lebe der König!‹« (10,24)

3.3.2 Samuels Rolle bei der Königswahl

Nachdem wir in 9,1–10,16 einen Samuel kennengelernt haben, der in seiner Stadt – wohl Rama – in recht kleinem Rahmen wirkt, wenn auch mit der Salbung Sauls mit weitreichenden Folgen, so ist Samuel in 10,17–27 »ganz der Alte«, wie wir ihn von Kap. 7 und 8 kennen. Er tritt dem ganzen Volk Israel in einer großen Versammlung gegenüber: »Und Samuel rief

---

107   Vgl. dazu Mommer, Samuel, 69–91.

das Volk zu Jhwh nach Mizpa. ... Und Samuel ließ alle Stämme Israels herantreten ...« (V. 17.20). Genauso hatte er etwa 20 Jahre vorher das Volk schon einmal in Mizpa versammelt (Kap. 7). Ebenso waren vor Kurzem alle Ältesten oder eben doch auch das ganze Volk zu ihm nach Rama gekommen (Kap. 8). So wie der König das ganze Volk als sein Gegenüber hat, so auch der Prophet.

Mit den bisherigen Volksversammlungen hat die jetzige gemeinsam, dass ihre Schilderung sehr unanschaulich ist. Wo versammelt man sich? Da Samuel »das Volk zu Jhwh nach Mizpa« (V. 17) ruft, kann man an einen Tempel denken. Andrerseits soll Saul sich nach seiner Auslosung »bei den Gerätschaften versteckt« haben (V. 22). Wenn es sich, wie wahrscheinlich ist, dabei um den militärischen Tross handelt, ist eher von einem Heerlager auszugehen. Darauf weist auch der Schluss, wonach »die Kriegsleute, die Gott in ihrem Herzen angestoßen hatte«, mit Saul von der Versammlung weggehen (V. 26). Im Übrigen kann man sich keine Vorstellung von der Größe der Versammlung machen. Wenn wirklich »alle Stämme Israels« (V. 20) zusammengekommen sind, muss sie riesig sein.

Doch sind all diese Fragen zwar berechtigt, im Sinn des Erzählers aber wahrscheinlich doch auch pedantisch. Worauf es ankommt, ist, dass ganz Israel, ob leibhaftig oder in Gestalt von Repräsentanten, anwesend ist, dass der König aus allen möglichen Personen in Israel ausgewählt wird, und dass »alle Leute« dem neuen König akklamieren (V. 24). Der epochale Einschnitt der Entstehung des Königtums ist kein regional begrenztes Ereignis, das zunächst nur das Gebiet von Mittelpalästina (Benjamin und Efraim) umfasst, wie wir es heute als historisch wahrscheinlich ansehen.[108] Durch das Stilmittel der Fokussierung und Personalisierung wird es vielmehr zu einem Geschehen, das sofort ganz Israel erfasst und an den beiden Gestalten Samuel und Saul festgemacht wird.

Samuels Rolle ist dabei ähnlich umfassend und zugleich undeutlich beschrieben wie bei den bisherigen Volksversammlungen. Seine anfängliche predigtartige Ansprache (V. 18.19a) weist ihn als Propheten aus. Dann leitet er ein Losverfahren, wie es gelegentlich militärische Führer in kritischen Situationen tun (so Josua in Jos 7, das versammelte Volk in Ri 20,9f. und Saul in 1Sam 14,38–44). Am Ende ist er es, der das Ergebnis präsentiert, den neuen König: »Seht ihr, wen JHWH erwählt hat? Ja, keiner ist wie er unter dem ganzen Volk« (V. 24). Auffällig ist, dass alle kultischen Elemente, wie sie noch bei der ersten Versammlung in Mizpa vorkamen (7,9f.), fehlen.

All die blass angedeuteten Züge Samuels als Prediger und Anführer laufen auf *eine* Rolle hinaus, die des Königsmachers. Das ist freilich keine Rolle wie die des Priesters, Richters oder Propheten, die von verschiedenen Trägerinnen und Trägern zu verschiedenen Zeiten ausgefüllt werden kann. Es ist eine einmalige Rolle. Zwar kommt es in der späteren Königsgeschichte gelegentlich vor, dass Propheten bei der Erhebung bestimmter Herrscher mitmischen; man denke an die Rolle Natans bei der Thronfolge Salomos (1Kön 1) oder die Rolle Elischas bei der Revolution Jehus (2Kön 9). Doch hier geht es um mehr. Es geht mit der Wahl Sauls zugleich um die Einführung der Institution der Monarchie als solcher. Und das kann nur einmal geschehen.

---

108 S. o. S. 33f.

126

Die Grundsätzlichkeit dieses Geschehens wird durch einen einmaligen Rechtsakt dokumentiert, den Samuel nach erfolgter Wahl und Akklamation durch das Volk vornimmt: »Und Samuel verkündete dem Volk das Recht des Königtums, schrieb es auf eine Urkunde und hinterlegte sie vor Jhwh« (V. 25). Was auf dieser Urkunde gestanden haben soll, wird leider nicht mitgeteilt. Wer von Kap. 8 an durchgelesen hat, denkt sicher sofort an das »Recht des Königs« von 8,11–17. Aber meint das der Text wirklich? Es fällt schon auf, dass die Wortwahl leicht abweicht: »Recht des Königs« in 8,9.11 und »Recht des Königtums« in 10,25. Vor allem steht einer Ineinssetzung der Inhalt entgegen. Beim »Recht des Königs« in 8,11–17 handelt es sich um exklusive Privilegien des Herrschers, die zur Versklavung der Bevölkerung führen – zumindest wird das polemisch so dargestellt. Dass ausgerechnet so etwas nach der harmonisch verlaufenen Königswahl vor Gott schriftlich deponiert werden sollte, ist schwer vorstellbar.

Damit verbleiben zwei weitere Deutungsmöglichkeiten. Die eine geht davon aus, dass »ein eigentlicher Vertrag zwischen König und Volk ausgehandelt worden sein« dürfte, der im Heiligtum deponiert wurde.[109] Das Bedauerliche bei dieser Lösung ist allerdings, dass wir den Inhalt nicht kennen. So ist auch die andere Deutung möglich, dass mit der Erwähnung des »Rechts des Königtums« an das Königsrecht von Dtn 17,14–20 erinnert werden soll.[110] Mit diesem Text stimmen die Wortwahl von 1Sam 10,19a (»einen König setzen über …« = Dtn 17,14), das zentrale Stichwort »erwählen« (1Sam 10,24 und Dtn 17,15) sowie

---

109 So Stolz, 72 f.
110 Vgl. Schroer, 66.

die Schriftform (Dtn 17,18–20) überein. Zumindest auf der Stufe des Endtextes wird diese Assoziation beabsichtigt sein. Samuel, der Prophet, der die Königswahl leitet, wird damit zu dem, der auch die Tora des Mose weitergibt.

Mit der Niederlegung der Urkunde mit dem »Recht des Königtums« ist auch diese Volksversammlung beendet. »Dann entließ Samuel das ganze Volk, alle in ihre Häuser« (V. 25). Israel hat nun einen König. Recht unspektakulär geht der, wie alle anderen auch, »in sein Haus (nach Gibea)« (V. 26). Es handelt sich, das weiß auch die biblische Darstellung, um ein noch in den Anfängen steckendes Königtum (einen »frühen Staat«, wie ich oben sagte[111]). Der König hat noch keine Hauptstadt, sondern residiert in seinem Haus. Er hat allenfalls ein paar kriegstüchtige Männer um sich. Und selbst Steuern erhebt er noch nicht, sondern bleibt auf freiwillige Gaben angewiesen; werden sie verweigert, hat er offenbar keine Vollstreckungsmöglichkeiten (V. 27).

Auch Samuel, so dürfen wir vermuten, geht nach Auflösung der Volksversammlung wie alle zurück in sein Haus nach Rama.

3.4 Die Erneuerung von Sauls Königtum (1Sam 11)

Zwar ist mit dem Ende von Kap. 10 Saul eindeutig und endgültig König, aber der große erzählerische Komplex von der Einrichtung der Monarchie ist noch nicht zu Ende. Es folgt zunächst eine Geschichte, die so aussieht, als wolle sie eine erneute Variante des Themas »wie Saul König wurde« anfügen (Kap. 11). Sie mündet ein in den Bericht von einer weiteren

---

111 S. o. S. 33 f.

Volksversammlung, die Samuel zu einer umfassenden Rede nutzt (Kap. 12). Erst sie beendet den Übergang von der vorstaatlichen Epoche der Geschichte Israels in die Zeit der Monarchie.

Die Erzählung von Sauls Sieg über den Ammoniterkönig Nahasch, der zuvor efraimitische Siedler im ostjordanischen Jabesch gedemütigt hatte, beginnt wie eine der Erzählungen aus der vorstaatlichen so genannten Richter-Zeit. Wichtige Elemente sind die Feindbedrohung, die Geistbegabung des Retters (11,6) und der Gottesschrecken (V. 7), der zum Sieg führt. Dann aber geht sie anders weiter. Saul, der Retter, kehrt nicht wieder in seine frühere Stellung zurück, er wird auch nicht zum »Richter Israels« – was immer man sich im Richter-Buch unter diesem Amt vorstellen mag. Sondern nach dem Sieg ziehen die Leute nach Gilgal, einem alten Heiligtum in der Nähe von Jericho, und machen Saul zum König. Der Schlussvers sagt das in aller Eindeutigkeit: »So ging das ganze Volk nach Gilgal, und sie machten dort Saul zum König vor JHWH in Gilgal. Sie schlachteten dort Gemeinschaftsopfer vor JHWH. Und es freuten sich dort Saul und alle Leute aus Israel ganz stark« (V. 15).

Dass wir also im Grundbestand von 1Sam 11 eine weitere Erzählung darüber haben, wie Saul König wurde, liegt auf der Hand. Es wird auch durch den Anfang der Erzählung bestätigt. Denn als die bedrängten Jabeschiter »Boten ins ganze Gebiet Israels schicken« (V. 3), gehen sie gar nicht davon aus, dass Saul bereits ihr König ist. Auch Sauls erneute Geistbegabung ist nach seiner in 9,1–10,16 erzählten Salbung unwahrscheinlich.

Eine einzige Vokabel ist es, die die Erzählung von Kap. 11 mit den voranstehenden Erzählungen abgleicht. Obwohl der Schlusssatz sagt: »sie machten

129

dort Saul zum König«, wird in der Aufforderung dazu ein anderes Wort gewählt: »Auf, wir wollen nach Gilgal gehen und dort das Königtum erneuern!« (V. 14). Als »Erneuerung« des Königtums passt die Erzählung zu 10,17–27. In Kauf genommen wird bei diesem Anpassungsvorgang die Eigentümlichkeit, dass ein Königtum als »erneuerbar« dargestellt wird. Das ist fast schon ein Widerspruch in sich selbst, denn Königtum ist seinem Wesen nach auf die Lebenszeit des Herrschers angelegt. In der Tat hören wir sonst nirgends im Alten Testament von einem Vorgang seiner Erneuerung.

Das entscheidende Stichwort von der Erneuerung ist in V. 14 Samuel in den Mund gelegt. Zu dessen Vorkommen in der Erzählung notiert eine Auslegerin lapidar: »Die Gestalt Samuels ist in 11,7.12 redaktionell in die Erzählung eingeflochten worden«.[112] In der Tat hängt in V. 7 die Erwähnung Samuels sachlich und sprachlich nach, wenn Saul zur Heeresfolge mit den Worten aufruft: »Wer nicht ins Feld zieht hinter Saul und hinter Samuel her, deren Rindern soll es genauso ergehen.« Auch dass sich in V. 12 die Leute *an Samuel* wenden und auf die das Königtum Sauls ablehnenden Personen von 10,27 verweisen, die Antwort aber *von Saul* gegeben wird, zeigt eine Nahtstelle an.

Dennoch ist die Stellung Samuels in der Erzählung aussagekräftig für das Bild, das der Text in seiner jetzigen Gestalt zeichnen will. Das Wort zur Heeresfolge: »Wer nicht ins Feld zieht hinter Saul und hinter Samuel her …« (V. 7) zeigt, dass in diesem Bild auch nach Errichtung des Königtums Herrscher und Prophet zusammengehören.[113] Das Volk hatte bei seinem

---

112 Schroer, 68.
113 Vette, 184, schließt daraus, dass Saul sich selbst an erster und

Königsbegehren die Erwartung ausgesprochen: »Unser König wird uns richten und vor uns ins Feld ziehen und unsere Kriege führen« (8,20). Die Einfügung Samuels in 11,7 hält fest, dass der König auch bei militärischen Entscheidungen auf die Präsenz des Propheten angewiesen bleibt. Die folgenden Erzählungen der Kapitel 13–15 werden dieses Motiv breit entfalten.

Ferner zeigt die Tatsache, dass am Ende der Erzählung Samuel vom Volk angesprochen wird (V. 12) und zur Erneuerung des Königtums nach Gilgal ruft (V. 14), dass er immer noch als so etwas wie der Sprecher des Volkes gegenüber dem König gilt. Dies gibt Anlass, ihn im folgenden Kapitel noch eine ausführliche Rede halten zu lassen. Mit ihr wird der Erzählkreis von der Errichtung der Monarchie zum Abschluss gebracht.

3.5 Samuels Schlussrede (1Sam 12)

Nahtlos geht der Schluss von Kap. 11 in den Anfang von Kap. 12 über. Nachdem »das ganze Volk nach Gilgal« gekommen war, um Saul zum König zu machen, und sich »alle Leute aus Israel« darüber freuten (11,15), wendet sich nun Samuel an »ganz Israel« (12,1). Es ist die vierte große Volksversammlung, die von Samuel geleitet wird, nach der schon länger zurückliegenden in Mizpa, in deren Zusammenhang sein Richteramt zur Sprache kam (Kap. 7), der in Rama, auf der der Königswunsch Gestalt annahm (Kap. 8), und der erneuten Versammlung in Mizpa, auf der Saul zum König gewählt wurde (10,17–27).

Samuel erst an zweiter Stelle nennt, dass man hier »zaghafte Spuren einer Emanzipation entdecken mag«.

Zugleich gehört 1Sam 12 aber auch in die Reihe großer Texte, die im deuteronomistischen Geschichtswerk an Wendepunkten der Geschichte platziert werden. Wie hier handelt es sich dabei entweder um Reden – so von Josua zu Beginn und am Ende seiner Tätigkeit (Jos 1,11–15 und Jos 23–24) oder von Salomo nach Vollendung seiner Bauten (1Kön 8) – oder um in Erzählform gehaltene Summarien – so nach Abschluss der Landnahme (Jos 12), zu Beginn der Richterzeit (Ri 2) und nach dem Ende des Nordreichs (2Kön 17). Mit Samuels Rede in 1Sam 12 endet nach diesem Konzept erst eigentlich die Richterzeit. Erst der folgende Vers 13,1 lässt mit seiner Rahmenformel die Königszeit beginnen, obwohl Saul bereits als König eingesetzt ist und – auch wenn das nicht ausdrücklich gesagt wird – bei Samuels Rede stumm zuhört.

3.5.1 Der Aufbau von 1Sam 12

Wenn ich das Kapitel in der Überschrift als »Samuels Schlussrede« bezeichne, ist das insofern berechtigt, als fast ausschließlich Samuel redet. Nur in V. 4 und 5 spricht kurz das Volk, in V. 18 wird eine Handlung Gottes mitgeteilt, und in V. 19 ergreift noch einmal das Volk knapp das Wort. In den übrigen 21 Versen redet Samuel.

Nach inhaltlichen Gesichtspunkten aber lässt sich Samuels lange Rede gleichwohl gliedern. In V. 1–5 geht es zunächst um seine Entlastung als Richter. Das letzte »So sei es« im Mund der Leute schließt in V. 5 diesen Teil ab. Dann hebt mit V. 6 ein langer Redeteil an, in dem Samuel eine Bewertung des Königtums abgibt. Er reicht bis V. 15. Zwar redet Samuel auch dann noch weiter, aber inhaltlich beginnt etwas Neues: Samuel kündigt ein Gewitterzeichen an, dessen Eintreffen, das in V. 18 mitgeteilt wird, den Abschnitt beendet. Eine Bitte des Volkes in V. 19 eröffnet schließlich den letzten Redeteil, der bis zum Schluss des Kapitels reicht.

Mit Samuels Worten »Wenn ihr euch aber andauernd böse verhaltet, dann werdet ihr weggerafft, sowohl ihr als auch euer König« (V. 25) endet das Kapitel abrupt. Von einer Auflösung der Volksversammlung hören wir nichts.

3.5.2 Der historische Horizont der Rede

Das Abschlusskapitel des Komplexes, der die Einsetzung des ersten Königs in Israel erzählt, hat eine Weite des historischen Horizonts, die in den Kapiteln 1Sam 8–12 bisher so nicht erreicht wurde. Der erste Abschnitt (V. 1–5), der von Samuels Entlastung als Richter handelt, überblickt noch einmal Samuels gesamte Tätigkeit. Der Rückblick beginnt mit dem Letzten: »Seht her, ich habe in allem, was ihr mir gesagt habt, auf euch gehört und habe einen König über euch eingesetzt. Und jetzt zieht der König tatsächlich vor euch her. Ich aber, ich bin alt und grau geworden, und meine Söhne, ja die sind bei euch« (V. 1–2a). Damit wird, was in Kap. 8–11 ausführlich erzählt wurde, in wenige Worte zusammengefasst.

Doch bevor sich Samuels weitere Rede der neuen Institution des Königtums zuwendet, muss das Alte erst zum Abschluss gebracht werden. Samuel weist darauf hin, dass er »von meiner Jugend bis auf den heutigen Tag vor euch hergegangen« sei (V. 2b). Die folgenden Fragen verdeutlichen, dass damit seine Tätigkeit als Richter gemeint ist: »Hier bin ich! Sagt gegen mich aus vor Jhwh und vor seinem Gesalbten! Wessen Stier habe ich weggenommen oder wessen Esel habe ich weggenommen? Wen habe ich unterdrückt? Wen habe ich misshandelt? Aus wessen Hand habe ich Bestechung angenommen, um beide Augen zu seinen Gunsten zuzudrücken? Ich will euch Rechenschaft geben.« Dreimal gebraucht Samuel die Vokabel »nehmen« (weggenommen, angenommen). In der Polemik gegen das Königtum, die sich hinter dem so genannten »Recht des Königs« in 1Sam 8,11–17 erkennen lässt, ist »nehmen« das zentrale Stichwort; der König wird nehmen, nehmen, nehmen, Samuel aber hat nicht genommen, wie das Volk ausdrücklich bestätigt.

Damit wird deutlich, dass es in unserem Abschnitt um mehr geht als nur um die persönliche Entlastung Samuels am Ende seiner Richtertätigkeit. Es geht um das Gegenüber zweier Herrschaftsformen. Bei einer Amtsführung wie der Samuels wäre »ein König eigentlich gar nicht nötig gewesen«;[114] sie war tadellos. Zugleich wird in Samuels eigenen Worten der König als Gottes »Gesalbter«, hebräisch »Messias«, bezeichnet. Was wir von Beginn der Samuel-Erzählung beobachten konnten, setzt sich hier fort: Das Königtum wird äußerst kritisch betrachtet, und doch läuft alles auf die Monarchie zu. »Die beiden Auffassungen gehen nebeneinander her«.[115]

Wenn alles auf das Königtum zuläuft, dann wird mit Samuels Entlastungsrede den kommenden Königen aber zugleich auch ein Beurteilungskriterium mit auf den Weg gegeben. Wenn sie in den Augen Gottes bestehen wollen, müssen die Könige wie Samuel regieren: nichts nehmen, niemand unterdrücken und misshandeln, nicht bestechlich sein. Es fällt auf, dass das typische deuteronomistische Kriterium, die Befolgung des ersten Gebots, an dem die Königsgeschichte

---

114 Stolz, 80.
115 Hertzberg, 74.

in den Königebüchern gemessen wird, fehlt. Möglicherweise zeigt sich hier hinter dem insgesamt deuteronomistisch geprägten Text von 1Sam 12 noch eine ältere Tradition, die nicht das religiöse, sondern das politisch-soziale Kriterium zur Beurteilung des Königtums bevorzugt.[116]

Mit Samuels Entlastung durch das Volk ist die Richterzeit endgültig zum Abschluss gebracht. Seine weitere Rede kann sich der Zukunft des Königtums widmen. Samuel stellt seine Ausführungen in einen weiten historischen Horizont, wie wir ihn bisher nur in der deuteronomistischen Rede des Gottesmannes in 1Sam 2,27–36 fanden (vgl. aber auch 8,8 und 10,18). Samuels Rekapitulation der Heilsgeschichte beginnt mit dem Erzvater Jakob: »Als Jakob nach Ägypten kam, da schrien eure Vorfahren zu Jhwh. Und Jhwh sandte Mose und Aaron, die führten eure Vorfahren aus Ägypten heraus und ließen sie an diesem Ort wohnen« (V.8). Dann konzentriert er sich auf die Richterzeit. Er schildert sie ganz nach dem Schema, wie wir es bei 1Sam 7 schon kennengelernt haben. »Doch sie vergaßen Jhwh, ihren Gott. Der gab sie in die Gewalt Siseras, des Heerführers von Hazor, und in die Gewalt der Philister und in die Gewalt des Königs von Moab. Die führten Krieg gegen sie. Da schrien sie zu Jhwh und sagten: Wir haben uns verfehlt. Ja, wir haben Jhwh verlassen und den Baal-Göttern und den Aschtarte-Göttinnen gedient. Reiß uns doch nun aus der Gewalt unsrer Feinde, so wollen wir dir dienen. Dann schickte Jhwh Jerubbaal und Bedan, Jiftach und Samuel. So riss er euch aus der Gewalt eurer Feinde ringsum, und ihr wohntet in Sicherheit« (V.9–11). Zwar kann man fragen, ob dem Verfasser

---

116 In diese Richtung argumentiert Crüsemann, 62f.

dieser Rede schon unser Richter-Buch vorlag, denn die Reihenfolge der Richtergestalten weicht deutlich ab und ein Richter »Bedan« ist im Richter-Buch überhaupt nicht bekannt.[117] Aber das Schema mit Abfall – Bedrückung – Hinwendung zu Gott – Rettung ist dasselbe. Und vor allem: Es funktioniert; ein König wäre nicht nötig.

Doch das Volk will einen König – interessanterweise im Gefolge des Überfalls des Ammoniterkönigs Nahasch, der in 1Sam 11 berichtet wird. Was ich in der Auslegung dieses Kapitels vermutet habe, dass es hier nämlich ursprünglich nicht um die Erneuerung, sondern um die erstmalige Errichtung des Königtums Sauls ging, wird so bestätigt.[118] Doch nicht das ist in der Rede Samuels wichtig, sondern die Bewertung des Geschehens. In ihr kommt alle Ambivalenz in der Beurteilung des Königtums auf engstem Raum zusammen. Samuel zitiert, was die Leute angesichts der Ammonitergefahr gesagt haben sollen: »›Nein! Ein König soll über uns herrschen.‹ Jhwh, euer Gott, übt über euch die Königsherrschaft aus. Nun denn, da ist der König, den ihr erwählt habt, den ihr gefordert habt – ja, Jhwh hat über euch einen König gesetzt« (V. 12–13). Der König bedeutet Verwerfung der Königsherrschaft Gottes und ist doch zugleich von Gott eingesetzt.

Von da aus kann der Blick nur noch in die Zukunft gerichtet werden. Samuel tut es zunächst in allgemeinen Worten: »Wenn ihr Jhwh, euren Gott, fürchtet, ihm dient, auf seine Stimme hört und euch dem Befehl Jhwhs nicht widersetzt, dann werdet sowohl ihr als

---

117 Nach Stoebe, 233, ist dessen Erwähnung »Zeichen einer selbständigen Überlieferung«.
118 Vgl. o. S. 129–131.

auch der König, der über euch herrscht, bei Jhwh, eurem Gott, bleiben. Wenn ihr aber nicht auf die Stimme Jhwhs hört und euch dem Befehl Jhwhs widersetzt, dann wird die Hand Jhwhs auf euch wie auf euren Vorfahren liegen« (V. 14–15). Kriterium der zukünftigen Königsgeschichte ist nun nicht mehr das politisch-soziale Verhalten des Königs, sondern die Befolgung der Tora. Das ist unverkennbar die Sprache des Deuteronomismus.

Doch bevor Samuel den Gedanken weiterführt, unterbricht er seine Rede. Er kündigt ein göttliches Zeichen an: Donner und Regen zur Zeit der Weizenernte, zu der es gewöhnlich in Israel vollständig trocken ist. Das Eintreffen des Zeichens führt dem Volk noch einmal sinnlich seine Bosheit vor Augen und versetzt es in »große Furcht« (V. 18). Sie treibt das Volk, Samuel um seine Fürbitte zu ersuchen. Damit kommt das Kapitel zu seinem Ziel und Ende.

Samuel setzt zu seinen letzten Worten an. Seine Verpflichtung auf die Tora präzisiert er nun auf das erste Gebot: »Doch weicht nur nicht mehr von Jhwh ab und dient Jhwh mit eurem ganzen Herzen! Ihr sollt nicht ausgerechnet zu den Nichtigen abweichen, die nicht helfen noch retten, weil sie eben nichtig sind!« (V. 20–21). Seine eigene Rolle für die Zukunft sieht er in der Fürbitte und der Belehrung des Volkes: »Auch mir selbst sei es fern, mich gegen Jhwh zu verfehlen, indem ich es unterlasse, für euch zu beten. Ich will euch den guten und rechten Weg lehren« (V. 23). Diesem Gedanken werden wir uns gleich noch näher zuwenden müssen. Doch weiß der deuteronomistische Verfasser der Samuel-Rede natürlich, wie die Königsgeschichte ausgeht, nämlich im Jahr 586 mit der Zerstörung Jerusalems und der Beseitigung der davididischen Dynastie durch die Babylonier. So lässt er Samuels Rede mit diesem düsteren Ausblick enden: »Wenn ihr euch aber andauernd böse verhaltet, dann werdet ihr weggerafft, sowohl ihr als auch euer König« (V. 25).

Die Worte verhallen. Weder erfolgt eine Reaktion des Volkes noch wird die Auflösung der Versammlung mitgeteilt.

3.5.3 Samuel als Richter und Prophet

In Kommentaren zu den Samuel-Büchern erhält unser Kapitel gelegentlich die Überschrift »Samuels Abschiedspredigt«.[119] Doch dass er Abschied nimmt, gilt nur für seine Funktion als Richter.[120] Was die Darstellung von Beginn von 1Sam 1 an geprägt hat, gilt auch für Kap. 12. Es geht nicht um die Ablösung des Richteramts durch das Königtum. Sondern: »Vom umfassenden Richteramt ist … in der Epoche des Königtums die Herrscherfunktion abgespalten und dem König übertragen worden; das prophetische Element nimmt seither die Prophetie wahr«.[121] Mit anderen Worten kann man auch von »einer Zweiteilung der Ämter Samuels oder besser … der Auflösung des einen, umfassenden Amtes der vorköniglichen Zeit in zwei verschiedene Ämter der Königszeit« sprechen.[122]

---

119 So Hertzberg, 71. Die Bezeichnung ist deshalb »nicht ganz sachgemäß, weil Samuel mit dieser Rede keineswegs endgültig abdankt … und aus dem Gesichtskreis verschwindet«. Sie »hat jedoch ihre relative Berechtigung darin, dass von 1Sam 13 an der König im Vordergrund des Interesses steht und Samuels Rede das Ende der vorköniglichen Epoche markiert …« (Veijola, 83 Anm. 1).

120 Stoebe, 230, zieht deshalb als Überschrift »Samuels Rechenschaft und Mahnrede« vor.

121 Stolz, 81.

122 Mommer, Samuel, 132.

Wie sehr es um die Ablösung der Richter- durch die Königszeit geht, zeigt sich besonders an zwei Zügen. Zum einen wird im Rückblick in V. 1–5 Samuels ganze Tätigkeit auf sein Richter-Sein konzentriert. Zwar dürfte in der Tat in V. 2b der Hinweis Samuels, er sei von seiner Jugend an bei den Israeliten gewesen, »auf Kap. 1–3 anspielen«.[123] Dass wie in Kap. 1 dreimal (12,13.17.19) die hebräische Wortwurzel Š-'-L, die »erbitten« heißt und zugleich im Namen Sauls als »des Erbetenen« steckt, verwendet wird, ist ein deutlicher Hinweis darauf. Dennoch spielt Samuels Hinführung zum Priesteramt, die in Kap. 1–3 erzählt wird, keine Rolle. Samuels Entlastung bezieht sich ausschließlich auf seine Tätigkeit als Richter, von der nur in Kap. 7 die Rede war.

Zum andern wird die Bedeutung des Epocheneinschnitts dadurch unterstrichen, dass sich Samuel in seiner eigenen Rede selbst in das Richterschema mit hineinnimmt. Im Rückblick sagt er: »Da schrien sie zu Jhwh und sagten: Wir haben uns verfehlt. ... Reiß uns doch nun aus der Gewalt unsrer Feinde, so wollen wir dir dienen. Dann schickte Jhwh Jerubbaal und Bedan, Jiftach und Samuel. So riss er euch aus der Gewalt eurer Feinde ringsum, und ihr wohntet in Sicherheit« (V. 10–11). Deutlicher lässt sich kaum markieren, dass Samuel mit seiner Tätigkeit, wie sie bis 1Sam 7 berichtet wird, in die Richterzeit hineingehört.

Aber Samuel tritt, auch nachdem seine in Kap. 8–12 erzählte Rolle als Königsmacher zunächst beendet ist – nach der Verwerfung Sauls wird er sie gegenüber David noch einmal aufnehmen –, nicht ab. Vielmehr tritt er nun völlig in das Amt ein, das ihm zu Ende der

---

123 So Mommer, Samuel, 123.

Jugendgeschichte schon einmal zugeschrieben wurde, als es hieß: »So erkannte ganz Israel …, dass Samuel als Prophet für Jʜᴡʜ bestätigt war« (3,20). Nach dem Bild, das 1Sam 12 von der Gestalt Samuels entwirft, ist er als Prophet nicht in erster Linie der scharfe Kritiker religiöser, politischer und sozialer Missstände und Ankündiger künftigen Unglücks oder Heils, wie wir es aus den Schriften der so genannten Schriftpropheten kennen. Seine Hauptaufgaben sind vielmehr die Fürbitte und die Unterweisung (V. 23). Dies ist das deuteronomistische Prophetenbild: Die Propheten begleiten die Geschichte der Königszeit, indem sie mahnend und zur Umkehr rufend unterweisen und in Notlagen Fürbitte leisten. Samuel ist der erste dieser Propheten der Königszeit.

Mit der Entlastung Samuels als Richter, den mahnenden Worten zum Königtum und der Bereitschaft Samuels, das prophetische Amt auch weiterhin zu übernehmen, ist die breit geschilderte Zeit der Einsetzung des ersten Königs in Israel beendet. Die eigentliche Geschichte des Königtums kann beginnen.

4. Samuel und Saul im Konflikt

Nach Samuels Schlussrede beginnt in 1Sam 13,1 tatsächlich die eigentliche Geschichte der Königszeit. Sie beginnt, wie es dann in der Darstellung der Zeit ab der Reichsteilung nach Salomos Tod üblich wird (ab 1Kön 14,21), mit einer chronologischen Notiz. Für Saul lautet sie: »Saul war ziemlich alt, als er König wurde. Zwei Jahre war er noch König über Israel.« Man könnte auch übersetzen: »Saul war x Jahre alt, …«. Denn eine Jahreszahl fehlt, »ziemlich alt« ist als Übersetzung eher ein Notbehelf. Allerdings muss man sich

Saul, der bei seinem Tod den 40-jährigen Sohn Isch-Boschet hinterlässt (2Sam 2,10), der seinerseits der jüngste von mehreren Brüdern ist, durchaus als etwa 60-Jährigen – also eben »ziemlich alt« – vorstellen. Vielleicht hat der Verfasser der Notiz die Jahreszahl weggelassen, weil Saul bei seiner Berufung nach 1Sam 9,1–10,16 noch ein junger Mann im Haushalt seines Vaters ist und so die Differenz zwischen erzählter Geschichte und vorausgesetzter Chronologie doch arg aufgefallen wäre.

Dagegen steht für die Regierungdauer Sauls eine Zahl, allerdings eine durchaus schwierige. Denn alles, was im Folgenden von Sauls Regierung erzählt wird, lässt sich kaum in zwei Jahren unterbringen. Wahrscheinlich ist gemeint, dass Sauls eigentliche Herrschaft bereits mit der Verwerfung durch Samuel, wie sie am Ende von Kap. 15 erfolgt, aufhört, auch wenn er weiterhin König ist.[124]

Der kurzen Zeitspanne von zwei Jahren folgt in gewisser Weise auch die Erzählung. Denn nur in Kap. 13–14 und Kap. 15, die mit den Philister- und Amalekiterkriegen zwei Jahre abdecken, geht es ausschließlich um Sauls Herrschaft. Mit Kap. 16 betritt nämlich bereits David die erzählerische Bühne. Von nun an steht praktisch alles, was noch von Saul erzählt wird, im Schatten seines übermächtigen Nachfolgers.

Nun geht es freilich im vorliegenden Buch nicht um Saul, sondern um Samuel. Zwar ist er untrennbar mit Saul verbunden. Aber aus der Perspektive Samuels gesehen liest sich die Geschichte noch einmal auf eigentümlich andere Art, als wenn man sie als Saul-Ge-

---

124 So schon Hertzberg, 78, und Schroer, 70. Zum chronologischen System des 1. Samuelbuches vgl. ausführlich Kessler, Chronologie.

schichte liest. Gerade an der Stelle, wo aus der Berufungs- eine Konfliktgeschichte wird, lohnt es sich, einmal ganz bewusst diese Samuel-Perspektive einzunehmen.

Doch zuvor soll noch eine kurze Reflexion über das Verhältnis zwischen historischen oder persönlichen Erfahrungen und ihrer theologischen Deutung vorangestellt werden.

4.1 Historische Erfahrung und theologische Deutung

Im Wesentlichen geht es im Rest der Samuel-Überlieferung ab 1Sam 13 nur noch um ein Thema: die Verwerfung Sauls und – untrennbar damit verbunden – die Erwählung Davids. Wer die Geschichten liest, muss sich mit der Frage auseinandersetzen, ob bei Saul und David nicht mit zweierlei Maßstäben gemessen wird. Wir werden sehen, dass die Vorgänge, die zu Sauls Verwerfung führen, vergleichsweise harmlos sind – zumindest für unsere Maßstäbe. Und doch wird ihm trotz eines ausdrücklichen Sündenbekenntnisses mit folgender Vergebungsbitte (1Sam 15,24f.) nicht vergeben. David dagegen spricht nach Ehebruch und heimtückischem Mord ein einfaches: »Ich habe gegen JHWH gesündigt« (2Sam 12,13), und schon ist ihm vergeben. Wie kann es zu solchen Ungleichheiten kommen?

Die Überlieferer der biblischen Stoffe müssen sich mit einer Erscheinung auseinandersetzen, die wir bis heute kennen: Es gibt Menschen, die leben anständig und arbeiten tüchtig – und scheitern, und es gibt andere, die sind rücksichtslos und eher trickreich als tüchtig – und haben damit auch noch Erfolg. Es geht im Leben nicht gerecht zu. Unzählige biblische Texte befassen sich mit dem Thema, die Literatur der Völker und die Philosophie arbeiten sich an ihm ab. Wenn die Frage theologisch gestellt wird, impliziert sie die Frage nach der Gerechtigkeit Gottes, die so genannte Theodizee-Frage.

Die Theodizee-Frage stellt sich nicht nur im persönlichen, sondern auch im geschichtlichen Bereich. Eine der Erfahrungen der frühen Geschichte Israels ist, dass es zwei Ansätze zur Staatenbildung gibt. Den einen unternimmt Saul, ein Mann aus traditionsreicher Familie, eine integre und eindrucksvolle Erscheinung. Er scheitert, weil er im Krieg gegen die Philister fällt und mit ihm drei seiner Söhne. Der übriggebliebene Nachfolger Isch-Boschet ist nicht in der Lage, die Herrschaft zu halten. Den andern Versuch zur Staatenbildung nimmt David vor. Seine Laufbahn beginnt er als Söldnerführer, vorübergehend sogar im Dienst der Philister, mit denen Saul im Krieg liegt. Ihm selbst wird Ehebruch und heimtückischer Mord an einem treuen Untergebenen vorgeworfen. In seinem Haus herrschen Vergewaltigung, Intrige und Mord. Aber er ist so erfolgreich, dass seine Dynastie rund 400 Jahre in Juda an der Macht bleibt.

Eine der Funktionen der Erzählungen von Saul und David ist es, diese ungleiche Entwicklung zu erklären. Dabei geht die antike Traditionsliteratur allerdings anders vor als die moderne Geschichtsschreibung. Diese fragt nach innerweltlichen Ursachenzusammenhängen. Weil Saul nur einen sehr rudimentären frühen Staat bildete, ohne Hauptstadt, ohne Verwaltungsapparat, ohne regelmäßige Staatseinkünfte, gerade mal mit dem Ansatz einer stehenden Truppe, war er den politisch besser organisierten und militärisch besser gerüsteten Philistern unterlegen. David dagegen konnte sich auf eine schlagkräftige Söldnertruppe stützen, eroberte sich mit Jerusalem eine Hauptstadt, baute dort eine funktionsfähige Verwaltung auf und war so schließlich in der Lage, die Philister zu besiegen. Daneben rechnet die moderne Geschichtsschreibung mit dem Zufall – man spricht etwas vornehmer von Kontingenz-Erfahrung. Sicher wäre die Geschichte anders verlaufen, wenn Saul in der Schlacht gegen die Philister nicht gefallen, sondern entkommen wäre, und wenn umgekehrt David bei einem seiner frühen Söldnerunternehmen ums Leben gekommen wäre. Aber es lief eben anders. Da man das mit innerweltlichen Kausalitäten nicht erklären kann, belässt man es bei dem Hinweis auf die Kontingenz historischer Erfahrung.

Doch damit geben sich die antiken Überlieferer nicht zufrieden. Sie suchen hinter allem eine Erklärung in Gott. Nicht innerweltliche Kausalitäten und nicht der Zufall bestimmen für sie den Verlauf der Geschichte, sondern letztlich der Wille Gottes. Doch wer vermag den Willen Gottes zu erkennen? Wer formuliert ihn?

Für mich als modernen Leser der Bibel ist wichtig, dass keiner der biblischen Texte in einem direkten und unvermittelten Sinn den Willen Gottes formuliert. Die biblischen Autoren sind menschliche Zeugen Gottes. Die meisten von ihnen sind gewiss Gott näher, als ich moderner Wissenschaftler es bin. Aber sie sind trotzdem nur menschliche Zeugen.

Als menschliche Zeugen Gottes haben die biblischen Autoren bestimmte Perspektiven. Die sozialgeschichtliche Bibelauslegung, der ich mich verpflichtet fühle, fragt insbesondere nach den sozialen Hintergründen der jeweiligen Perspektiven, einschließlich der Gender-Frage. Weil alle biblischen Autoren eine bestimmte Perspektive einnehmen, sind ihre Texte nicht einheitlich. Wir haben das schon bei den spannungsreichen Texten in 1Sam 8–12 gesehen, die sehr verschieden auf die Entstehung des Königtums blicken. Auch die Geschichte Jesu ist eine andere, je nachdem ob Matthäus, Markus, Lukas oder Johannes sie erzählen. Weil die biblischen Texte perspektivisch sind, können sie sogar widersprüchlich sein. Der biblische Kanon ist nicht kanonisiertes Einerlei, sondern kanonisierte Vielfalt bis hin zum kanonisierten Widerspruch.

Als Leser der Bibel kann ich nichts unbesehen übernehmen. Ich muss immer die anderen Stimmen auch hören. Und ich muss meinen eigenen Glauben und meinen eigenen Verstand mit in die Lektüre hineinnehmen.

Ich will nun versuchen, dies bei den Geschichten vom Konflikt zwischen Saul und Samuel zu tun.

4.2 Philisterkämpfe und erste Konfrontation

Sauls Regierungszeit beginnt mit Kämpfen gegen die Philister, und sein Leben endet schließlich in der Schlacht gegen sie. Von den ersten, noch erfolgreichen Kämpfen berichten die beiden Kapitel 1Sam 13 und 14.

4.2.1 Der literarische Charakter von 1Sam 13–14

In 1Sam 13–14 kommen vermutlich verschiedene Traditionen zusammen. Sie ranken sich nicht nur um Saul, sondern auch um seinen ältesten Sohn Jonatan, der hier unvermittelt auftritt. Gemeinsam ist den Überlieferungen, dass es gegen die Philister geht, dass diese als überlegen geschildert werden und dennoch auf Grund des Mutes und der List von Saul und insbesondere Jonatan besiegt werden.

Für unsere Frage nach der Gestalt Samuels genügen diese Hintergrundinformationen über die Schilderungen der beiden Kapitel. Denn Samuel tritt nur einmal kurz auf. Sein Auftritt ist so unvermittelt und so wenig ins Ganze der beiden Kapitel integriert, dass die Auslegung nahezu übereinstimmend von einem literarischen Einschub ausgeht.[125] Er sorgt dafür, dass Samuel, der sich eben noch auf der Volksversammlung in Gilgal als Fürbitter und Lehrer des Volks zur Verfügung gestellt hat, nicht aus der Geschichte verschwindet, selbst wenn man sich auf einer früheren Überlieferungsstufe einmal von Sauls Kämpfen gegen die Philister erzählt haben mag, ohne dass Samuel eine Rolle dabei spielte.

4.2.2 Samuels Auftritt (1Sam 13,7b–15a)

Versuchen wir nun, die Dinge aus Samuels Perspektive zu betrachten. Dazu müssen wir zunächst im Verlauf der Ereignisse recht weit zurückgehen bis dahin, als Samuel und Saul sich zum ersten Mal begegneten. Unmittelbar nach der Salbung hatte Samuel Saul zunächst drei Zeichen angekündigt und seine Rede dann mit der geheimnisvollen Aufforderung beendet: »Du sollst vor mir her nach Gilgal hinabgehen. Und gib acht, ich komme zu dir hinab, um Brandopfer darzubringen, um Gemeinschaftsopfer zu schlachten. Sieben Tage sollst du warten, bis ich zu dir komme und dich wissen lasse, was du tun sollst« (1Sam 10,8).

Seitdem ist viel geschehen. Saul ist König geworden, er hat gegen die Ammoniter Krieg geführt, und Samuel hat sich von seinem Richteramt entlasten lassen. Aber sowohl Saul als auch Samuel gehen davon

---

125 So von Hertzberg, 79, bis Mommer, Samuel, 135.

aus, dass die damalige Aufforderung auf den jetzigen Kampf gegen die Philister zu beziehen ist. Als Samuel nun wie angekündigt nach Gilgal kommt, ist Saul gerade mit den Opfern fertig. Samuel fragt ihn: »Was hast du getan?« (V. 11). Saul legt seine Gründe dar, doch Samuel geht gar nicht auf sie ein. Stattdessen wirft er ihm vor, Gottes Befehl missachtet zu haben, und leitet daraus die Ankündigung ab, dass Sauls Herrschaft keinen Bestand haben werde, wohl aber die eines anderen: »Du hast töricht gehandelt. Du hast den Befehl Jhwhs, deines Gottes, den er dir gegeben hat, nicht beachtet. Sonst nämlich hätte Jhwh jetzt dein Königtum über Israel für immer bestätigt. Jetzt aber hat dein Königtum keinen Bestand. Jhwh hat sich einen Menschen nach seinem Herzen gesucht, den befiehlt Jhwh zum Herrscher über sein Volk. Denn du hast nicht beachtet, was Jhwh dir befohlen hat« (V. 13–14).

Was tut Samuel hier? Genauer: Was tut der Verfasser, der Samuel diese Worte in den Mund legt? Zunächst und am wichtigsten: Aus Samuels Aufforderung, Saul solle in Gilgal auf ihn warten, wird ein »Befehl Jhwhs«, wird das, »was Jhwh dir befohlen hat«. Samuels Wort wird mit Gottes Wort gleichgesetzt. Der Gottesmann, Seher und Prophet, als der Samuel in 9,1–10,16 auftritt, repräsentiert Gottes Autorität. Zum zweiten interessieren Samuel die Gründe Sauls für sein Verhalten nicht im Geringsten. Saul war seiner Aufforderung, die dem Befehl Gottes gleichzusetzen ist, nicht nachgekommen. Das genügt. Drittens – und auch das ist zu beachten – folgt aus Sauls Ungehorsam noch nicht seine Verwerfung durch Gott. Vielmehr kündigt Samuel den Lauf der Dinge so an, wie sie sich dann tatsächlich ereignen: Sauls Königtum hat keinen Bestand, wohl aber das Davids, der in der geheimnisvollen Ankündigung freilich noch nicht mit Namen genannt werden kann.

Samuel erwartet keine Antwort von Saul. Nachdem er geendet hat, »machte sich Samuel auf und zog von Gilgal ins benjaminitische Gibea hinauf« (V. 15). Zwar ist es verwunderlich, dass Samuel bei den folgenden Kampfhandlungen, die vom benjaminitischen Gibea ausgehen (14,16), nicht auf Saul trifft. Die Erzählung gibt über die Gründe keine Auskunft. Sie hält aber die Möglichkeit offen, dass die Geschichte zwischen Samuel und Saul weitergeht. Und tatsächlich wird nach Ende der Philisterkämpfe Samuel Saul unvermittelt wieder anreden (15,1). Erst nach der endgültigen Verwerfung Sauls trennen sich die Wege der beiden; Samuel geht an seinen Heimatort Rama, Saul nach Gibea (15,34).

4.2.3 Sauls Perspektive

Für Saul stellen sich die Dinge ziemlich anders dar. Er steht im Krieg mit den Philistern. Er lässt »das Volk« – gemeint ist wohl die Kriegstruppe – nach Gilgal zusammenrufen (V. 4). Die Philister ihrerseits lassen ein gewaltiges Heer aufmarschieren. Das führt zu panikartigen Reaktionen auf Seiten der Israeliten. Die Bevölkerung sucht Schutz, wo sie kann, oder flieht (V. 5–7a). »Saul aber war noch in Gilgal, und die ganze Truppe zog ängstlich hinter ihm her. Er wartete sieben Tage bis zu dem Zeitpunkt, den Samuel angegeben hatte. Doch Samuel kam nicht nach Gilgal. Und die Truppe fing an, sich zu zerstreuen« (V. 7b.8). Jetzt erst handelt er. Er bringt die nötigen Opfer dar, bevor es zu den Kampfhandlungen kommt (V. 9).

Unmittelbar darauf erscheint Samuel. Man kann streiten, ob er zu spät kam oder gerade noch rechtzeitig. Saul könnte behaupten, »bis zu dem Zeitpunkt, den Samuel angegeben hatte« (V. 8), sei er nicht gekommen. Samuel könnte erwidern, er sei doch noch am siebten Tag gekommen, wenn doch die Opfer gerade eben erst vollbracht worden waren. Aber – Samuel diskutiert gar nicht mit Saul.

Er diskutiert weder über den Zeitpunkt seines Erscheinens noch über Sauls Gründe, die dieser ihm erklärt: »Ich habe gesehen, dass das Volk sich zerstreut, dass du nicht zum vereinbarten Zeitpunkt gekommen bist und dass sich die Philister bei Michmas gesammelt haben. Da dachte ich: Jetzt werden die Philister zu mir nach Gilgal herabziehen, und ich habe Jhwh nicht besänftigt! Da fasste ich mir ein Herz und brachte das Opfer dar« (V. 11 f.). Saul handelt als verantwortungsbewusster Heerführer – die eigene Truppe zerstreut sich, der Feind ist versammelt – und frommer Mann – er wartet bis zur angegebenen Zeit und weiß, dass die Opfer sein müssen. Und doch macht er es falsch.

Es gibt keine biblische Gestalt, bei der so häufig die Vokabel »tragisch« verwendet wird, wie Saul.[126] In der Tat gehört es zum Wesen des Tragischen, dass Held oder Heldin es immer falsch machen, gleich wie sie sich entscheiden. Über ihnen liegt ein Verhängnis, dem sie nicht entkommen können. Deshalb ist ihr Verhalten zugleich notwendig und schuldhaft. Dass dies kein vergangenes Problem antiker Stoffe ist, mag das Beispiel des Widerstands gegen eine Diktatur zeigen. Widerstand kann unschuldige Menschenleben kosten, gegebenenfalls die zivilen Geiseln, die der Feind um-

---

126 Vgl. die Rede vom »tragischen Versagen Sauls« bei Stoebe, 251, zu unserer Stelle oder allgemeiner die Zwischenüberschrift bei Dietrich, Königszeit, 52, »Der Tragische«.

bringen lässt. Aber auch der Verzicht auf Widerstand macht nicht frei von Schuld.

Das Besondere an der Tragik Sauls ist, dass kein Fatum über ihn verhängt ist, sondern dass er mit dem Willen Gottes konfrontiert ist, wie er ihm ausschließlich durch den Mund Samuels kundgetan wird. Und der behauptet, wenn Saul sich richtig verhalten hätte, dann »hätte Jhwh jetzt dein Königtum über Israel für immer bestätigt« (V. 13).

Das nötigt zu der Frage, welche Position sich hinter dem Auftritt Samuels zeigt.

4.2.4 Samuel als politischer Prophet

In der Auslegung wird immer wieder die Auffassung vertreten, bei dem Konflikt zwischen Samuel und Saul gehe es um »Spannungen zwischen alten sakralen Anschauungen und den Erfordernissen einer neuen Zeit«.[127] Nach Silvia Schroer scheitert Saul, »weil er die durch Samuel vertretene alte Ordnung der rituellen, von Opfern begleiteten Kriegführung nur unzureichend einzuhalten vermochte«. Saul sei »hin- und hergerissen« zwischen »den einen, die auf sakrale Riten«, und »den andern, die auf eine ›profane‹ Kriegführung setzen«.[128]

Ich habe erhebliche Zweifel, ob diese Entgegensetzung von Alt und Neu bzw. Sakral und Profan, verteilt auf Samuel und Saul, zutrifft. Auch Saul weiß, dass er ohne rituelles Opfer nicht in den Krieg ziehen kann. Er weiß auch, dass die Tatsache, dass er selbst das Opfer durchführt, nur eine Notmaßnahme ist. Deshalb sagt er in seiner Rechtfertigung: »Da fasste ich mir ein Herz

---

127   Stoebe, 251.
128   Schroer, 70.

und brachte das Opfer dar« (V. 12). In der gesamten antiken Kriegsführung kommt es immer sowohl auf gute Bewaffnung, Taktik, Mut und List als auch auf die Übereinstimmung mit dem Willen der Götter an, die durch Gebet und Opfer herbeigeführt wird.

Doch wenn Samuel kein Repräsentant der alten vorstaatlichen Ordnung gegenüber dem Vertreter »einer neuen Zeit« ist, wofür steht er dann? Die Prophetie des alten Orients ist zu erheblichen Teilen politische Prophetie in dem präzisen Sinn, dass prophetische Orakel Königen oder anderen politischen Entscheidungsträgern Anweisungen geben. Wir sehen das schon an den Prophetensprüchen aus Mari am oberen Eufrat aus dem 18. Jh. v. Chr., also 1000 Jahre vor Beginn der alttestamentlichen Schriftprophetie. Die neuassyrischen Prophetien, die mit den alttestamentlichen etwa gleichzeitig sind, zeigen ein ähnliches Bild. Und vor allem ist die alttestamentliche Prophetie selbst heranzuziehen.

Ich greife nur wenige Beispiele heraus. In 1 Kön 22 wird erzählt, wie der König von Israel vor einem geplanten Feldzug gegen die Aramäer verschiedene Propheten befragt. Der eine, Zidkija ben Kenaana, rät ihm zu, der andere, Micha ben Jimla, warnt ihn dagegen. In einer prekären militärischen Situation, die mit der kritischen Lage Sauls durchaus zu vergleichen ist, wendet sich der Prophet Jesaja an den König Ahas von Juda. Jerusalem wird von einer Armee der Nachbarstaaten Israel und Aram belagert. Doch Jesaja fordert zu Stillehalten und Gottvertrauen auf (Jes 7,1–16). Über 100 Jahre später rät Jeremia dem König Zidkija in der Situation der Belagerung Jerusalems durch das babylonische Heer, den Widerstand aufzugeben und sich den Babyloniern zu unterwerfen (Jer 38,14–28).

Solche prophetischen Orakel sind mehr als eine heutige politische Beratung durch Experten, der der Entscheidungsträger folgen kann oder auch nicht. Die Propheten erwarten, dass ihrer im Namen Gottes gegebenen Aufforderung gefolgt wird. Die Könige aber entscheiden sich oft anders. Der König von Israel lässt Micha ins Gefängnis legen (1Kön 22,27). König Ahas hält nicht still und vertraut auf Gott, sondern ruft die assyrische Großmacht zu Hilfe (2Kön 16,5–9). Jeremia ist zur Zeit seiner Befragung durch Zidkija bereits in Haft, sein Rat wird auch keineswegs befolgt. Viele andere Beispiele, etwa die Ermordung eines sonst nicht weiter bekannten Propheten Urija ben Schemaja durch König Jojakim (Jer 26, 20–23), zeigen, dass Konflikte zwischen König und Prophet ein Dauerproblem sind.

Auf dem Hintergrund dieses Dauerproblems nimmt die Erzählung von Samuel und Saul eindeutig Stellung, und zwar zu Gunsten des Propheten. »Der Text vertritt die Meinung, daß die Prophetie dem Königtum übergeordnet ist; der Prophet vermittelt den Willen und das Gebot Jahwes, der König ist Gehorsam schuldig«.[129] Wir erinnern uns, dass Samuel bei der Ankündigung seines Kommens nach Gilgal noch gesagt hatte: »Sieben Tage sollst du warten, bis ich zu dir komme *und dich wissen lasse, was du tun sollst*« (1Sam 10,8). Peter Mommer geht so weit, den Verfasser unseres Textes »in den Kreisen der religiös und politisch tätigen Berater Davids zu suchen«;[130] er denkt dabei besonders an den Hofpropheten Natan (vgl. 2Sam 7; 12; 1Kön 1). Das ist wohl zu eng und übersieht, dass Samuel gerade kein Hofprophet ist. Samuel steht in dem Konflikt zwischen Prophet und König für alle

---

129   Stolz, 85.
130   Mommer, Samuel, 145.

Propheten von Micha ben Jimla bis Jeremia, so wie Saul für alle Könige Israels und Judas steht.

In der Darstellung des Konflikts zwischen Samuel und Saul wird exemplarisch eine Konstellation behandelt, die die 400-jährige Geschichte des Königtums in Israel und Juda begleitet.[131] Dabei wird vorbehaltlos die prophetische Position eingenommen.

4.2.5 Die Aktualität des Konflikts: Kirche und Politik

Mit der so vorgenommenen Verortung des Konflikts zwischen Samuel und Saul ist allerdings die sachliche Frage, ob Saul nicht Unrecht geschieht und ob nicht bei Saul und David unterschiedliche Maßstäbe angelegt werden, noch nicht entschieden. Vor allem ist noch nichts darüber gesagt, inwieweit die Position des Textes, dass nämlich »die Prophetie dem Königtum übergeordnet ist« und der König Gehorsam schuldet, auch für heutige Verhältnisse Bedeutung hat.

Die 2000-jährige Geschichte der Kirche ist voll von Beispielen, bei denen die Kirche versucht hat, den politischen Entscheidungsträgern ihren Willen aufzuzwingen – oft mit Erfolg. Wird die Kirche dabei von ihren Amtsträgern vertreten, von Päpsten, Bischöfen und Pfarrern, nennt man das Phänomen Klerikalismus. Doch auch ohne Klerus ist solche Bevormundung möglich, wie der Einfluss fundamentalistischer amerikanischer Gruppen auf die Gesetzgebung zeigt. Und die Islamische Republik Iran ist ein Beispiel dafür, dass auch außerhalb des Christentums

---

131 Dies macht es im Übrigen unwahrscheinlich, ausgerechnet hinter 13,7–15 (und Kap. 15) älteste Samuelüberlieferung zu finden, die die historische Realität einer Feindschaft zwischen Samuel und Saul widerspiegeln soll, wie Mommer, Samuel, 210f. vermutet.

eine Lenkung der Politik durch die Geistlichkeit vorkommt.

Die Reformation des 16. Jh.s hat gegenüber dem Klerikalismus des Mittelalters gefordert, das eigene Recht des Bereiches der Politik anzuerkennen. Nach Luther regiert Gott zwar die ganze Welt, aber auf verschiedene Weise im geistlichen und im politischen Bereich. In der Aufklärung wird daraus die Forderung nach der Trennung von Kirche und Staat und der Anerkennung der Eigengesetzlichkeit des politischen (ebenso wie des wirtschaftlichen, wissenschaftlichen usw.) Lebens. Die Kirche solle sich auf ihren Bereich beschränken, der dann meist mit Predigt, Unterricht und Seelsorge umschrieben wurde und wird.

Spätestens in der Zeit des Nationalsozialismus hat die Kirche jedoch erkannt, dass auch diese Entwicklung keineswegs unproblematisch ist. Sie kann dazu führen, dass die Kirche die Politik, Wirtschaft und Wissenschaft sich selbst überlässt. Wenn Religion wirklich nur Privatsache wäre, könnte die Kirche zur politisch angeordneten Judenausrottung, zur kapitalistischen Globalisierung und zum Züchten von Embryonen zu wissenschaftlichen Zwecken in der Tat schweigen. Demgegenüber hat die Barmer Theologische Erklärung von 1934 wieder herausgestellt, dass es keinen Bereich des gesellschaftlichen, wirtschaftlichen oder kulturellen Lebens gibt, in dem es nicht auf den Willen Gottes ankäme: »Wir verwerfen die falsche Lehre, als gebe es Bereiche unseres Lebens, in denen wir nicht Jesus Christus, sondern anderen Herren zu eigen wären ...«.

Seitdem musste die Kirche lernen, die Spannung zwischen unstatthafter Bevormundung der Politik und ebenso unstatthaftem stillschweigendem Hinnehmen politischer, wirtschaftlicher und wissenschaftlicher Entwicklungen auszuhalten. Die Geschichte der EKD-Denkschriften in Westdeutschland ist dafür ebenso ein Beispiel wie der Versuch der Kirchen in der DDR, sich als »Kirche im Sozialismus« zu positionieren – um nur Beispiele aus dem deutschen evangelischen Bereich zu nennen. Die Sache ist nicht entschieden, weil sie nicht entschieden werden kann. Entschieden werden muss in jeder konkreten Situation. Die Frage, ob Prophet oder politischer Entscheidungsträger Recht hat, lässt sich nicht ein für allemal und im Vorhinein entscheiden. Und auch innerhalb der Kirche werden verschiedene Personen, Gruppen und Richtungen unterschiedliche Entscheidungen bevorzugen.

Unsere Erzählungen von Samuel und Saul nehmen dezidiert die prophetische Position ein. Wir sollten das hören und als *eine* Stimme ernst nehmen. Diese Stimme kann uns unsere jeweilige eigene Entscheidung aber nicht abnehmen.

Mit Samuels kurzem Auftritt im Rahmen der Philisterkriege in 1Sam 13 wird der Konflikt zwischen Prophet und König zum ersten Mal aufgerufen. Er beherrscht aber noch nicht die Erzählung. 1Sam 15 stellt das Thema ausschließlich in den Mittelpunkt.

4.3 Sauls Verwerfung nach dem Amalekiterfeldzug

Die Redaktion des 1. Samuelbuches ordnet die Stoffe sinnvoll an. Nach der Einsetzung des ersten Königs (Kap. 8–12) folgt der Bericht über seine wichtigste Regierungstätigkeit, den Kampf gegen die Philister (Kap. 13–14). Die Kapitel werden abgeschlossen mit einem Summarium über Sauls Regierungszeit (14,47–52). Danach kann in Kap. 15 nur noch von seiner Verwerfung durch Gott erzählt werden, so dass ab

Kap. 16 David derjenige ist, der die Erzählung beherrscht, auch wenn Saul dabei als Gegenfigur eine herausragende Rolle spielt.

4.3.1 Der literarische Charakter von 1Sam 15

1Sam 15 ist eine durch und durch konstruierte Erzählung. Vieles an ihr ist unanschaulich, manches auch völlig unwahrscheinlich. Unanschaulich ist der Bericht über den Kriegszug gegen die Amalekiter. Er besteht ausschließlich aus den zwei Sätzen: »So kam Saul zur Hauptstadt Amaleks und legte einen Hinterhalt am Fluss. ... Dann schlug Saul Amalek, von Hawila an bis nach Schur, das Richtung Ägypten liegt« (V. 5.7). Man vergleiche das nur mit der voranstehenden Erzählung von den Philisterkämpfen, dann versteht man den Unterschied zwischen anschaulich und unanschaulich.

Zu den unwahrscheinlichen Zügen der Erzählung gehört als Erstes die Truppenstärke Sauls. 210 000 Mann – das ist ein Vielfaches der Gesamtbevölkerung im Herrschaftsgebiet Sauls.[132] Gegen die Philister jedenfalls musste er mit 600 Mann auskommen (13,15). Auch dass ein Nomadenvolk wie die Amalekiter eine Hauptstadt hätte (15,5), ist nicht vorstellbar. Dass es im Krieg gelingen könnte, eine (ethnische) Trennung zwischen gewollten und ungewollten Opfern herzustellen – nach 15,6 entfernen sich auf Sauls Aufforderung die Keniter von den Amalekitern –, ist auch heute der Wunsch militärischer Strategen; man spricht von chirurgischer Präzision bei der Trennung.

---

132 Nach Finkelstein/Silberman, 124, dürfte die »gesamte Bevölkerung ... im Bergland« – und nur auf dieses erstreckt sich Sauls Herrschaft – »auf dem Höhepunkt der Besiedlung, um 1000 v. Chr., nicht mehr als 45 000 Seelen betragen haben.«

Wie heute dürfte das auch damals Theorie geblieben sein. Und schließlich: Wenn Saul wirklich »das ganze Volk ... der Vernichtung durch die Gewalt des Schwertes preis« gab und nur den König und die besten Tiere verschonte (V. 8 f.), dann fragt man sich, auf welch wundersame Weise sich das Amalekitervolk regeniert hat, wenn David schon wenige Jahre später wieder in heftige Kämpfe mit ihm verwickelt ist (1Sam 30).

1Sam 15 ist weder eine Sage noch eine Geschichtserzählung, wie viele der Überlieferungen von Samuel und Saul, Jonatan und David, sondern »eine Beispiel- und Lehrerzählung«[133]. Und zwar ist es eine prophetische Lehrerzählung. Die Initiative zum Geschehen geht vom Propheten Samuel aus, der im Auftrag Gottes spricht. Dazu gebraucht er die typisch prophetische »Gottesspruchformel« (»so spricht JHWH«, V. 2). Auch das weitere Geschehen nach dem Feldzug wird wieder mit einer typischen Prophetenformel in Gang gesetzt, der so genannten Wortereignisformel (»da erging das Wort JHWHS an Samuel«, V. 10). Als Prophet leistet Samuel Fürbitte (V. 11), mit seinem Propheten Samuel redet Gott des Nachts (V. 16), als Prophet hat Samuel die Vollmacht, ein Geschehen als göttliches Zeichen zu deuten (V. 26 f.). Dass der Inhalt seiner Worte in vielem eine Summe prophetischer Anschauungen ist, werden wir gleich sehen.

Nicht um geschehene Geschichte geht es in der Erzählung – nach Peter Mommer ist »es um die Historizität des Erzählten von vornherein schlecht bestellt«[134] –, sondern um eine »theoretisch-theologische Auseinandersetzung«, um »vornehmlich ein theologi-

---

133 Stolz, 99.
134 Mommer, Samuel, 151.

sches Problem«.[135] Dieses Problem ist die Frage des Gehorsams gegenüber dem Wort Gottes. Samuel wird im Gespräch mit Saul als Summe festhalten: »Weil du Jhwhs Wort verworfen hast, hat er dich als König verworfen« (V. 23, vgl. V. 26). Doch wenn das Wort Gottes der Befehl zur Ausrottung eines ganzen Volkes ist, wenn es lautet: »Auf! Schlage nun Amalek! Weihe alles der Vernichtung, was zu ihnen gehört! Schone sie nicht! Töte sie alle, Mann und Frau, Säugling und Kind, Rind und Schaf, Kamel und Esel!« (V. 3) – ist dann Gehorsam möglich?

4.3.2 Unser Problem: die Vernichtungsweihe

Das, wozu Samuel Saul auffordert, heißt in der Lu-ther-Übersetzung »Bann«. Es handelt sich freilich um etwas anderes als den mittelalterlichen Kirchenbann, auch wenn dieser den Gebannten der weltlichen Ge-walt und damit dem Tod ausliefern konnte. Ich be-nutze zur Unterscheidung als Übersetzung das Wort »Vernichtungsweihe«. Gemeint ist ein Brauch antiker Kriegsführung, bei dem darauf verzichtet wird, Beute zu machen – an Menschen, die versklavt werden, an Vieh und an Sachen –, sondern stattdessen alles durch Tötung und Zerstörung der Gottheit übereignet wird, der man den Sieg zuschreibt. Der moabitische König Mescha rühmt sich im 9. Jh. v. Chr., 7000 Israelitinnen und Israeliten für seinen Gott Kemosch der Ver-nichtungsweihe anheimgegeben zu haben. Auf seiner

---

135   Ebd., 146. – Obwohl Mommer den programmatisch konstruie-renden Charakter der Erzählung klar herausarbeitet, vermutet er hinter der Erzählung (und hinter 13,7–15) »eine überliefe-rungsgeschichtlich ältere Grundlage« (162), die nahe an die historische Realität reicht. Das muss freilich Spekulation blei-ben.

Siegesstele lässt er schreiben: »Und Kemosch sagte zu mir: ›Geh, nimm Nebo von Israel weg!‹ Und ich ging bei Nacht, und ich bekämpfte es vom Anbruch der Morgenröte bis zum Mittag, und ich nahm es ein, und ich tötete alles, 7000 Männer und ... und Frauen und ... und Dienstmägde; denn für Aschtar Kemosch hatte ich es mit dem Bann belegt«.[136]

Ob die Vernichtungsweihe in Israel jemals praktiziert wurde, ist unsicher. Sie hat aber als Idee in die Bibel Eingang gefunden, und zwar durchaus als Forderung, die dem Willen Gottes entspricht. Menschen, die die Religion überhaupt oder speziell ihre jüdisch-christliche Form ablehnen, kennen in der Regel die einschlägigen Stellen aus dem Deuteronomium (7,2 u. ö.) oder dem Josuabuch (6,21; 8,2 u. ö.) oder eben unsere Erzählung 1Sam 15. Aber auch gläubige jüdische und christliche Menschen werden durch derartige Texte in ihrem Glauben verunsichert und herausgefordert.

Mir selbst sind angesichts dieser Herausforderung drei Gedanken wichtig.[137] Der erste ist der der Zeitbedingtheit der Vorstellung. Die Vernichtungsweihe gehörte damals zu den möglichen Formen der Kriegsführung, wie das zitierte Beispiel der moabitischen Mescha-Stele zeigt. Das Rote Kreuz zur Versorgung von Kriegsopfern ist eine Erfindung des 19. Jh.s n. Chr., die Genfer Konvention zur Eindämmung der Folgen der Kriegsführung wurde im 20. Jh. abgeschlossen, auch wenn die Wurzeln des Kriegsvöl-

---

136 Übersetzung in Anlehnung an Smelik, 35; die Auslassungspunkte markieren unleserliche Stellen an einer Bruchstelle des Steins.

137 Ich verweise auch auf die Überlegungen von Silvia Schroer in ihrem Exkurs »Die Zumutung des Wortes Gottes« (80−82).

Abb. 6: Assyrische Soldaten beim Niedermetzeln und Pfählen von Feinden. Relief aus Nimrud. 8. Jh. v. Chr.

kerrechts weiter zurückgehen, sogar bis in die Bibel selbst – man lese Dtn 20, das sowohl die Vernichtungsweihe kennt als auch Vorschriften zur Schonung der Zivilbevölkerung wie der ökologischen Grundlagen des Feindes. Wir wissen nicht, welche unserer Ideen und Praktiken die Menschen in zweieinhalb Jahrtausenden ähnlich problematisch finden werden wie wir heute den Brauch der Vernichtungsweihe. Ihren Glauben und ihr Gottesbild können Menschen aber nie anders ausdrücken als in den Vorstellungen ihrer Zeit.

Zum zweiten muss man sehen, dass der Gedanke der Vernichtungsweihe nicht das Einzige ist, was die Bibel zum Thema Krieg zu sagen weiß. Auf die Ansätze zum Kriegsvölkerrecht in Dtn 20 mit der Idee der Schonung des Feindes in bestimmtem Umfang habe ich schon hingewiesen. Viel grundsätzlicher sind Texte, die davon sprechen, dass die Weisung des Gottes Israels dazu führt, dass die Völker ihre Konflikte friedlich regeln, ihre »Schwerter zu Pflugscharen« umschmieden und das Kriegshandwerk nicht mehr lernen (Jes 2,2–5; Mi 4,1–5). Nach Ps 46 ist Israels Gott

Abb. 7: »Schwerter zu Pflugscharen«. Aufnäher aus der DDR der frühen 1980er Jahre

ein Gott, »der den Kriegen steuert in aller Welt, der Bogen zerbricht, Spieße zerschlägt und Wagen mit Feuer verbrennt« (Übersetzung Luther 1984). Die Bibel ist im Blick auf die vorfindliche Welt weder bedingungslos bellizistisch noch bedingungslos pazifistisch. Sie geht aber davon aus, dass »am Ende der Tage« ein Friede herrschen wird, bei dem »alle unter ihrem Weinstock wohnen und unter ihrem Feigenbaum – und niemand wird sie aufschrecken« (Mi 4,4).

Der Gedanke der Zeitbedingtheit und der der Vielstimmigkeit der Bibel verbinden sich zu dem dritten Gedanken, dass die Bibel Gottes Wort nicht in dem Sinn ist, dass jede einzelne Stelle unmittelbar den Willen Gottes wiedergäbe. Ich habe dies im vorangehenden Kapitel bereits ausgeführt.[138] Die Bibel ist ein vielstimmiger Chor zeitgebundener Stimmen, die alle von Gott Zeugnis ablegen. Sie wird zu Gottes Wort erst, indem ich diese Stimmen mit meinem ganzen

---

138   Vgl. o. S. 153–155.

Verstand höre und mit Hilfe des heiligen Geistes in meinen Glauben integriere. Und ich muss wissen, dass dieser mein Glaube wiederum zeitgebunden ist und auch nur *eine* Stimme im Chor der »Gemeinschaft der Heiligen« darstellt, als die wir die Kirche nach dem apostolischen Glaubensbekenntnis verstehen.

Ein vierter, häufig geäußerter Gedanke zur Verarbeitung derartiger Texte wie 1Sam 15 bleibt für mich dagegen ausgeschlossen. Es ist der Versuch, Gewalttexte auf das Alte Testament zu beschränken und im Neuen Testament die reine Friedensbotschaft wiederzufinden, ein Versuch, der immer einhergeht mit einer heftigen Abwertung der jüdischen und Aufwertung der christlichen Religion. Das Neue Testament enthält ebenso Rache- und Gewalttexte wie das Alte – man lese nur Lk 21,20–24 oder 2Thess 1,5–10 oder Offb 19,11–21. Und alle Friedenstexte, die ich oben zitiert habe, stehen im Alten Testament.

Dagegen drängt sich ein weiterer Gedanke im Blick auf 1Sam 15 auf, aber auch nur im Blick auf diesen einen Text. Er hängt damit zusammen, dass Amalek und sein König Agag weniger reale als symbolische Gestalten sind. Der Vernichtungsbefehl gegen Amalek wird mit dessen Verhalten beim Auszug Israels aus Ägypten begründet (Ex 17,8–16); Gott sagt: »Ich vergelte das, was Amalek Israel angetan hat, das sich ihnen in den Weg gestellt hat, als sie von Ägypten heraufzogen« (1Sam 15,2). Die in der Realität so unwahrscheinliche Vorstellung von einer gleichzeitigen Verschonung der Keniter und Keniterinnen (V. 6) zeigt, dass es nicht blind gegen alles Fremde geht. Allerdings müsste man durchaus über die Verhältnismäßigkeit der Mittel diskutieren.

Das ist noch einmal anders bei der Gestalt Agags. Er lebt in gewisser Weise weiter in Haman, dem Agagiter, aus dem Esterbuch (3,1). Dieser erwirkt nach der Erzählung zur Zeit des Perserkönigs Xerxes im 5. Jh. v. Chr. einen Erlass, »alle Juden zu vernichten, zu töten und auszurotten, jung und alt, Kinder und Frauen« (3,13). Es ist der erste Versuch eines Holocaust am jüdischen Volk. Er findet in der Literatur statt und bleibt nach dem Esterbuch erfolglos. Aber die Bezeichnung Hamans als Agagiter zeigt, dass man in Agag jemand gesehen hat, der nicht nur ein gewöhnlicher Feind war, sondern einer, der Israel ausrotten will. Dies klingt auch an, wenn Samuel vor der Hinrichtung Agags zu diesem sagt: »Wie dein Schwert Frauen kinderlos gemacht hat, soll deine Mutter unter den Frauen kinderlos sein« (V. 33). Angesichts einer Dro-

Abb. 8: Der Pharao erschlägt eigenhändig einen Feind.
Narmer-Palette. Ende 4. Jt. v. Chr.

163

hung mit dem Holocaust stellt sich die Frage der Verhältnismäßigkeit durchaus noch einmal anders. Aber wie gesagt, das gilt allenfalls für 1Sam 15, keineswegs für alle Texte, die von der Vernichtungsweihe handeln.

Die Erzählung von 1Sam 15 selbst hat im Übrigen keinerlei Probleme mit der Vernichtungsweihe. Wenn Saul sie nicht konsequent durchführt, dann keineswegs deshalb, weil er Bedenken gegenüber diesem Brauch hätte. Damit ist der Punkt gekommen, an dem wir uns von unserem Problem mit dem Text dem Problem des Textes selbst zuwenden müssen.

4.3.3 Das Problem des Textes: »Gehorsam gegenüber der Stimme Jhwhs« (V. 22)

Zu dem kurzen Auftritt Samuels in Kap. 13 hatte ich ausgeführt, dass sich in ihm die Erfahrung der israelitischen Königszeit mit der Spannung zwischen Prophetie und politischer Macht widerspiegelt, und zwar aus der prophetischen Perspektive gesehen.[139] Das Verhältnis von Kap. 13 zu der prophetischen Lehrerzählung von Kap. 15 kann man so beschreiben, dass »die Angaben des Kap. 13 ... das Wetterleuchten dar[stellten], während im Kap. 15 dann das Gewitter niedergeht«.[140] Das Gewitter besteht darin, dass nun Saul endgültig verworfen wird. Aber auch sonst beantwortet Kap. 15 einige Fragen, die nach dem Vorspiel in Kap. 13 offen geblieben waren.

Bei Kap. 13 mussten wir fragen, ob Saul mit seinem Verhalten nicht Recht hatte und jedenfalls seiner politisch-militärischen Verantwortung nachgekommen ist. In Kap. 15 ist klar: Saul ist gegenüber dem Auftrag Gottes ungehorsam. Dass er den Vernichtungsbefehl

---

139 Vgl. o. S. 150–153.
140 Hertzberg, 95.

nicht vollständig ausführt, hat niedere Motive: »Doch Saul und das Volk schonten Agag und die besten Schafe und Rinder – die vom zweiten Wurf – und die Lämmer und alles, was gut war. Das wollten sie nicht der Vernichtung preisgeben. Alles wertlose und geringe Zeug, das gaben sie der Vernichtung preis« (V. 9). Wenn Samuel ihn fragt, warum er »über die Beute hergefallen« sei (V. 19), dann drückt sich darin die kritische Sicht von Sauls Verhalten aus.

Zwar beteuert Saul: »… das Volk nahm von der Beute Schafe und Rinder, das Beste dessen, was der Vernichtung geweiht war, um es Jhwh, deiner Gottheit, in Gilgal zu opfern« (V. 21). Doch ist diese Antwort in vielfacher Hinsicht verräterisch und bestätigt nur, dass Saul Gottes »Anordnungen nicht befolgt« hat (V. 11). Denn erstens kann er als von Gott gesalbter König – wie V. 1 ausdrücklich unterstreicht – nicht auf das Volk verweisen; er allein ist verantwortlich. Zweitens bedeutet Opfern fast das Gegenteil von Vernichtungsweihe, denn beim Schlachtopfer, das hier gemeint ist, wird nur ein kleiner Teil der Gottheit überlassen, den Rest verzehren die Opfernden gemeinsam. Und schließlich spricht Saul Samuel gegenüber von Jhwh als »deiner Gottheit«; er weiß also bereits selbst, das Jhwh im tiefsten Sinn nicht mehr »seine Gottheit« ist.

Möglicherweise soll auch die etwas unvermittelt eingefügte Notiz, Saul habe sich im judäischen Karmel »ein Denkmal errichtet« (V. 12), ein Hinweis darauf sein, dass »Saul nicht nur die Beute, sondern auch die Ehre für sich in Anspruch nimmt«.[141]

All diese Züge sollen verdeutlichen, dass Samuels Verwerfungsurteil über Saul berechtigt ist. Durch den

---

141 Stoebe, 293.

Aufbau des Kapitels wird auch die Eigentümlichkeit in Kap. 13 beseitigt, dass dort Samuel nicht einmal auf Sauls Rechtfertigung antwortet. Hier geht er ausführlich auf Sauls Argumente ein und widerlegt sie. Jeder Gedanke von Willkür soll beseitigt werden.

Mehr noch! Es wird ausdrücklich hervorgehoben, dass es sich bei dem Konflikt zwischen Samuel und Saul nicht um ein persönliches Zerwürfnis handelt. Als Gott Samuel mitteilt, er bereue es, Saul zum König gemacht zu haben, heißt es: »Da geriet Samuel in Zorn und schrie die ganze Nacht zu Jhwh« (V. 11); er leistet Fürbitte für den König, wenn auch vergeblich. Und nach der Trennung vermerkt der Text als Begründung für das Nimmerwiedersehen: »Denn Samuel war in Trauer über Saul« (V. 34).

Es bleibt eine letzte Frage, die ich zu Anfang dieses Kapitels gestellt habe. Saul legt nach Samuels Erläuterungen ein Sündenbekenntnis ab: »Ich habe mich verfehlt. Ja, ich habe den Befehl Jhwhs und deine Worte übertreten. Ja, ich habe mich vor den Leuten gefürchtet und auf ihre Stimme gehört. Nun heb doch meine Verfehlung auf und kehre mit mir zurück, dass ich mich vor Jhwh niederwerfe« (V. 24 f.). Warum wird dieses Sündenbekenntnis zurückgewiesen und Davids ungleich knapperes »Ich habe gegen Jhwh gesündigt« (2 Sam 12,13) nach dem Ehebruch mit Batseba und dem Mord an ihrem Ehemann ohne Umstände akzeptiert? Mit moralischen Maßstäben kommen wir da nicht weiter. Davids Verhalten ist nicht zu rechtfertigen, nach damaligen wie nach heutigen Kriterien nicht. Er hat moralisch und als Herrscher versagt. Das beschönigt auch der Text nicht. Saul aber hintergeht einen konkreten Befehl Gottes. Darin liegt die andere Qualität.

Samuel hält das fest, indem er grundsätzlich wird.

4.3.4 Samuel der Prophet

Zu Kap. 13 hatte ich bereits festgehalten, dass Samuel in dem Kapitel als politischer Prophet gesehen wird. Zu Kap. 15 hatte ich den prophetischen Charakter des Textes unterstrichen. Mit Peter Mommer kann man festhalten: »Kap. 15 ist der deutlichste Beleg für den *Propheten* Samuel«.[142] Das bezieht sich nicht nur auf den Gebrauch typisch prophetischer Redeformen wie Botenformel und Wortereignisformel. Es umfasst auch nicht nur den grundsätzlichen Anspruch, dass Propheten Königen Anweisungen geben können. Sondern auch hinter einzelnen Formulierungen von Kap. 15 kann man Verdichtungen prophetischer Aussagen finden. So erinnert die Tatsache, dass Gott Samuel seinen Beschluss zur Verwerfung Sauls mitteilt (V. 10 f.), an die grundsätzliche Aussage von Am 3,7, Gott tue nichts, ohne seinen Ratschluss den Propheten enthüllt zu haben. Die Worte »von mir abgewichen« im Vorwurf Gottes gegen Saul (V. 11) finden sich auch in Jer 3,19 als Vorwurf gegen Juda (vgl. auch Hos 1,2; Zef 1,6).

Besonders markant aber sind die prophetischen Anklänge in Samuels Gegenüberstellung von Gehorsam und Opfern. Samuel formuliert das grundsätzlich. Er wählt dazu die poetische Sprache, in der auch die meisten Sprüche der Schriftpropheten überliefert sind:

> »Hat Jhwh Gefallen an Ganz- und Schlachtopfern
> wie am Gehorsam gegenüber der Stimme Jhwhs?
> Siehe! Hören ist besser als Schlachtopfer,
> Gehorchen besser als das Fett von Widdern.
> Ja, wie die Sünde des Wahrsagens ist
>   Widerspenstigkeit,
> wie Trug und Götzendienst ist Eigensinn«
>   (V. 22–23a).

---

142 Mommer, Samuel, 160.

Kritik am Opferkult hat in der israelitischen Prophetie eine lange Tradition. Dabei geht es nicht um eine grundsätzliche Ablehnung von Opfern. Aber das Opfern wird in Beziehung zu anderen Erwartungen Gottes gesetzt. Am 5,21–24 kritisiert die israelitische Oberschicht, die zwar üppige Opfer bringt, aber Recht und Gerechtigkeit vermissen lässt. Jes 1,10–17 überträgt dies auf Juda und präzisiert die Forderung, das Recht zu tun: »Helft der Waise zum Recht, führt die Rechtssache der Witwe!« Bei anderen Propheten wird die konkrete Kritik ins Grundsätzliche gehoben. So heißt es in Hos 6,6: »Ja, an Güte habe ich Gefallen und nicht an Schlachtopfern, an Gotteserkenntnis mehr denn an Ganzopfern.« Und Mi 6,8 hält dem Angebot umfangreicher Opfer entgegen: »Gott hat dir gesagt, Mensch, was gut ist und was Jhwh von dir fordert: nichts andres als Recht tun und Güte lieben und besonnen mitgehen mit deinem Gott.«

1Sam 15,22 formuliert ähnlich grundsätzlich wie Hos 6,6 und Mi 6,8. In »Verarbeitung [des] prophetischen Erbes«[143] wird das Scheitern Sauls darauf zurückgeführt, dass er glaubt, den verweigerten Gehorsam gegen einen Befehl Gottes, der ihm von dem Propheten Samuel übermittelt wurde, durch Opfer wettmachen zu können. Wie schon bei dem Kurzauftritt Samuels in 13,7b–15a stehen Samuel und Saul exemplarisch für alle Könige und Propheten der Geschichte Israels. Mit dem zweiten Teil des Spruches in 15,23a, der vom Wahrsagen und Götzendienst spricht, wird dann bereits geheimnisvoll auf 1Sam 28 vorausgewiesen, wo »Saul zum Schluß seiner Wirksamkeit auch die beiden letztgenannten Sünden begehen

---

143 Stolz, 103.

[wird], was dann die dritte Verwerfung und seinen endgültigen Untergang nach sich zieht«.[144]

Der Abschluss des Verwerfungsspruchs in 15,23b zieht die Schlussfolgerung aus Sauls Fehlverhalten:

»Deshalb: Weil du Jhwhs Wort verworfen hast, hat er dich als König verworfen.«

Wieder spricht Samuel ganz als Prophet. Er benutzt die klassische Form des zweigliedrigen Prophetenspruchs mit dem Schuldaufweis im ersten und der Ankündigung der Tatfolge im zweiten Glied. Und Schuld und Tatfolge entsprechen sich im Sinn des Tun-Ergehen-Zusammenhangs genau. In gewisser Weise wird damit konstatiert, dass Saul sich selbst das Urteil gesprochen hat.

Sauls Verwerfung ist nun endgültig. Dem widerspricht nicht, dass Samuel Sauls Bitte folgt: »Nun gib mir doch die Ehre vor den Ältesten meines Volkes und vor Israel und kehre mit mir zurück, dass ich mich vor Jhwh, deiner Gottheit, niederwerfe« (V. 30). Saul weiß um seine Verwerfung, indem er wiederum wie in V. 15 von Jhwh als »deiner Gottheit« spricht. Aber er ist immer noch König, immer noch »der Gesalbte Jhwhs«. Auch nach Davids Salbung wird er es bleiben, auch David wird ihn als solchen respektieren.

Darin, dass Saul der Gesalbte Jhwhs bleibt und doch von eben diesem Jhwh verworfen ist, liegt das unentrinnbar Tragische seiner weiteren Geschichte.

4.3.5 Verwerfung und Reue Gottes

Zu Beginn des Kapitels über den Konflikt zwischen Samuel und Saul, der zu dessen Verwerfung führt, hatte ich einige Gedanken zum Verhältnis zwischen

---

144 Ebd., 104.

historischer Erfahrung und theologischer Deutung vorgetragen.[145] 1Sam 15 als theologische Lehrerzählung geht in dieser Hinsicht sehr weit und begibt sich ins theologisch Grundsätzliche. Dass gerade dann, wenn es theologisch grundsätzlich wird, keine einfach handhabbaren Aussagen herauskommen, zeigt die Rede von der Reue Gottes, auf die nun abschließend noch einzugehen ist.

Zweimal sagt der Text, dass Gott es bereut, Saul zum König gemacht zu haben. In V. 11 teilt Gott es Samuel mit: »Ich bereue es, dass ich Saul zum König eingesetzt habe.« Und im Schlusssatz des Kapitels begründet der Erzähler Samuels Trauer um Saul mit dem Hinweis: »Jhwh hatte es nämlich bereut, Saul zum König über Israel gemacht zu haben« (V. 34). Nur hier und in der Sintfluterzählung, wo es Gott reut, den Menschen auf der Erde gemacht zu haben (Gen 6,6 f.), wird berichtet, dass Gott eine eigene, schon geschehene Tat bereut.[146] Häufiger aber kann die Hebräische Bibel sagen, dass Gott Reue angesichts eines schon bei ihm selbst beschlossenen Vernichtungsvorhabens empfindet (vgl. Ex 32,14; Am 7,3.6; Jona 4,2 u. ö.).

Lässt sich aus solchen Stellen nun eine »Theologie der Reue Gottes« ableiten? Ja und nein! Ja, Gott ist kein Sklave seiner eigenen Taten und Beschlüsse. Er kann seine Taten rückgängig machen und seine Beschlüsse ändern. Dass dabei menschliche Fürbitte eine wichtige Rolle spielt, zeigen Ex 32 und Am 7. Das philosophische Bild eines ewig unwandelbaren Wesens ist nicht das Gottesbild der Bibel.

Und doch sagt Samuel mitten in der Erzählung von 1Sam 15 angesichts von Sauls Wunsch, seine Verwer-

---

145 Vgl. o. S. 142–145.
146 Vgl. dazu Jeremias, 17 f.

fung rückgängig zu machen: »Fürwahr, der Glanz Israels lügt nicht und bereut nichts. Gott ist kein Mensch, um etwas zu bereuen« (V. 29). Weil das das Gegenteil dessen zu sein scheint, was die Erzählung in V. 11 und 34 sagt, hat man V. 29 als Korrektur der Reue-Aussagen verstanden, die »einer späteren Zeit« als »fast blasphemisch erscheinen« mussten, »so daß in v 29 die älteren Vorstellungen grundsätzlich verworfen werden«.[147] Doch scheint mir die Aufteilung der Aussagen auf »ältere Vorstellungen« und »spätere Zeit« zu kurz zu greifen. Das theologische Problem lässt sich nicht durch Literarkritik und Aufteilung auf verschiedene Zeiten lösen. Es ist ein sachliches Problem.

Die Aussagen von der Reuefähigkeit Gottes können missbraucht werden. Gott kann zu einem Wesen gemacht werden, »das man schon rumkriegen kann«. Gott würde dann zur bloßen Projektion menschlicher Wünsche. Demgegenüber hält nicht nur 1Sam 15,29, sondern in ähnlichem Wortlaut auch Num 23,19 fest: »Gott ist kein Mann, dass er lüge, kein Mensch, dass es ihn gereue.«

Doch kann auch diese Aussage, wenn sie isoliert und verabsolutiert wird, zum Missbrauch führen. Wenn Gott ein Sklave seiner Entschlüsse ist, eine Maschine oder ein Computerprogramm, die einmal in Gang gesetzt wie vorgesehen ablaufen, dann brauche ich mich um ihn nicht weiter zu kümmern. Gott handelt dann nicht mehr in der Geschichte. Er ist absolut und jenseits der Geschichte. Dann ist eh nichts zu machen, und es ist eigentlich auch egal, wie ich mich verhalte. Gegenüber solchem letztlich gottlosen Fatalismus lässt Hos 11 Gott angesichts seiner Vernich-

---

147 So Mommer, Samuel, 150.

171

tungsabsicht gegen Israel fast mit den Worten von Num 23,19 das Gegenteil dieser Stelle sagen: »Umgestürzt ist mein Herz in mir, ja entbrannt ist mein Bereuen. Ich vollstrecke nicht die Glut meines Zornes, ich vernichte Efraim nicht wieder. Denn Gott bin ich und kein Mann« (V. 8f.).

Bei vielen Spitzenaussagen der Theologie muss es bei einem solchen Sowohl-als-auch, das zugleich ein Weder-noch ist, bleiben. Jede Auflösung nach einer Seite würde bedeuten, dass der Mensch sich Gott verfügbar macht und dies auch noch »theologisch korrekt« begründet. 1Sam 15 ist darin ein theologisch hoch reflektiertes Kapitel, dass es beide Aussagen zur Reue Gottes in einem Text zusammenführt.[148]

Der Schlussvers von 1Sam 15 markiert einen tiefen Einschnitt in der Geschichte Samuels mit Saul: »Dann ging Samuel nach Rama, und Saul zog nach Hause ins Gibea Sauls. Und Samuel sah Saul nicht mehr bis zum Tag seines Todes. Denn Samuel war in Trauer über Saul. JHWH hatte es nämlich bereut, Saul zum König über Israel gemacht zu haben« (V. 34). Die gemeinsame Geschichte von Samuel und Saul ist zu Ende.

Aber damit ist nicht zugleich auch Samuels Geschichte zu Ende. Schon als er Saul die endgültige Verwerfung ankündigt, fügt Samuel hinzu: »Weggerissen hat JHWH heute das Königtum Israels von dir und hat es einem anderen gegeben, der besser ist als du«

---

148 Leserinnen und Leser der Reihe »Biblische Gestalten« seien nachdrücklich auf die Ausführungen in Jürgen Ebachs Noah-Band zum Thema der Reue Gottes im Anschluss an Gen 6,5−8 hingewiesen; Ebach, 38−43. Auch er hält fest: »Deshalb kann es da keine eindeutige, einlinige Antwort, vielmehr muss es mehrere, durchaus auch widersprüchliche Antworten geben« (ebd. 40).

(V. 28). Wie schon in 13,14 wird ohne Namensnennung David als wahrer Nachfolger angekündigt. Samuel hat noch eine Aufgabe: Er soll David salben.

5. SAMUEL ALS WEGBEREITER DAVIDS

Die Verwerfung Sauls markiert einen tiefen Einschnitt im 1. Samuelbuch. »Zum dritten Mal erscheint im Erzählgang der Samuelbücher eine Hauptperson auf dem Plan: David«[149]. Mit seinem Auftritt beginnt zugleich ein neuer literarischer Komplex, die Erzählung vom Aufstieg Davids, die bis ins 2. Samuelbuch reicht, bis Kap. 5 oder Kap. 8. Sie ist von Anfang bis Ende vom Gegenüber ihrer beiden Protagonisten Saul und David geprägt. Samuel kommt als treibende Gestalt nur an ihrem Anfang vor, indem er David wie einst Saul salbt. Danach ist seine Rolle im Wesentlichen ausgespielt.

5.1 Die Salbung Davids

Ohne Pause geht die Erzählung nach Sauls Verwerfung weiter. Man ahnt zu ihrem Beginn noch gar nicht, dass schon nach wenigen Versen Samuel, der bis hier das 1. Samuelbuch dominiert hat und in Kap. 7–15 fast ohne Unterbrechung aktiv war, sich aus der Geschichte fast vollständig verabschieden wird.

5.1.1 Der literarische Charakter von 1 Sam 16,1–13
Die Erzählung von Davids Salbung leitet die Geschichte vom Aufstieg Davids ein. Zugleich setzt sie sie in Beziehung zur bisher erzählten Geschichte

---

149 Stolz, 106.

Sauls. Sie ist literarisch von beiden Erzählkomplexen abhängig und übernimmt so eine Scharnierfunktion zwischen ihnen. Allerdings geht es um weit mehr als nur die redaktionelle Verknüpfung zweier Stoffbereiche. Vielmehr werden sie theologisch zueinander in Beziehung gesetzt, so dass man 1Sam 16,1–13 auch als »theologische Tendenzerzählung«[150] qualifizieren kann.

Der Anfang von Kap. 16 schließt nahtlos an den Schluss von Kap. 15 an: »Da sagte JHWH zu Samuel: ›Wie lange willst du um Saul trauern? Ich habe ihn fallen lassen, so dass er nicht mehr König über Israel sein soll!‹« (V. 1). Saul wird aufgefordert, sein Salbhorn mit Öl zu füllen und zu einem gewissen Isai nach Betlehem zu gehen, um dort einen seiner Söhne zu salben. Das erinnert nicht nur vom Thema her an die Erzählung von der Salbung Sauls in 9,1–10,16, sondern auch in dem Einzelzug, dass Samuel zunächst nicht genau weiß, wer der Erwählte ist (vgl. 9,16: »Morgen um diese Zeit schicke ich einen Mann aus dem Land Benjamin zu dir ...«).

Sauls Reaktion auf Gottes Befehl überrascht: »Wie kann ich gehen? Saul wird davon hören und mich umbringen« (V. 2). Eben noch hatte Samuel Saul in die Schranken gewiesen. Der König hatte ein Schuldbekenntnis abgelegt und den Propheten gebeten, ihn wenigstens vor den Ältesten des Volkes nicht bloßzustellen (15,30). Nun plötzlich zittert Samuel vor Saul, und Gott selbst lässt ihn »zur Tarnung der Salbung ... zu einer Opferfeier einladen«.[151] Aus dem souverän agierenden Samuel und dem in die Defensive gedrängten Saul sind ein um sein Leben bangen-

---

150 Mommer, Samuel, 179.
151 Stoebe, 107.

der Prophet und ein misstrauisch verfolgender König geworden. Dies ist ein Zug, der sich nicht aus den bisherigen Überlieferungen von Samuel und Saul, sondern nur aus der Aufstiegsgeschichte Davids ableiten lässt, »wo der eifersüchtige und rachsüchtige

Abb. 9: Samuel salbt Saul. Aus dem Titelkupfer einer von Johannes Leusden herausgegebenen und von Joseph Athias gedruckten Hebräischen Bibel, Amsterdam 1669 (oder 1659?) (Privatbesitz)

Saul ... alles tut, um seine Macht zu festigen und David zu verdrängen«.[152]

Was dann folgt, hat sein Vorbild in den beiden Erzählungen von der Königwerdung Sauls in 9,1–10,16 und 10,17–27. Aus der ersten Erzählung kennen wir das Motiv der Salbung des von Gott erwählten künftigen Königs durch Samuel, das Opfermahl und die Heimlichkeit der Salbung. Aus der zweiten Erzählung ist das Motiv übernommen, dass der eigentlich Gemeinte zunächst nicht aufzufinden ist, sondern erst ganz zum Schluss hinzukommt.

Dass es sich bei diesen Parallelen um mehr als um gemeinsame Motive handelt, dass der Autor von 16,1–13 vielmehr die Saulerzählungen vor sich hat und sich bewusst auf sie bezieht, zeigt ein sprachliches Detail. Bei seiner Einführung wird Saul beschrieben als »stattlich und schön. Keiner der israelitischen Männer war schöner als er. Er war einen Kopf größer als alle anderen« (9,2). In 10,23 wird das Motiv der überragenden Körpergröße wiederholt. Als Samuel den ersten der Söhne Isais sieht, hält er ihn auf Grund seiner Größe für den Erwählten. Gott aber weist ihn zurecht: »Schau nicht darauf, wie er aussieht, und nicht, ob er hochgewachsen ist. Ich habe ihn abgelehnt: Es ist nicht, wie es der Mensch sieht. Denn der Mensch sieht nur auf das Augenfällige, Jhwh aber sieht auf das Herz« (V. 7). Es zeigt sich, dass der (körperlich) Größte nicht unbedingt der Geeignetste sein muss. Allerdings ist die Erzählung so wenig konsequent, dass sie auch David eine körperliche Auszeichnung zuspricht, wenn auch anderer Art: »Er war rötlich, mit schönen Augen und sah gut aus« (V. 12).

---

152 Mommer, Samuel, 178.

Eine Parallele nun wieder aus der Aufstiegsgeschichte, und zwar der Erzählung von David und
Goliat (1Sam 17), ist der Zug, dass David noch zu jung
ist, um überhaupt in Erwägung gezogen zu werden,
und dass er stattdessen die Schafe hütet. Aus dieser
Erzählung stammen auch die Namen von Davids
Brüdern. Dass 16,1–13 nur drei der sieben Brüder mit
Namen nennt, liegt daran, dass in 17,13 auch nur diese
drei, nämlich Eliab, Abinadab und Schamma, erwähnt
werden.

Es dürfte auf Grund der angeführten Beispiele hin-
reichend klargeworden sein, dass es sich bei unserem
Textabschnitt »um eine redaktionelle Klammer« handelt. »Der Abschnitt lebt … ganz aus seinem literarischen Zusammenhang heraus«.[153] Allerdings haben
wir das bisher nur im Blick auf motivliche und sprachliche Parallelen untersucht. Die Frage nach dem theologischen Zusammenhang verbinde ich mit der Frage,
welches Bild Samuels der Text vermittelt.

5.1.2 Samuel als erneuter Königsmacher

Die theologische Absicht des Textes ist durchsichtig.
David, der im Folgenden als der von Gott erwählte,
von allen geliebte und sogar von Sauls Kindern Jonatan und Michal anerkannte Nachfolger Sauls dargestellt wird, soll Saul auch darin nicht nachstehen,
dass ihm eine Salbung durch Samuel fehlte. Die
übrige Davidüberlieferung kennt diesen Zug nicht.
Ihr zufolge wird David von den Ältesten Judas (2Sam
2,4.7) und Israels (2Sam 5,3.17) zum König über Juda
bzw. Israel gesalbt. Deshalb heißt er im Gegensatz zu
Saul, der immer wieder als »Gesalbter Jhwhs« tituliert
wird (1Sam 24,7.11; 26,9 u. ö.), so nur in den spät ein-

---

153 Stolz, 106.

gefügten »letzten Worten Davids« (2Sam 23,1) und wird nur ein einziges weiteres Mal überhaupt auf seine Salbung durch Jhwh eingegangen (2Sam 12,7). Davids religiöse Legitimation stammt von dem Propheten Natan, der seiner Dynastie ewigen Bestand verheißt (2Sam 7). Auf dem Hintergrund dieser Überlieferungen ist es die Aufgabe von 1Sam 16,1–13, »die Legitimierung des Königtums Davids in seine Jugend, d. h. also noch in die Regierungszeit Sauls zu verlegen, diese Legitimität auch dadurch zu unterstreichen, daß er seine Weihe durch denselben Gottesmann empfängt, der Saul gesalbt hat«.[154]

Ich habe die in der Auslegung übereinstimmend so gesehene Tendenz unseres Textes bewusst deshalb mit den Worten Hans Joachim Stoebes zitiert, weil dieser Samuel im Zitat als »Gottesmann« bezeichnet. Er vermeidet also den Begriff »Prophet«; für Peter Mommer wäre es sogar »nicht ohne Schwierigkeiten«, hier von einem Propheten zu sprechen.[155] Darin ist richtig gesehen, dass Samuel in der Erzählung von der Salbung Davids ein anderes Bild abgibt als bei seiner Konfrontation mit Saul in 13,7b–15a und Kap. 15, wo er weitestgehend dem späteren Prophetenbild der Königebücher und der Schriftpropheten entspricht. In unserem Text nimmt er dagegen Rollen an, die er früher auch schon innehatte. Am wichtigsten ist die des Königsmachers. Beide Könige, die am Anfang der Geschichte Israels stehen, werden von Samuel gesalbt. Anders gesagt, zu Samuels Lebzeiten gibt es keinen König, den er nicht gesalbt hätte.

Des Weiteren tritt Samuel wieder in der Rolle des Opfernden auf. Gott beauftragt ihn: »Nimm eine

---

154 Stoebe, 302.
155 Mommer, Samuel, 186.

junge Kuh mit und sage: Ich bin gekommen, um für
Jhwh ein Opfer zum Mahl zu schlachten. Ruf Isai zum
Schlachtopfer, dann will ich dich wissen lassen, was
du tun sollst« (V. 2 f.). Und als ihn die Ältesten von Betlehem fragen, in welcher Absicht er komme, antwortet
er: »Ich komme, um für Jhwh ein Opfer zum Mahl zu
schlachten. Heiligt euch und kommt mit mir zum
Schlachtopfer« (V. 5). Das erinnert an die Szene in
Kap. 9, obwohl Samuel dort nur »ein wichtiger Gast,
der die Opfernden und Mahlteilnehmer segnet«, ist.[156]
Aber in 7,9 f. ist er eindeutig selbst der Opfernde, und
in der missglückten Gilgal-Begegnung mit Saul ist er
als Opfernder vorgesehen (10,8 und 13,7b–15a). Dennoch zögere ich, das Wort »Priester« zu verwenden.[157]
Denn trotz seiner Ausbildung in Schilo (Kap. 1–3) fun-
giert Samuel weder dort noch an einem anderen Heiligtum, wie man es von einem regulären Priester erwarten würde.

Dass Samuels Rolle als Richter, die Kap. 7 so deutlich herausstellt (vgl. auch 12,11), hier nicht erwähnt
wird, ist dagegen sachlich begründet. Für den Übergang vom letzten Richter Samuel auf Saul musste sie
betont werden. Für den Übergang von Saul auf David,
um den es in unserem Text ausschließlich geht, ist sie
dagegen irrelevant.

Trotz der Betonung der Rollen als Königsmacher und Opfernder teile ich die zitierte Zurückhal-
tung verschiedener Autoren, im Zusammenhang von
16,1–13 Samuel als Propheten zu bezeichnen, nicht.
Das Charakteristische an Samuel ist, dass er trotz
deutlich unterschiedener Akzente in den einzelnen
Überlieferungsteilen nicht einmal dies und ein ander-

---

156 Stolz, 107.
157 So Stolz, ebd.

mal das ist. Sondern in seiner Person fließen immer alle Funktionen zusammen.

Wir werden gleich sehen, dass selbst noch beim letzten Auftritt Samuels zu seinen Lebzeiten seinem Bild neue Züge zuwachsen werden.

5.2 Samuels letzte Begegnung mit David und Saul

Nach der Salbung durch Samuel geht David seinen Weg allein weiter. Verschiedene Überlieferungen berichten zunächst, wie er an Sauls Hof kommt. Nach der einen sind es seine musiktherapeutischen Fähigkeiten, die Sauls Umgebung auf ihn aufmerksam machen, nachdem der König von einem bösen Geist gequält wird (1Sam 16,14–23). Nach einer anderen Tradition ist es dagegen Davids Sieg im Zweikampf gegen den philistäischen Elitekrieger Goliat, der ihn in Sauls Dienste bringt (1Sam 17). Dort – so die Tendenz der Erzählung – gewinnt er die Herzen aller; nur Saul verfällt immer mehr in Hass gegen ihn und will ihn töten (1Sam 18). Das vorläufige Ende ist, dass David nachts mit Hilfe seiner Frau Michal, der Tochter Sauls, fliehen muss (19,1–17).

Die Flucht führt ihn zu Samuel nach Rama. Dort kommt es zu einer in vielfacher Hinsicht merkwürdigen Begegnung, der einzigen im gesamten 1. Samuelbuch, bei der die drei Protagonisten des Buches, Samuel, Saul und David, in einer Erzählung gemeinsam auftreten (19,18–24).

Die erste und für uns, die wir uns besonders für die Gestalt Samuels interessieren, wichtigste Merkwürdigkeit der Erzählung ist die, dass Samuel hier in engster Beziehung zu einer Schar ekstatischer Propheten gesehen wird. Nach der Salbung Sauls hatte Samuel diesem die Begegnung mit einer solchen Schar angekündigt, zu der es dann auch kommt (10,5f.10–13).[158] Aber Samuel selbst hatte mit den verzückten Leuten nichts zu tun. Die Begegnung findet zudem im »Gibea Gottes« (10,5.10) und nicht in Samuels Heimatort statt. Jetzt aber heißt es: »David war geflohen, er rettete sich und kam zu Samuel nach Rama. Er erzählte ihm alles, was Saul ihm angetan hatte, und sie gingen, er und Samuel, und blieben in der Siedlung der Prophetinnen und Propheten« (V. 18). Und Saul wird gemeldet: »Pass auf! David ist in der Prophetensiedlung in Rama« (V. 19). Man hat den Eindruck, dass Samuel hier so etwas wie der »Leiter einer grossen Prophetenschule oder -siedlung« ist.[159] Zwar ist das hebräische Wort, das man mit »Siedlung« wiedergeben kann, in seiner Bedeutung nicht völlig geklärt. Aber dass Samuel aufs Engste mit der Prophetengruppe zusammengehört, ist unbestreitbar. Denn als Saul Boten nach Rama schickt, um David festnehmen zu lassen, sehen diese »die Versammlung der Propheten ..., die in Besessenheit redeten, und Samuel, der aufrecht neben ihnen stand« (V. 20).

Allerdings erleben wir Samuel selbst nicht im Zustand der Verzückung. Man kann durchaus vermuten, dass dies »in der Linie der Analogie zu 9,1–10,12 [liegt], wo Samuel ja auch von dem ekstatisch prophetischen Geschehen abgesetzt wird«.[160] Denn solche Prophetenscharen konnten – ich habe es zu Kap. 10 schon erwähnt[161] – durchaus nicht nur als Verzückte, sondern auch als Verrückte angesehen werden. Den-

---

158 Vgl. o. S. 119–121.
159 Schroer, 95; Lehnart, Saul, 208.211.
160 Stoebe, 368.
161 S. o. S. 119f.

noch ist die Beziehung Samuels zu der Gruppe unleugbar.[162]

Die zweite Merkwürdigkeit der Erzählung besteht darin, wie es denen ergeht, die in die Prophetensiedlung kommen. Dreimal schickt Saul Boten, um David festnehmen zu lassen, und dreimal geschieht dasselbe: »Als sie die Versammlung der Propheten sahen, die in Besessenheit redeten, und Samuel, der aufrecht neben ihnen stand, da kam die Geistkraft Gottes auch über die Boten Sauls, und so redeten auch sie besessen« (V. 20).[163] Noch schlimmer geht es Saul selbst. Er wird schon auf dem Weg in die Siedlung vom Gottesgeist erfasst und in Ekstase versetzt. Schließlich entblößt er sich im wörtlichen Sinn: »Auch er zog seine Kleider aus und auch er redete besessen vor Samuel. Er fiel hin und lag nackt da, den ganzen Tag und die ganze Nacht« (V. 24).

Das Geschehen bekommt »symbolische Bedeutung. Der König Israels verliert angesichts der Macht des Prophetischen und des Propheten seine Autorität«.[164] Saul ist in dieser Lage – »man hat an krampfartige Zustände zu denken«[165] – gar nicht mehr Herr seiner selbst. Deshalb hat man es wohl auch nicht als Widerspruch empfunden, dass es nach Sauls Verwerfung am Ende von Kap. 15 heißt: »Und Samuel sah Saul nicht mehr bis zum Tag seines Todes« (V. 34). Natürlich

---

162 Die überlieferungsgeschichtliche Analyse führt L. Schmidt, 105, zu dem Schluss: »Samuel ist erst im Laufe der Überlieferung in die Geschichte eingeführt worden.« Dabei stellt sich allerdings die Frage, warum der sonst durchweg positiv gezeichnete Samuel nachträglich in so zweifelhaftes Licht gerückt worden ist.
163 Lehnart, Saul, 209.213, nennt das »kontagiöse Wirkung«.
164 Schroer, 95.
165 Stolz, 132.

»sieht« er Saul, aber es findet keine wirkliche Begegnung statt.

Am Schluss wird das Sprichwort wiederholt, das zum ersten Mal in 10,11 f. eingeführt wurde: »Ist auch Saul unter den Propheten?« (V. 24). Offenbar läuft die Erzählung auf diese Worte hinaus. Denn wir erfahren nicht, wie es weitergeht. Was ist mit Saul, nachdem seine Verzückung vorüber ist? Wo ist David inzwischen? Reden Samuel und Saul noch einmal miteinander? Das leitet direkt über zur dritten Merkwürdigkeit der Erzählung.

Sie besteht in der Rolle, die David in der Erzählung spielt. Er spielt nämlich eigentlich gar keine Rolle. Er flieht nach Rama, erzählt Samuel »alles, was Saul ihm angetan hatte« (V. 18), und geht mit ihm in die Prophetensiedlung. Zwar kommen die Boten und Saul selbst, um David zu suchen. Aber es kommt zu keiner Begegnung, auch nicht, als Saul verzückt und nackt am Boden liegt. Erst die Überleitung zur nächsten Erzählung erwähnt noch einmal Davids Aufenthalt in Rama: »David floh von der Prophetensiedlung in Rama und kam zu Jonatan ...« (20,1). Genau genommen ist David nur der Vorwand für die Erzählung von der Verzückung Sauls.

So bestätigt 1Sam 19,18–24, was wir schon zur Salbungsszene feststellen mussten. Samuel gehört nicht eigentlich in die Davidüberlieferung, sondern ist ausschließlich mit Saul fest verbunden. Aber er wird in der Verbindung von Saul- und David-Tradition als derjenige gezeichnet, der David den Weg bereitet und ihn auch später einmal noch in einer besonderen Verfolgungssituation beschützt.

Die Szene in der Prophetensiedlung in Rama ist das Letzte, was wir von Samuel zu seinen Lebzeiten erfahren.

Für die meisten großen Gestalten in der biblischen Erzählung der Geschichte Israels gehört es sich, dass ihr
Tod und ihre Bestattung mitgeteilt werden. Deshalb
ist die Notiz in 1Sam 25,1a nichts Besonderes: »Dann
starb Samuel. Und ganz Israel versammelte sich, be-
trauerte ihn und begrub ihn in seinem Haus in Rama«.
Die eigentlich spannende Frage ist: Warum steht die
Notiz da, wo sie steht? Diese Frage führt dann doch
auf den Wortlaut der Formulierung, so dass es durchaus berechtigt ist, dem Halbvers einen eigenen Abschnitt zu widmen.

Es ist unter anderem dieser Wortlaut, der Peter
Mommer zu der These führt, dass zusammen mit
1Sam 7,15–17a, der Nachricht von Samuels Tätigkeit
als Richter, in 25,1a eine eigenständige alte Samuel-
überlieferung zu suchen sei. Er vergleicht 1Sam
7,15–17a; 25,1a mit den Listen der so genannten
kleinen Richter in Ri 10,1–15; 12,7–15 und kommt zu
dem Schluss: »Der Grundbestand von 1Sam 7,15–17a;
25,1 gehörte einmal zu der Liste der sogenannten
›kleinen Richter‹, wie sie im Richterbuch überliefert
ist«. Den Deuteronomisten habe diese Liste vorge-
legen. »Erst bei der Einarbeitung der Liste in das DtrG
[das deuteronomistische Geschichtswerk] hat Dtr [der
Deuteronomist] die Angaben über Samuel abgetrennt
und an ihre heutige Position gerückt«.[166]

Nun hatte ich bereits zu 7,15–17a erhebliche Zweifel an Mommers These geäußert und vertreten, dass
die Sätze über Samuel eher als Nachbildungen der
Richterlisten zu verstehen sind denn als deren ur-

---

166 Mommer, Samuel, 47.

sprünglicher Bestandteil.[167] Dies wird durch den Wortlaut in 25,1a noch einmal bestätigt. In den Richterlisten lautet die stereotype Formulierung: »Dann starb NN und wurde in [Ortsname] begraben« (Ri 10,2b.5; 12,10.12.15). Davon bleibt bei Samuel nur: »Dann starb Samuel ... in [Ortsname]«. Hinzu kommt bei Samuel das Betrauern durch »ganz Israel«. Vor allem ist »ganz Israel« auch Subjekt der Beerdigung, während dies in den Richterlisten passivisch formuliert ist.[168] Viel näher steht die Nachricht über Samuels Tod der über den Tod Josuas: »Dann starb Josua ..., und sie begruben ihn (oder: man begrub ihn) im Gebiet seines Erbbesitzes ...« (Jos 24,29f.). Nicht nur die aktive Formulierung beim Begraben, auch der Begräbnisort im eigenen Besitz, bei Samuel »in seinem Haus in Rama«, verbindet die beiden Nachrichten.

Wenn wir in 1Sam 25,1a also keine eigenständige alte Überlieferung von einem Richter Samuel vor uns haben,[169] sondern eine konventionelle Nachricht über den Tod einer wichtigen Gestalt, dann wird die eingangs gestellte Frage nach der Positionierung der Notiz umso interessanter. Gelegentlich begnügt man sich mit der Auskunft, sie wirke an ihrer Stelle »eher störend«[170] und stelle »eine zusammenhanglose Mitteilung« dar.[171] Das unterstellt eine Redaktion des Textes, die nicht weiß, was sie tut. Weil der Eindruck des Störenden und Zusammenhanglosen aber auch daher kommen könnte, dass wir nicht erkennen, warum der

---

167 S. o. S. 82–84.
168 Für die des Hebräischen Kundigen: In den Richterlisten steht das Nifal, in 1Sam 25,1a das Qal.
169 Nach Mommer, Samuel, 46, ist »die Angabe alt und ursprünglich«.
170 Mommer, Samuel, ebd.
171 So Schroer, 105.

Text da steht, wo er steht, hat man immer wieder Versuche unternommen, dafür eine Erklärung zu finden.

Mich überzeugt am ehesten der alte Ansatz von Karl Budde. Er geht aus von der Beobachtung, dass es im Text heißt, dass »ganz Israel« sich versammelte und Samuel nach den Trauerriten »in seinem Haus in Rama« begrub.[172] Der Blick in die Konkordanz zeigt, dass die Rede von »ganz Israel« in den Erzählungen von Samuel, Saul und David ausschließlich im Zusammenhang mit Samuel und Saul verwendet wird. Zu Sauls Zeit wird »ganz Israel« vom Ammoniterkönig verhöhnt (1Sam 11,2), ist abhängig von den Philistern (13,20) und befindet sich im Krieg mit ihnen (14,40), wird von Goliat in Angst versetzt (17,11) und bekommt von Gott doch den Sieg geschenkt (19,5). So ist auch Sauls Heer ein Heer aus »ganz Israel« (24,3; 28,4). Auffälligerweise stehen alle diese Notizen vor unserer Stelle 25,1a – mit Ausnahme von 28,4; aber diese Stelle folgt auf die Wiederholung der Nachricht von 25,1a in 28,3, auf die gleich einzugehen ist.

Auch Samuel ist fest mit dieser Größe »ganz Israel« verbunden. »Ganz Israel« erkennt ihn als Propheten Jhwhs (3,20). Vor der ersten Versammlung wendet er sich an »ganz Israel« und ruft es zur Umkehr (7,3). Seine Schlussrede ist ebenfalls an »ganz Israel« gerichtet (12,1). Alle drei Stellen sind Schlüsselstellen für die Gestalt Samuels. Und nun ist es »ganz Israel«, das ihn betrauert und begräbt. Danach kommt der Ausdruck nicht mehr vor. Richtet die Formulierung also »die Augen ... auf das Phänomen ›ganz Israel‹, das im Begriff

---

172 Budde, 163: »... der Halbvers ... verdankt Dasein und Stelle nur dem Wunsche, Gesamtisrael und seinen theokratischen Führer nicht aus dem Auge zu verlieren.«

ist, sich in Plänkeleien und Gegensätzen zu verzehren und das Bewußtsein der Einheit zu verlieren«?[173]

Diese Vermutung legt sich nahe, wenn wir die Gestalt Davids ins Auge fassen. Über ihn heißt es an einer erzählerisch frühen Stelle: »ganz Israel und Juda liebten David« (1Sam 18,16). Obwohl David von allen geliebt wird, repräsentiert er nicht wie Samuel und Saul »ganz Israel«, sondern »ganz Israel und Juda«, also die Einheit von Norden und Süden, aber eben die Einheit zweier unterschiedener und oft auch verfeindeter Größen. Deshalb heißt es in einer summarischen Notiz über ihn, er sei »33 Jahre König über ganz Israel und Juda« gewesen (2Sam 5,5). Es ist nur konsequent, wenn schon vorher in der Davidüberlieferung die Formulierung »ganz Israel« ausschließlich den Norden im Gegensatz zu Juda meint (2Sam 3,10.12.21).

Die Beobachtung, dass im Zusammenhang mit Samuels Tod zum letzten Mal »ganz Israel« als umfassende Größe auftritt, erklärt freilich allein noch nicht die Stellung von 1Sam 25,1a. Sie wird klarer, wenn wir die Notiz tatsächlich als Einleitung zur folgenden Erzählung über David, Nabal und Abigajil verstehen. Sie ist zwischen zwei Parallelerzählungen gestellt, die in 1Sam 24 und 26 berichten, wie David Saul verschont. In der Zwischenstellung markiert Kap. 25 eine Wende in der Geschichte Davids. Zwar ist er zuvor und danach der von Saul Verfolgte. Aber mit Kap. 25 beginnt sein Aufstieg. Kap. 25 selbst behandelt zum ersten Mal in der Davidsüberlieferung »thematisch einen Konflikt zwischen David und seinen zukünftigen Untertanen«.[174] Obwohl David noch Führer einer Bande ist, handelt er wie ein König. Die Geschichte er-

173 So Hertzberg, 157.
174 Crüsemann, 138.

zählt, dass nur ein Narr wie der reiche Nabal – sein Name bedeutet »Narr« – solche Herrschaft ablehnen kann und prompt tot umfällt (V. 37 f.). Seine kluge Frau Abigajil dagegen erkennt in David den künftigen Herrscher (V. 24–31) und wird am Schluss seine Frau (V. 42). Erst mit der Erzählung von Kap. 25, das heißt erst nach dem Tod Samuels, der ihm durch die Salbung (16,1–13) und den Schutz in Rama (19,18–24) den Weg bereitet hat, wird Davids Aufstieg unaufhaltsam.

Irmtraud Fischer geht noch einen großen Schritt weiter. Auch sie setzt die Notiz vom Tod Samuels mit der folgenden Erzählung in Zusammenhang. Sie folgert: »Abigajil tritt in die Nachfolge des soeben verstorbenen Samuel, indem sie einerseits die Führung des Gesalbten übernimmt und ihn vom Unrechttun abhält und andererseits, indem sie seine prophetische Funktion fortsetzt und David die Dynastiegründung ankündigt. Eine geschlechterfaire Lektüre der Erzählung erweist Abigajil in der Nachfolge Samuels und als Vorgängerin Natans«.[175] Zwar geht diese Deutung nicht ganz glatt auf. Zum einen nämlich wird Abigajil, auch im Gegensatz zu anderen Frauengestalten der Hebräischen Bibel, nicht ausdrücklich als Prophetin bezeichnet. Und zum andern tritt bereits vor Samuels Tod und Abigajils Rede »der Prophet Gad« als Berater Davids auf (22,5), so dass man schwerlich von einer Art durchgehender Sukzessionslinie Samuel – Abigajil – Natan sprechen kann. Trotzdem betont Fischer völlig zu Recht den engen inneren Zusammenhang der Nachricht vom Tod Samuels und der in der Tat prophetischen Rede Abigajils an David.

Schließlich gibt es noch einen banalen äußeren Grund für die Stellung von 1 Sam 25,1a. Die Notiz

---

175 Fischer, 60.

muss auf jeden Fall vor der Erzählung von Kap. 28 stehen. Denn dort wird der Tod Samuels vorausgesetzt. Deshalb wird zu Beginn der Erzählung der Vers fast wörtlich wiederholt: »Samuel war gestorben, und ganz Israel hatte ihm die Totenklage gehalten und ihn in Rama, in seiner Stadt, begraben« (V. 3). Die Unterschiede in der Formulierung sind gering. In 28,3 wird die Versammlung von »ganz Israel« weggelassen, und als Begräbnisort wird allgemeiner »seine Stadt« und nicht »sein Haus« angegeben. Am wichtigsten ist das Tempus. 25,1a formuliert im Narrativ und meint damit, dass der Tod Samuels zwischen den Ereignissen, die in Kap. 24 und 25,1b–42 erzählt werden, anzusetzen ist: »Dann starb Samuel ...«. In 28,3 dagegen verwendet das Hebräische das Partizip mit vorangestelltem Subjekt (»Inversion«), was im Deutschen vorzeitig zu übersetzen ist: »Samuel war gestorben ...«.

Dies leitet schon deutlich die anschließende Erzählung von der Beschwörung des toten Samuel durch Saul ein. Nach dieser Formulierung findet sie nicht unmittelbar nach Samuels Tod statt, der nach allem, was seit 25,1a berichtet wurde, schon einige Zeit zurückliegen muss, sondern in einigem zeitlichen Abstand dazu.

5.4 Samuels Erscheinung aus dem Totenreich

Samuel ist die einzige Gestalt des Alten Testaments, die noch nach ihrem Tod zu Wort kommt. Anders als Henoch (Gen 5,24) und Elija (2Kön 2,1–14) wird er nicht von Gott in den Himmel aufgenommen. Er stirbt und wird bestattet (1Sam 25,1; 28,3). Damit tritt er in die Unterwelt ein, die auf Hebräisch Scheol und auf Griechisch Hades heißt. Die Existenz der Verstorbenen in der Scheol hat man sich dabei so vorgestellt, dass ein solcher Verstorbener mit Hilfe bestimmter Fähigkeiten heraufbeschworen und befragt werden kann. Wie Saul dies unternimmt und welche Folgen das hat, erzählt die letzte Geschichte, in der Samuel vorkommt.

5.4.1 Der literarische Charakter von 1Sam 28,3–25

Nachdem von Kap. 16, dem ersten Erscheinen Davids, an der Konflikt zwischen Saul und David die Erzählung beherrscht, stoßen wir in Kap. 28 noch einmal auf eine Geschichte, in der die Figurenkonstellation Samuel-Saul dominiert. David spielt im Aufbau der Erzählung keine Rolle, auch wenn Samuel Saul darauf hinweist, dass Gott das Königtum ihm entrissen und David gegeben habe (V. 17).

Trotz der Randstellung Davids ist die Erzählung so in ihren Kontext eingebunden, dass sie zu einem wesentlichen Teil der Konfliktgeschichte zwischen Saul und David wird. Sie unterbricht deutlich den Zusammenhang der Erzählung von Davids Aufenthalt bei dem Philisterfürsten Achisch von Gat (27,1–28,2 und Kap. 29). David ist Vasall des Philisters, der sich anschickt, Israel vernichtend zu schlagen. In 28,1–2 läuft alles darauf hinaus, dass David mit seinem Herrn in den Krieg gegen sein eigenes Volk ziehen wird. Das würde ihn als künftigen König unmöglich machen. Plötzlich wird nun der Erzählfaden fallengelassen und die Saul-Geschichte eingefügt. Sie unterstreicht noch einmal, dass Saul keine Zukunft hat. Damit wird durch die Komposition der Geschichten eine ungeheure Spannung erzeugt: Wie soll es weitergehen, wenn David auf der falschen Seite steht und Saul keine Zukunft hat? Der Schluss des 1. Samuelbuches löst die Spannung. Weil die übrigen Anführer der

Abb. 10: Januarius Zick: Saul bei der Hexe von Endor.
Zeichnung 1753

Philister David misstrauen, wird er aus der Heeresfolge entlassen (Kap. 29). Sauls Schicksal erfüllt sich
(Kap. 31). Damit ist der Weg frei für David.

Abgesehen von ihrer Einbettung in den Kontext
trägt die Erzählung vom Besuch Sauls bei der Totenbeschwörerin in En-Dor alle Züge einer Einzelerzäh-
lung im Rahmen der Geschichte Sauls. Mit Kap. 13–14
und Kap. 31 zusammen gehört sie zu den Erzählungen
von Sauls Konflikt mit den Philistern, die von anfäng-
lichen Erfolgen und dem schließlichen Scheitern handeln.

Betrachtet man 1Sam 28 ausschließlich im Kontext
der Erzählungen von Sauls Philisterkämpfen, in denen Samuel nur in dem redaktionellen Einschub in
13,7b–15a vorkommt,[176] dann stellt sich die Frage, ob

---

176 S. o. S. 146.

der beschworene Totengeist von Anfang an mit Samuel identifiziert wurde oder es sich nicht eher um ein anonymes »Unterweltsnumen«[177] gehandelt hat. In der Tat kann man fragen, warum Saul sich nach dem endgültigen Bruch (Kap. 15) ausgerechnet an Samuel wenden sollte. Auch die Tatsache, dass Samuel in Rama begraben ist, die Beschwörung aber in dem davon weit entfernten En-Dor stattfindet, könnte für diese These sprechen. Wie alle Vermutungen über mündliche Vorstufen von Erzählungen ist sie aber nicht beweisbar. Wir müssen bei der Auslegung des uns überlieferten Textes davon ausgehen, dass Saul sich tatsächlich von Anfang an an Samuel wenden will (V. 11).

Des Weiteren ist es möglich, dass auf einer Vorstufe der Erzählung der Bezug auf den Amalekiterkrieg und die Erwählung Davids fehlte, der jetzt in V. 17–19aα steht. Die Antwort Samuels – oder des anonymen Totengeistes – hätte dann gelautet: »Warum willst du mich fragen, wo Jhwh sich von dir abgewandt hat und dein Feind geworden ist? … Morgen werden du und deine Söhne bei mir sein, und auch das Heer Israels wird Gott den Philistern in die Hand geben« (V. 16.19aβ.b).[178] Der im Anschluss an diese Worte ausführlich geschilderte völlige Zusammenbruch Sauls wird so viel verständlicher, weil der Hinweis auf seine bereits erfolgte Verwerfung und die Erwählung Davids, die Saul längst bekannt sind und deshalb eine gefasstere Reaktion erwarten lassen, fehlt.

Ich will die möglichen mündlichen und schriftlichen Vorstufen insofern in der folgenden Auslegung

---

177 Mommer, Samuel, 170.
178 Vgl. Mommer, Samuel, 165.

berücksichtigen, dass ich in zwei Schritten vorgehe. Zunächst betrachte ich die Vorstellungen von Unterwelt und Totenbeschwörung, die auch ohne den Bezug auf die Gestalt Samuels und den Kontext der Erzählung auskommen. In einem zweiten Schritt wende ich mich dann der Erzählung als Teil der Samuel-Saul-David-Geschichte zu.

5.4.2 Die Vorstellungen von Unterwelt und Totenbeschwörung

Nach den Vorstellungen des alten Israel – und vieler anderer Kulturen von der Antike bis heute – ist mit dem Tod eines Menschen nicht »alles aus«. Mit der Grablegung, die in Israel meist in Felsen- oder Höhlengräbern erfolgt – man vergleiche das mit einem Rollstein verschlossene Grab Jesu –, wird der Mensch »zu seinen Vorfahren gelegt oder versammelt«, wird »bei seinen Vorfahren begraben« (vgl. die verschiedenen Wendungen in Gen 47,30; 1Kön 15,24; 2Kön 22,20 u. ö.). In der Grabkammer selbst befinden sich nur die Knochen der zuvor Bestatteten. Diese selbst halten sich in einem eigenen Bereich auf, der Scheol. Dass Verwandte nicht nur im Familiengrab, sondern auch in der Scheol beisammen sind, zeigen gelegentliche Redewendungen. So sagt der untröstliche Jakob, der vom vermeintlichen Tod seines Sohnes Josef erfährt: »Ich will trauernd zu meinem Sohn in die Scheol hinabsteigen« (Gen 37,35). Ganz ähnlich spricht David davon, sein gestorbener Sohn werde nie wieder zu ihm kommen, er aber werde wohl zu ihm hingehen (2Sam 12,23).

Die Verstorbenen behalten also in der Scheol ihre Identität. Dies gilt nicht nur für Verwandte. Auch Samuel ist in unserer Erzählung als solcher erkennbar (1Sam 28,12.14). Und er kann dem König ankündigen: »… morgen werden du und deine Söhne bei mir sein« (V. 19). Jes 14,9–20 schildert, wie der gefallene König von Babel in der Scheol ankommt und von den Königen der Völker als einer der ihren begrüßt wird. Schatten, Moder und Würmer (V. 9.11), also das, was man in den Grabkammern vorfindet, charakterisieren auch das Reich der Toten. Aus Ez 32,17–32, einer Beschreibung vom Einzug des toten Pharao in die Scheol, geht hervor, dass die Toten nach ihren Nationalitäten erkennbar bleiben. Bestimmte Helden der Vorzeit sind sogar in voller Rüstung in die Scheol gefahren (V. 27); offenbar kannte man Gräber mit Bestattungen dieser Art. Auch Samuel wird von Saul unter anderem daran erkannt, dass er seinen Mantel trägt (V. 14), den er schon in 15,27 anhatte.

Die Verstorbenen in der Totenwelt sind »schwach geworden« (Jes 14,10). Dennoch spricht man ihnen die Fähigkeit zu, die Zukunft vorauszusagen. Deshalb versucht man, sie zu befragen. Dies gilt besonders für Zeiten der Not (Jes 19,3), wie auch Saul in unserer Erzählung aus der Not heraus handelt. An einer Textstelle wie Jes 8,19 hat man den Eindruck, dass die Befragung der Toten durchaus alternativ ist zu anderen Formen, den Willen Gottes zu erfahren. Zwar wird an der Mehrzahl der alttestamentlichen Stellen die Totenbefragung sehr negativ gewertet – der böse König Manasse pflegt sie (2Kön 21,6 = 2Chr 33,6), der gute König Joschija rottet sie aus (2Kön 23,24) – und streng verboten (Lev 19,31; 20,6.27; Dtn 18,11). Aber gerade die wiederholten Verbote zeigen, dass die Praxis besteht.

Zur Totenbeschwörung bedarf es besonderer Fähigkeiten. Genannt wird immer wieder ein Gegenstand, der auf Hebräisch *'ôb* heißt und wahrscheinlich mit »Grube« wiederzugeben ist.[179] Die Totenbeschwörerin, die Saul suchen lässt, heißt deshalb wörtlich »Herrin einer Grube« (V. 7).[180] Wahrscheinlich war die Vorstellung die, dass es nur bestimmte Stellen gibt, an denen die Toten mit der Oberwelt in Kontakt treten können. Im mesopotamischen Gilgamesch-Epos bittet der Held Gilgamesch, der seinen verstorbenen Gefährten Enkidu noch einmal sehen will, den Unterweltsgott Nergal:

»Möchtest du doch ein Loch der Erde auftun,
Damit Enkidus Totengeist der Erde entfahren
kann ...«.[181]

Auch Odysseus muss eine bestimmte Stelle aufsuchen, wo er die Totengeister aus der Unterwelt heraufbeschwören kann; er berichtet:

»Aber nun eilt ich und zog das geschliffene
Schwert von der Hüfte,
Eine Grube zu graben von einer Ell' ins Gevierte«.[182]

Wie in der biblischen Erzählung Samuel, so kommt in der Odyssee der Seher Teiresias und kündet dem Helden sein Schicksal.

Die merkwürdige Zwischenstellung zwischen geschwächtem Toten und wissendem Künder künftiger Ereignisse kommt auch darin zum Ausdruck, dass die Beschwörerin in 1Sam 28 die Erscheinung mit den

179 Vgl. die ausführliche Untersuchung von Ebach/Rüterswörden.
180 Wenn Luther daraus die »Hexe von Endor« macht, dann ist das einer seiner Versuche, durch die Übersetzung die biblischen sozialen und religiösen Verhältnisse in seine Zeit zu übertragen. So werden aus »Sklaven und Sklavinnen« bei ihm »Knechte und Mägde« und aus den höfischen Würdenträgern »Fürsten«, um nur zwei weitere Beispiele zu nennen.
181 Gilgamesch-Epos XII, 79 f.
182 Homer, Odyssee XI, 24 f.

Worten beschreibt: »Ich sehe eine Gottheit aus der Erde aufsteigen« (V. 13). Im Hebräischen steht hier das Wort »Elohim«, das genauso auch für »Gott« verwendet wird. Der Tote ist schwächer als ein Mensch – in der Odyssee muss sich Teiresias erst am Blut des Opfertieres stärken, um überhaupt sprechen zu können, Samuel beschwert sich über die Störung seiner Ruhe (V. 15). Zugleich aber hat er die göttliche Fähigkeit, die Zukunft schauen zu können.

Was in 1Sam 28 von Saul, der Totenbeschwörerin und Samuel erzählt wird, fügt sich gut in das religiöse Denken Israels und seiner antiken Umwelt ein. Es wird aber als Teil der Geschichte von Samuel, Saul und David erzählt und darin mit einem speziellen Profil versehen.

5.4.3 Die Bestätigung von Sauls Verwerfung

Die Erzählung setzt in V. 3 mit zwei Angaben ein, die vorzeitig formuliert sind und somit Hintergrundinformationen bereitstellen. Die erste ist die vom Tod Samuels, die oben schon besprochen wurde.[183] Sie gibt uns keine neue Information. Das ist bei der zweiten anders: »Saul aber hatte die Totenbeschwörung und die Wahrsagerei aus dem Land beseitigt« (V. 3b). Dass der Inhalt dieser Notiz »historisch als höchst unwahrscheinlich zu gelten hat«,[184] zeigt der Fortgang der Erzählung; die Selbstverständlichkeit, mit der Sauls Leute eine Totenbeschwörerin benennen können, weist darauf hin, dass es mit einem generellen Verbot dieser Praxis nicht allzuweit her sein kann. Nicht wegen ihres historischen Gehalts, sondern als Charakterisierung Sauls am Beginn der Erzählung von der Königs-

---

183 S. o. S. 189.
184 Mommer, Samuel, 170.

zeit hat die Mitteilung ihre Bedeutung: »Zunächst reiht er sich in die Gruppe der gehorsamen Könige ein«.[185] Wie Joschija (2Kön 23,24) reformiert Saul den Kult durch Beseitigung von Praktiken, die spätestens seit dem Deuteronomium als unvereinbar mit der Verehrung des Gottes Israels gelten. Umso negativer steht er da, indem er sein eigenes Verbot übertritt. Der Eingangsdialog mit der Frau, die den ihr unbekannten, weil verkleideten Saul auf das Verbot hinweist (V. 8–13), unterstreicht die Schärfe des Kontrasts zwischen offiziellem und privatem Verhalten des Königs.

Die eigentliche Erzählung setzt mit dem Aufmarsch der Philister und Sauls Angst bei ihrem Anblick ein. »Saul befragte Jhwh, aber Jhwh antwortete ihm nicht, weder durch Träume, noch durch Losorakel oder Prophetie« (V. 6). Auf dem Hintergrund des bisher Erzählten ist darin keine Willkür Gottes zu sehen, sondern die Folge von Sauls eigenem Verhalten. Nach 10,8 hatte der Prophet Samuel ihm angekündigt, ihm in Gilgal zu sagen, was er tun solle – Saul aber hatte nach Kap. 13 nicht auf ihn gewartet. In 14,18 f. setzt er eine Gottesbefragung durch Losorakel in Gang – doch bricht er sie gleich wieder ab, als sich die militärische Situation verschärft. Nimmt es da wunder, dass er bereits in 14,37 keine Antwort mehr von Gott erhält, als er ihn erneut befragt? Dass darauf in 14,41–45 das Losorakel noch einmal funktioniert und Jonatan als den herausfindet, der Sauls Gebot übertreten hat, kann an Sauls gestörtem Gotteskontakt grundsätzlich nichts mehr ändern – zumal er das Ergebnis des Losorakels insofern missachtet, als er Jonatan auf Intervention des Volks nicht bestraft. Indem Saul schließlich die gesamte Priesterschaft von Nob um-

---

185   Stolz, 173.

bringen lässt, in deren Hand die Orakelbefragung liegt (22,6–19), bricht er schließlich selbst jede Möglichkeit weiterer Gottesbefragungen ab.

Stattdessen flieht der einzige Überlebende des Massakers zu David (22,20–23; 23,6). Schon zuvor hatten die Priester von Nob für ihn Gott befragt (22,10.13.15), und diese Praxis wird jetzt fortgesetzt (23,2.4). Ausdrücklich wird vermeldet, dass der geflohene Priester Abjatar das Orakelgerät Efod zu David mitnimmt, und sogleich kommt es auch erfolgreich zum Einsatz (23,9–12).[186]

Wenn wir zu Beginn unserer Erzählung von der Totenbeschwörerin hören, dass Gott Saul nicht mehr antwortet, dann wird uns diese ganze Geschichte von Saul und David in Erinnerung gerufen. Es steht von vornherein fest, dass die Begegnung mit Samuel für Saul nicht gut ausgehen kann. Zwar gelingt die Beschwörung, doch liegt das nicht an Saul, sondern an den Fähigkeiten der Frau. Was Samuel ihm dann zu sagen hat, macht jede Hoffnung zunichte. Zunächst beschwert er sich, dass er überhaupt befragt wird, weil das seine Totenruhe stört (V. 15a). Sauls Antwort, mit der er sein Vorgehen rechtfertigen will, bestätigt nur die Ausweglosigkeit seiner Situation: »Ich bin in großer Not! Die Philister führen Krieg gegen mich, und Gott hat sich von mir abgewandt und antwortet mir nicht mehr, weder durch Prophetie noch durch Träume. So habe ich dich gerufen, *dass du mich wissen*

---

186 Als Efod wird auch der leinene Priesterschurz bezeichnet, den u. a. der junge Samuel trägt (1Sam 2,18, vgl. o. S. 61). Ob der Schurz auch zu Orakelzwecken verwendet werden kann oder ob es sich bei der Orakelbefragung um einen anderen Gegenstand handelt, ist unklar. Vollends im Dunkeln bleibt, wie die Einholung von Orakeln technisch vor sich geht.

lässt, was ich tun soll« (V. 15b). Diese letzten Worte sind wörtlich gleich formuliert wie das, was Samuel bei seiner ersten Begegnung zu Saul gesagt hatte, als er ihn aufforderte, in Gilgal auf ihn zu warten: »Sieben Tage sollst du warten, bis ich zu dir komme *und dich wissen lasse, was du tun sollst*« (10,8). Was Saul damals durch Gehorsam gegen Samuels Wort hätte haben können, möchte er jetzt auf zweifelhafte Weise erlangen. Das kann nicht gut gehen.

In der Tat ist Samuels Antwort eine Bestätigung dessen, was Saul – und mit ihm wir, die wir die Texte lesen – längst weiß: »Warum willst du mich fragen, wo Jhwh sich von dir abgewandt hat und dein Feind geworden ist? Jhwh hat dir das angetan, was er durch mich gesagt hat, und hat dir das Königtum aus der Hand gerissen und es deinem Nächsten, nämlich David, gegeben. Weil du nicht auf Jhwhs Stimme gehört und seinen glühenden Zorn nicht an Amalek ausgelassen hast, deshalb tut Jhwh dir diese Sache heute an« (V. 16–18). Das verweist auf 13,7b–15a und Kap. 15 zurück, dazu auf die Übertragung des Königtums auf David durch die Salbung in 16,1–13. So hat unsere Erzählung zwar »in der Gesamtkomposition … die Funktion einer dritten und letzten Verstossung Sauls durch Samuel«.[187] Aber genau genommen wird die Verstoßung nur mehr als Tatsache in Erinnerung gerufen und bestätigt.

Diese Bestätigung zeigt sich vor allem daran, dass sie abschließend noch auf Sauls aktuelle Situation angewendet wird: »Jhwh wird auch Israel mit dir zusammen den Philistern in die Hand geben; morgen werden du und deine Söhne bei mir sein, und auch das Heer Israels wird Jhwh den Philistern in die

---

187 Schroer, 118.

Hand geben« (V. 19). Jetzt erhält Saul doch noch, worum er gebeten hatte: Auskunft darüber, wie es in der aktuellen Situation der bevorstehenden Schlacht gegen die Philister um ihn steht. Die Antwort lässt sich in ein Wort fassen: hoffnungslos. Saul bricht zusammen und wird mühsam wieder auf die Beine gebracht. Gleichwohl muss er am nächsten Tag in die aussichtslose Schlacht ziehen (Kap. 31). Es überrascht nicht, dass die Ausleger hier von »der Tragik eines unausweichlichen Todesschicksals«[188] sprechen und in Saul den »tragischen Helden« sehen, »der verzweifelt seinen Gott sucht – der aber hat sich von ihm abgewandt«.[189]

Samuel aber, um dessen Gestalt es uns besonders geht, verschwindet mit seinen Worten aus der Erzählung. Wurde das Heraufkommen seines Geistes noch dramatisch geschildert, mit Schreien, Schrecken und Kniefall (V. 11–14), so hören wir nichts mehr von seiner Rückkehr in die Scheol. Alles erzählerische Interesse wendet sich der Reaktion Sauls auf die Ankündigung seines Endes zu. Sein großes Gegenüber, Samuel, kehrt unbemerkt in die Ruhe des Grabes zurück.

6. Samuel – eine Vor- und eine Nachgeschichte

Das 1. Samuelbuch schildert uns, eingewoben in die Geschichte von Saul und David, die facettenreiche Gestalt Samuels. Sein Bild ist wesentlich davon geprägt, dass er am Übergang von der vorstaatlichen zur staat-

---

188 Stoebe, 495.
189 Mommer, Samuel, 172.

lichen Epoche in Israel lebt. So werden noch einmal zahlreiche Funktionen, die das Geschichtsbild Israels bereits in vorstaatlicher Zeit kennt, in ihm gebündelt: Er ist Priester, Prophet und Richter zugleich.

Vor allem aber ist er der Königsmacher. Als solcher spielt er eine Doppelrolle. Er kritisiert die neue Institution grundsätzlich, wobei sich politische, soziale und religiöse Motive mit persönlichen Interessen am Erhalt der Macht in der eigenen Familie verbinden. Allerdings ist es zu einseitig, wenn Joachim Vette nur den letztgenannten Aspekt heraushebt, indem er als dominanten Zug der Erzählung bestimmt, »dass eine Stärkung der Position Sauls zwangsläufig zu einer Schwächung der Position Samuels führen musste«.[190]

Denn Samuel ist zugleich derjenige, der die neuen Könige salbt und auf ihrem Weg begleitet.[191] Wie die ausführliche Jugendgeschichte in 1Sam 1–3 mit ihren zahlreichen Anspielungen auf den Namen Saul und den König zeigt, läuft Samuels ganzes Leben auf die Einsetzung des ersten Königs hinaus.[192]

Der Erzählung geht es nicht darum zu klären, ob Samuel dem Königtum eher positiv oder eher negativ gegenübersteht. Vielmehr will sie zeigen, *dass mit der Einsetzung von Königen nicht alle Funktionen der vorstaatlichen Epoche auf den König vereint werden. Mit Samuel und Saul beginnt das für die ganze Königszeit wesentliche Gegenüber von König und Prophet.* Deshalb ist Samuel am Ende der Jugendgeschichte vor allem Pro-

---

190 Vette, 227.
191 Hier muss Vette, um seine Grundthese halten zu können, einzelne Erzählungen exegetisch zu stark belasten, etwa wenn er die Loswahl Sauls in 1Sam 10,17–27 in die Nähe von Kriminalverfahren rückt; dazu o. S. 122.
192 Vettes einseitige Sicht dürfte u. a. auch darin begründet sein, dass er nur 1Sam 8–12 analysiert.

phet (3,20), deshalb bleibt er auch nach Einrichtung der Monarchie als Prophet beim Volk (1Sam 12), deshalb tritt er dem König in prophetischer Vollmacht gegenüber, die bis zur Ankündigung seiner Verwerfung geht (13,7b–15a; 15; 28,3–25).

Die Erzählung im 1.Samuelbuch verfolgt Samuels Geschichte von den Vorkommnissen vor seiner Geburt bis zur Beschwörung nach seinem Tod. Wir haben eingangs bereits festgestellt, dass er darin eigentlich nur noch Mose vergleichbar ist.[193] Und wie bei Mose stellt sich auch bei Samuel die Frage: Wer ist dieser Samuel nun wirklich?

Diese Frage enthält in sich zwei Fragen. Sie müssen methodisch streng auseinandergehalten werden. Die erste Frage ist: Welches sind die *ältesten Überlieferungen* von Samuel? Ein Resultat dieser überlieferungsgeschichtlichen Fragestellung haben wir schon kennengelernt. Ich habe es in die Worte gefasst, dass Samuel nicht eigentlich in die Davidüberlieferung gehört, sondern ausschließlich mit Saul fest verbunden ist.[194] Streng davon zu unterscheiden ist die zweite Frage, auch wenn sie von der ersten nicht getrennt werden kann: Wer war Samuel *historisch*? Sie ist insofern mit der überlieferungsgeschichtlichen Frage verbunden, als wir auf Grund von deren Ergebnissen nach dem historischen Samuel nicht in der Davidüberlieferung werden suchen dürfen. Aber ob wir ihn in der Saulüberlieferung finden, und wenn ja, an welcher Stelle, ja ob es überhaupt historisch einen Samuel gegeben hat, ist damit noch nicht entschieden.

---

193 S. o. S. 11.
194 S. o. S. 183.

6.1 Älteste Samuel-Überlieferung und historischer Samuel

Erinnern wir uns an das, was bisher zu den Texten der Samuelerzählung ausgeführt wurde, dann müssen wir die Erwartungen niedrig halten, mit einiger Sicherheit zu einer ältesten Samuel-Überlieferung zurückgehen zu können. Denn die Ergebnisse sind überwiegend negativ.

6.1.1 Verdachtsmomente

Es genügt an dieser Stelle, bereits Ausgeführtes zu wiederholen. Zur Kindheitsgeschichte Samuels (Kap. 1–3) war zwar festzustellen, dass sie im Rahmen der Samuel-Saul-Erzählung ein großes Eigengewicht hat.[195] Dennoch können Kindheitsgeschichten nie den Kern der Überlieferung über einen Helden bilden, setzen sie dessen Bedeutung doch bereits immer voraus. So kommen im Neuen Testament das Markus- und das Johannes-Evangelium völlig ohne eine Kindheitsgeschichte über Jesus aus, weil die Bedeutung Jesu sich nicht an seiner Kindheit entscheidet. Zu dem Text über Samuels Richtertätigkeit (Kap. 7) hatte ich bereits notiert, dass »das Bild Samuels als Richter nicht der überlieferungsgeschichtliche Kern der Gestalt sein« könne.[196]

In den Texten, die von der Entstehung des Königtums erzählen, ist der Befund vielschichtig. Kap. 8 und Kap. 12 werden ganz von der Gestalt Samuels geprägt. Er tritt als Prophet auf, der das Königtum einführt und zugleich vor ihm warnt. Saul spielt keine Rolle. Das setzt bereits eine Reflexion über das Königtum als

---

195 S. o. S. 66–69.
196 S. 84.

Institution voraus. Darin wird man kaum älteste Überlieferung finden können, vollends nicht in den in beiden Kapiteln eindeutig deuteronomistischen Passagen.

In den drei Einzelerzählungen, die zwischen die beiden Eckkapitel eingefügt sind und auf verschiedene Weise erzählen, wie Saul König wird, kommt auch Samuel jeweils vor. Aber es stellen sich Fragen. Zur Salbungserzählung in 9,1–10,16 »hat man vermutet, die Erzählung habe ursprünglich gar nicht von Samuel, sondern von einem namenlosen Gottesmann gehandelt, der erst nachträglich mit Samuel identifiziert wurde«.[197] In der Erzählung von der Volksversammlung in Mizpa (10,17–27) ist Samuels Rolle »undeutlich«[198]. In die Erzählung von Sauls Ammoniterkrieg ist die Gestalt Samuels gar nur »redaktionell in die Erzählung eingeflochten worden«.[199] All das spricht nicht für einen überlieferungsgeschichtlichen Kern der Figur.

Auch bei den Erzählungen, die den Konflikt zwischen Samuel und Saul thematisieren, ist das Bild nicht viel anders. Samuels Auftritt im Rahmen der Philisterkampferzählung (Kap. 13–14) in 13,7b–15a wird übereinstimmend als »literarischer Einschub« betrachtet.[200] Das ganze Kap. 15 »ist eine durch und durch konstruierte Erzählung«, an der vieles »unanschaulich« ist.[201] Nehmen wir noch Kap. 28 hinzu, wo in der Beschwörung Samuels Sauls Verwerfung bestätigt wird, dann ist hierzu die Auffassung zu referie-

---

197 S. 115.
198 S. 126.
199 S. 130 in den Worten von Schroer.
200 S. 146.
201 S. 156.

ren, der beschworene Totengeist sei ursprünglich nur ein anonymes »Unterweltsnumen« gewesen.[202]

Dass Samuel nicht ursprünglich in die David-Überlieferung gehört, ist eingangs des Kapitels schon erwähnt worden.[203] Die Erzählung von der Salbung Davids war oben als »theologische Tendenzerzählung« zu charakterisieren gewesen.[204]

Der Befund ist ernüchternd. Selbst wenn man nicht jede Forschungsmeinung teilt, droht der Boden unter den Füßen wegzurutschen. Entsprechend vielfältig sind die Vorschläge, und entsprechend hypothetisch können alle Rekonstruktionsversuche nur sein.

6.1.2 Samuel der Prophet

In Anbetracht der Tatsache, dass Samuel in der jetzt vorliegenden Gesamterzählung eine Fülle von Rollen spielt, verwundert es nicht, dass jede davon bereits zur ursprünglichen erklärt wurde.

Von der Auffassung Mommers war bereits die Rede.[205] Er findet den Kern der Samuel-Überlieferung im Grundbestand von 1Sam 7,15–17a; 25,1, die er als Teil der Liste der »kleinen Richter« sieht, wie sie im Richterbuch überliefert ist.[206] Daneben will er »die beiden Erzählungen von Sauls Konflikt mit Samuel in 1Sam 13,7–15 und 15 auf eine gemeinsame überlieferungsgeschichtliche Grundlage« zurückführen, »die noch aus der Zeit Samuels und Sauls stammen

---

202 S. 191 f. in den Worten von Mommer, Samuel.
203 Für Dietrich, David, Saul und die Propheten, 58, ergibt sich daraus konsequent als historischer Schluss zur Gestalt Davids: »vermutlich ist er Samuel nie in seinem Leben begegnet«.
204 S. 174 in den Worten von Mommer, Samuel.
205 S. o. S. 82–84.
206 Vgl. Mommer, Samuel, 47.208.

wird«.[207] Historisch ergibt sich für ihn daraus das Bild, dass »Samuel nicht der Inaugurator des Königtums« war, »wie die Überlieferung in ihrer späteren Form glauben machen will«. Vielmehr hätten sich Samuel und Saul »feindselig gegenübergestanden«: »Samuel ist nicht der Promulgator, sondern der erklärte Gegner der Monarchie in Israel!«[208]

Die Schwäche der Mommerschen Rekonstruktion ist bereits erwähnt worden. Weder lassen sich die Richternotizen in Kap. 7 als alte Überlieferung bezeichnen, noch lässt sich hinter den Konflikterzählungen zwischen Samuel und Saul eine eigenständige alte Tradition rekonstruieren, wenn in Kap. 13 der Auftritt Samuels literarisch sekundär eingefügt und Kap. 15 eine konstruierte Tendenzerzählung ist.

Dietrich, der zu Mommers Rekonstruktion eines »gegenüber der Staatsbildung kritischen Propheten« anfragt, ob es nicht »die biblischen Schreiber vielleicht doch besser« wussten,[209] geht einen anderen Weg. Er findet die älteste Samuel-Überlieferung im Grundbestand von 1Sam 1–3 und 7–11. Dies sei freilich keine reine Samuel-Überlieferung. Vielmehr handle es sich um eine »Erzählschicht, die, gleichsam elliptisch, den Aufstieg zweier Persönlichkeiten zu Führern Israels aufzeigt, Samuels **und** Sauls«.[210] Indem Dietrich anders als Mommer die Richternotizen nicht isoliert, sondern als Teil einer umfasssenderen Zeichnung Sa-

---

207 Mommer, Samuel, 210.
208 Mommer, Samuel, 211. – Interessanterweise sieht Vette, 226 f., der nicht nach überlieferungsgeschichtlichen Vorstufen fragt, sondern ausschließlich die Endgestalt des Textes analysiert, dieses Ergebnis bestätigt. Allerdings zögert er, anders als Mommer, »diese Aussage historisch zu verorten« (227).
209 Dietrich, Kommentar, 186 Anm. 46.
210 Dietrich, David, Saul und die Propheten, 74.

muels betrachtet, geht sein historischer Rückschluss in eine andere Richtung: »Es ist historisch sehr wohl möglich, daß ein Priester namens Samuel an der Schwelle zur Staatsbildung die Rolle eines Volkstribuns jedenfalls im südlichen Teil des israelitischen Stammesgebietes gespielt und den Übergang von der tribalen zur staatlichen Organisationsform maßgeblich mit beeinflußt hat«.[211]

Dietrichs Argument für die Ursprünglichkeit der priesterlichen Funktion Samuels ist sehr allgemeiner Art: »bei dem prägenden Einfluß des prophetischen Elements in der alttestamentlichen Überlieferungsbildung ist die nachträgliche Umformung einer Priestergestalt zum Propheten wahrscheinlicher als das Umgekehrte«.[212] Demgegenüber ist jedoch darauf hinzuweisen, dass die Kindheitsgeschichte ein späteres Stadium der Überlieferungsbildung darstellt. Und weder in ihr selbst noch in späteren Texten agiert Samuel wirklich als Priester, auch wenn er gelegentlich ein Opfer darbringt (7,10; vgl. 10,8). Aus solch beiläufigen Notizen lässt sich kaum auf eine ursprüngliche Rolle Samuels als Priester schließen.

Allerdings bemerkt auch Dietrich, wie zitiert, der Priester Samuel habe »die Rolle eines Volkstribuns ... gespielt«. Und Mommer, der in Samuel ursprünglich den Richter sieht, hält es für »wahrscheinlich, daß der historische Samuel über prophetische Gaben verfügte«; um »den Titel Prophet« zu vermeiden, »kann man den Richter Samuel als Charismatiker bezeichnen«.[213] Bei aller Gegensätzlichkeit der Rekonstruktion beider gibt es bei Mommer und Dietrich

---

211 Dietrich/Naumann, 27.
212 Dietrich, David, Saul und die Propheten, 141.
213 Mommer, Samuel, 221.

also eine auffällige Gemeinsamkeit. Beide erkennen das prophetische Moment in der Samuel-Gestalt an, auch wenn seine »eigentliche« Rolle eine andere sein soll.

Für mich ergibt sich daraus die Frage, ob nicht doch die prophetische Spur die richtige ist. Eine der klassischen Fragen überlieferungsgeschichtlicher Rekonstruktion ist die nach lokalen Haftpunkten. Sie bei Samuel zu stellen, ist deshalb sinnvoll, weil sie eindeutig zu beantworten ist. Samuel ist mit dem Ort Rama untrennbar verbunden. Dort sind seine Eltern zu Hause (1,1.19; 2,11). Rama wird mehrfach ausdrücklich als Samuels Wohnort genannt (7,17; 15,34; 16,13). Besonders auffällig ist, dass zwar auch Volksversammlungen in Mizpa (7,5 f.; 10,17) und Gilgal (11,14 f.) erwähnt werden; doch nur bei der Versammlung in Rama heißt es, dass die Ältesten »zu Samuel nach Rama« kamen (8,4). Schließlich wird Samuel in Rama begraben (25,1; 28,3). Diese Zuordnung ist so eindeutig und so breit gestreut, dass in ihr ältestes Überlieferungsgut gesehen werden muss.

Das Einzige, was wir von Rama neben seiner Eigenschaft als Heimatort Samuels erfahren, ist, dass es dort eine Siedlung ekstatischer Prophetinnen und Propheten gibt, mit denen Samuel in engster Beziehung steht (19,18–24). Bei der Behandlung dieses Textes hatten wir gesehen, dass Samuel wie der Leiter dieser Gruppe dargestellt, zugleich aber auch ein Stück von ihr abgesetzt wird.[214] Letzteres lässt sich aus der Tendenz erklären, dass derartige Prophetenscharen durchaus auch als anstößig empfunden werden konnten und man später den großen Samuel nicht in zu enge Nähe zu ihnen stellen wollte. Das

---

214 S. o. S. 180–182.

würde dann aber gerade dafür sprechen, dass es sich bei dem *historischen Samuel* um den *Leiter einer solchen Schar ekstatischer Prophetinnen und Propheten* gehandelt hat.[215]

Dieser Samuel hätte eine nur noch *schwer rekonstruierbare Rolle beim Übergang zum Königtum* in Israel gespielt. Sie beschränkt sich historisch, darin ist Dietrich Recht zu geben, auf das *Gegenüber zu Saul*. Ihn hätte Samuel in irgendeiner Form bei seinem Aufstieg geistlich unterstützt, um sich später von ihm abzuwenden. Das zweimal überlieferte und kaum ableitbare Sprichwort »Ist auch Saul unter den Propheten?« (10,11 f.; 19,24) weist auf diese Nähe zwischen König und Prophetenschar hin. Dass daneben in 19,18–24 auch David auftritt, steht dieser Auffassung nicht entgegen. Denn zwar ist die Verbindung von Samuel zu David gewiss überlieferungsgeschichtlich sekundär. Aber auch in 19,18–24 ist David nicht fest verankert, so dass sich die Erzählung im Kern auf das Gegenüber von Samuel und Saul beschränkt.[216]

Wenn ich so den historischen Samuel im Gegensatz zu Mommer und Dietrich von Anfang an mit der Prophetenrolle in Verbindung sehe, dann ist allerdings wichtig zu betonen, dass dabei noch nicht das domi-

---

215 Lehnart, Saul, 220, beobachtet zu Recht, dass »die Verbindung von Einzelprophet und Gruppenprophetie« sonst vor allem bei Elischa vorkommt. Aber zwingt das für 1Sam 19,18–24 zu dem Schluss: »Demnach kannte der Verfasser wohl die Elischa-Überlieferung«? Es kommt hier aber auch gar nicht auf die ganze Erzählung von 1Sam 19,18–24 an, die schon wegen der Verbindung von Saul- und Davidstradition nicht zum ältesten Bestand gehören kann, sondern auf die Verbindung Samuels zu ekstatischen Prophetengruppen. Dazu ist auch Kap. 9 f. zu vergleichen, wo allerdings der Ortsname Rama nicht vorkommt.

216 S. o. S. 183.

nante spätere Prophetenbild der geschichtlichen Erzählungen wie der Prophetenbücher zu Grunde liegt. Wenn Mommer Samuel als Charismatiker und Dietrich ihn als Volkstribun bezeichnet, dann ist das für mich eben Teil dieser Form von Prophetie. Propheten oder »Gottesmänner« solcher Art sind im weitesten Sinn Mittler zwischen der Gottheit und den Menschen, die sich an sie wenden. Man sucht sie auf, wenn es um Leben und Tod eines Kindes geht (2Kön 4,18–37). Sie verstehen sich auf Heilkünste, etwa mittels eines Feigenpflasters (2Kön 20,7). Auch eine Frau, die Tote beschwören kann, gehört zu Mittlern dieser Art (1Sam 28). Sogar wenn die väterlichen Eselinnen weggelaufen sind, erwartet man gegen ein Entgelt Hilfe von ihnen auf Grund ihrer seherischen Fähigkeiten (1Sam 9,6–10). Dass sie sich auch in politischen Dingen berufen fühlen, auf Grund ihrer Nähe zur Gottheit deren Willen zu bekunden, liegt durchaus nahe (2Kön 3,10–20).

Wenn wir über den historischen Samuel überhaupt eine Aussage machen können, dann die, dass er in diesem weiten Sinn als Prophet wirkte.

6.1.3 Anreicherung eines Prophetenbildes

Dass wir über Vermutungen, wer Samuel historisch war, nicht hinauskommen, liegt nicht daran, dass das biblische Bild so blass, sondern im Gegenteil daran, dass es so bunt ist. Es verhält sich wie gelegentlich bei Gemälden, die so oft vom Künstler übermalt wurden, dass seine ursprüngliche Skizze nur noch mit Hilfe technischer Mittel wie Ultraschall und Röntgenstrahlen unter den Schichten umrisshaft erkannt werden kann. Auch hierin der Gestalt Moses vergleichbar hat das Bild Samuels im Lauf der Überlieferungsgeschichte so viele Übermalungen erfahren, dass hinter ihnen die Ursprünge allenfalls noch zu erahnen sind.[217]

Schon das vermutete älteste Bild Samuels, seine Rolle als Leiter einer Prophetenschar, der in die Königswerdung Sauls verwickelt ist, liegt in einer Form vor, die spätere Übermalung erkennen lässt. Normalerweise gelangen sowohl im Nordreich Israel als auch im Südreich Juda Könige ohne spezielle prophetische Salbung auf Grund der dynastischen Erbfolge an die Macht. Nur einmal, nämlich bei der Unterbrechung der Erbfolge im Nordreich durch den Militärputsch des Offiziers Jehu, geht die heimliche Salbung durch einen Propheten voraus, der der Angehörige einer ekstatischen Gruppe um den Propheten Elischa ist (2Kön 9,1–13). Es scheint so, dass dieser historische Vorgang aus der Mitte des 9. Jh.s in das Bild des Königsmachers Samuel vom Ende des 11. Jh.s einfließt (so wie, dies sei nur am Rande erwähnt, auch der radikale Einschnitt bei Jerobeam I., der nach der Trennung von den Davididen der erste König des Nordens wird, auf einen Propheten Ahija von Schilo zurückgeführt wird, vgl. 1Kön 11,29–40 und 14).

Das Bild der Königsdesignation mittels Salbung durch den Angehörigen einer ekstatischen Prophetengruppe steht noch in enger Kontinuität von den Leuten um Elischa im 9. Jh. zu der vermutlichen historischen Samuel-Gestalt am Übergang vom 11. zum 10. Jh. In den Texten, die von Sauls Verwerfung durch Samuel handeln, kommt eine weitere Übermalungsschicht hinzu. Schon zu Samuels kurzem Auftritt in 1Sam

---

217 Breytenbach, 58, hält das jetzige Bild Samuels für eine »literarische Schöpfung«, die allerdings auch ihm zufolge auf einen »Gottesmann« oder »Seher« Samuel zurückgeht, ähnlich wie ich das hier vertrete.

13,7b–15a war festzuhalten, dass hier exemplarisch die Spannung zwischen Königtum und Prophetie behandelt wird, die die israelitische Königsgeschichte begleitet.[218] Zu 1Sam 15 mussten sogar zahlreiche Vergleichsstellen aus den Texten der Schriftprophetie beigezogen werden, um die Rolle Samuels bei der endgültigen Verwerfung Sauls verständlich zu machen.[219] Hier wird ein Bild Samuels gezeichnet, bei dem die »sogenannte klassische, die Oppositionsprophetie des 8. Jahrhunderts ... im Hintergrund zu stehen« scheint.[220]

Geht es bei den Konflikten zwischen Propheten und Königen zwar immer auch um die Frage, wer das letzte Wort hat, so steht doch die Institution des Königtums dabei nicht zur Diskussion. Dies ändert sich erst – wenn wir von Hinweisen auf Widerstand aus der Zeit des Aufkommens des Königtums absehen, wie sie etwa in der Polemik von 1Sam 8,11–18 vorliegen könnten[221] – mit dem Ende der Monarchie. Jetzt kann im großen geschichtlichen Rückblick die gesamte Epoche des Königtums als Gefährdung der Beziehung Israels zu seinem Gott gedeutet werden. Samuels Rede in Kap. 12 ist ganz von dieser nachmonarchischen Sicht geprägt.

Auf diesem langen Weg der Übermalung des Samuelbildes sind dann auch die Züge seiner Darstellung als Priester und Richter hinzugekommen. Beide

---

218 S. o. S. 153.

219 S. o. S. 167–169.

220 So Dietrich, David, Saul und die Propheten, 38. Dietrich bezieht die Aussage auf ein von ihm vermutetes »Buch der Prophetengeschichten« (ebd., 38−49), dem auch die Samuelerzählungen angehörten. Dieser These kann und muss hier nicht weiter nachgegangen werden.

221 S. o. S. 95–98.

sind nicht sehr ausgeprägt. Zum Priester – oder recht eigentlich nur zum Priesterschüler – wird er, indem er in seiner Kindheits- und Jugendgeschichte mit dem Heiligtum von Schilo in Verbindung gebracht wird. Für kurze Zeit wird er so neben seiner dominanten prophetischen Rolle (vgl. den Schlusssatz der Kindheitsgeschichte in 1Sam 3,20) zum Träger auch der kultischen Kontinuität, auch wenn diese später nicht über die Gestalt Samuels, sondern die Abjatars in die Davidszeit weitergeführt wird (vgl. 1Sam 14,3 mit 21,2–10 und 22,6–23). Samuels Zeichnung als Richter setzt bereits die Darstellung der vorstaatlichen Epoche als einer kontinuierlichen »Zeit der Richter« (und einer Richter*in* Debora!) voraus. Ein solches Bild ist frühestens in der späten Königszeit anzusetzen, vielleicht aber auch erst nach dem Ende der Monarchie.

Nehmen wir all das zusammen, dann bleibt als Fazit, dass die Gestalt Samuels, wie sie uns im 1. Samuelbuch vor Augen gestellt wird, das Ergebnis einer Überlieferungsgeschichte ist, die sich über mehrere Jahrhunderte erstreckt. Doch damit ist noch keineswegs alles über das biblische Bild von Samuel gesagt.

6.2 Samuels innerbiblische Nachgeschichte

In unserer Nachzeichnung der Gestalt Samuels haben wir uns bisher völlig auf das 1. Samuelbuch beschränkt. Schließlich wird in ihm Samuels Leben von der Zeit vor seiner Geburt bis nach seinem Tod erzählt. Dagegen wird er außerhalb dieses Buches nur selten erwähnt. Keine dieser Erwähnungen ist unabhängig von der Erzählung in 1Samuel. Die späteren Rückbezüge greifen bestimmte Momente aus ihr heraus, deuten sie in eine bestimmte Richtung und führen sie auf charakteristische Weise weiter.

6.2.1 Mose und Samuel

Nur an einer einzigen Stelle innerhalb des umfangreichen Corpus der Schriftpropheten wird Samuel erwähnt. In Jer 14–15 wendet sich der Prophet Jeremia fürbittend an Gott, wird jedoch abschlägig beschieden. Um auszudrücken, wie grundsätzlich Gottes Weigerung ist, sagt dieser zu Jeremia: »Selbst wenn Mose und Samuel vor mich treten würden, würde ich mich diesem Volk nicht mehr zuwenden« (Jer 15,1). Mose und Samuel werden also als die Fürbitter schlechthin angeführt; wenn Gott selbst auf diese exemplarischen Gestalten nicht hören würde, wie viel weniger auf Jeremia. Mit der Wortwahl »vor mich treten« werden Mose und Samuel zunächst allgemein als Propheten charakterisiert. So können Elija und Elischa jeweils von sich sagen, sie »träten vor Jhwh« oder, anders übersetzt, »stünden vor ihm« bzw. »in seinem Dienst« (1Kön 17,1; 2Kön 3,14). Näherhin aber bezeichnet dieses Treten vor Gott die Fürbitte, die Propheten leisten, wie einst Abraham (Gen 18,22) oder dann Jeremia selbst (Jer 18,20). Stützen kann sich das Bild von Samuel als Fürbitter auf 1Sam 7,5.8f., wozu oben auch schon auf die parallele Fürbitterrolle Moses hingewiesen wurde,[222] sowie auf 1Sam 12,19–25, wo Samuels prophetische Rolle nach Etablierung des Königtums ganz auf seine Funktion als Fürbitter konzentriert wird.[223]

Wie bei den Schriftpropheten wird Samuel auch in den Psalmen ein einziges Mal erwähnt, und auch hier wieder zusammen mit Mose. Allerdings tritt nun auch noch Aaron hinzu. In Ps 99,6 lesen wir in einem Lob Gottes: »Mose und Aaron sind unter seinen Pries-

---

222   S. o. S. 81 f.
223   S. o. S. 140.

tern, / Samuel unter denen, die seinen Namen anrufen.« Wenn Mose und Aaron als Priester angeredet werden und Samuel mit ihnen parallelisiert wird, dann mag das an priesterliche Tätigkeiten Samuels anknüpfen (1Sam 7,9 f.; 9,13; 10,8). Doch liegt keine Einschränkung auf diese Rolle vor. Vielmehr wird Samuel hier umfassend in einer Reihe mit den beiden anderen »großen Mittlergestalten« genannt, um »Assoziationen an die Frühzeit Israels als Stiftung einer besonderen Gottesnähe« zu wecken.[224]

Gewiss spielen Mose als der Übermittler der Tora und Aaron als der von Gott eingesetzte erste Priester für die spätere Tradition eine größere Rolle als Samuel. Samuel aber ist der Einzige, der überhaupt an die beiden heranreicht – mit einer Ausnahme: Mirjam. Denn so wie in Ps 99,6 Mose, Aaron und Samuel in einer Reihe genannt werden, so in Mi 6,4 Mose, Aaron und Mirjam. Und so wie Mirjam die Prophetie insgesamt verkörpert,[225] so ist Samuel in seiner Rolle als Fürbitter und Mittler gleichfalls ein Urbild der Prophetie.[226] Die biblischen Texte lassen dies nebeneinander stehen und suchen keinen Ausgleich.

In einem Punkt aber geht das Bild von Samuel in eine völlig andere Richtung als das von Mirjam, ja der meisten biblischen Gestalten der Frühzeit. Diese Entwicklung spiegelt sich in den Chronikbüchern wider.

---

224 Hossfeld / Zenger, 702 f.
225 Vgl. dazu Kessler, Mirjam.
226 Mommer, Ps 99, denkt bei der Erwähnung Samuels in Ps 99 speziell an die Funktion der Fürbitte und sieht dadurch eine enge Parallele zu Jer 15,1. Dagegen tritt nach Scoralick, 89–98, der Gedanke der Fürbitte in den Hintergrund, vielmehr »soll … das Rufen von Mose, Aaron und Samuel … als allgemeine Umschreibung eines Verhältnisses der Nähe verstanden werden« (97).

6.2.2 Samuel in der Chronik

In keinem biblischen Buch wird Samuel außerhalb des 1. Samuelbuches so oft erwähnt wie in den beiden Büchern der Chronik. Das ist nicht verwunderlich, ist doch die Chronik eine Neuerzählung der Geschichte von Adam bis zum Ende des babylonischen Exils mit besonderem Schwerpunkt auf der Geschichte der Königszeit seit David. Dabei stützt sich der Text der Chronik oft wörtlich auf Abschnitte aus den Samuel- und Königebüchern. Er verändert sie allerdings auch auf charakteristische Weise, lässt vieles weg und fügt anderes hinzu.

Da die Chronik die Geschichte ganz aus der Perspektive Judas und mit besonderem Gewicht auf dem Tempel in Jerusalem darstellt, lässt sie die Königszeit eigentlich erst mit David beginnen. Saul wird knapp in einem einzigen Kapitel abgehandelt (1Chr 10). Er wird völlig negativ dargestellt. Um Samuel nicht auch in dieses negative Licht zu rücken, wird er im Zusammenhang mit Saul überhaupt nicht erwähnt. Sogar die Geschichte von der Totenbeschwörung in En-Dor beschränkt 1Chr 10,13f. auf einen Satz, in dem Samuel nicht vorkommt: »So starb Saul ..., ... weil er einen Totengeist befragt hatte, um Rat zu suchen, statt bei Jhwh Rat zu suchen«. Erst die griechische Übersetzung der Chronik fügt ein: »und es antwortete ihm Samuel der Prophet«.[227]

Während in den Samuelbüchern Samuel mit Saul untrennbar und mit David nur locker verbunden ist, kommt er in der Chronik im Zusammenhang mit Saul gar nicht vor, rückt dafür aber näher an David heran. So übernimmt die Chronik aus 2Sam 5,1–3 die Nachrichten von der Königswerdung Davids, fügt ihnen

---

227 Vgl. Klein, 283.

aber ein »gemäß dem Wort Jhwhs durch Samuel« hinzu (1Chr 11,3). Damit wird die Linie, die in 1Sam 15,28 mit der Ankündigung eines »anderen, der besser ist als du« und in 1Sam 16,1–13 mit der Salbung dieses Besseren, nämlich Davids, durch Samuel angelegt ist, in der Chronik ausgezogen.

Ein weiteres Motiv aus der Samuelerzählung wird in der Chronik aufgenommen, dann aber nicht nur weitergeführt, sondern tiefgreifend verändert. In den Samuelbüchern wird Samuel als der letzte Richter der langen Epoche der Richterzeit, die von der Landnahme bis zur Einführung der Monarchie reicht, stilisiert. Dies geschieht besonders in 1Sam 7, wo Samuel ausdrücklich als »Richter über Israel« bezeichnet wird (V. 16), aber auch in der Rede in 12,11, wo er als letzter einer exemplarischen Reihe von vier Richtern genannt wird. Die Chronik aber kennt keine Richterzeit. Für sie besteht die Zeit von Adam bis Saul nur aus Genealogien (1Chr 1–9), die eigentliche Geschichte Israels beginnt nach dem unglücklichen Vorspiel Saul (1Chr 10) erst mit David, von dem dann der ganze Rest des 1. Chronikbuches handelt (Kap. 11–29). Wegen des Fehlens einer eigenständigen Richterzeit nimmt die Chronik eine interessante Textänderung an ihrer Vorlage vor. In der heißt es, dass der König Joschija gegen Ende der judäischen Königszeit ein Pesachfest feiern ließ, wie es »seit den Tagen der Richter, die in Israel geherrscht hatten«, nicht mehr gefeiert worden war (2Kön 23,22). Die Chronik macht daraus: »Ein Pesach wie dieses war in Israel seit den Tagen des Propheten Samuel nicht gefeiert worden« (2Chr 35,18). Samuel ist für die Chronik nicht mehr der letzte der Richter, sondern tritt an deren Stelle.

Als Richter führt Samuel auch Krieg, wie es in 1Sam 7,7–14 angedeutet wird. Wer Krieg führt, macht Beute, und wer Beute macht – so die Chronik – »heiligt« daraus einen Teil als Weihgaben an den Tempel. So endet denn ein Abschnitt in 1Chr 26,20–28, der vom Aufsichtspersonal über die Weihgaben im Tempel handelt, mit der Notiz, dass sich darunter auch »alles, was Samuel, der Seher, … als geheiligt dargebracht hatte«, befand (V. 28). Hier zieht die Chronik nicht mehr nur vorgegebene Linien aus, sondern interpretiert das ihr Vorgegebene neu. Samuel wird auf anachronistische Weise mit dem Tempel, der erst Jahrzehnte nach seinem Tod errichtet wird, in direkte Verbindung gebracht.

Nun war freilich nach der Vorlage der Chronik Samuel selbst an einem Tempel tätig, nämlich dem von Schilo. In 1Sam 3,1 heißt es: »Der Junge Samuel also stand im Dienst Jhwhs unter der Aufsicht Elis.« Damit aber ergibt sich ein Problem. Für die Chronik kann nur an einem Tempel dienen, wer Levit ist. Nach 1Sam 1,1 ist Samuels Vater allerdings ein Efraimiter und kein Levit. Die Chronik löst das Problem, indem sie Samuel kurzerhand in die Genealogie der Nachkommen Levis einreiht (1Chr 6,1–15, bes. V. 12f.; vgl. auch V. 18f.). Sie nimmt dazu die wenigen Nachrichten aus 1Sam 1,1 über Samuels Vorfahren und aus 8,2 über seine Söhne auf, lässt die Bezeichnung als »Efraimiter« weg und fügt alles in ihre Levitengenealogie ein.[228]

Die eingangs erwähnte Nähe Samuels zu David, seine Herkunft aus der levitischen Familie und seine Bezeichnung als »Seher« wie in 1Chr 26,28 kommen in 1Chr 9,22 in einem Vers zusammen. Da heißt es am Ende einer Aufzählung derjenigen levitischen Familien, die mit dem Dienst als Torschwellenwächter am

---

228 Vgl. dazu Japhet, 173; Klein, 201.

Heiligtum betraut sind: »Sie waren es, die David mit Samuel, dem Seher, in ihre vertrauensvolle Stellung einsetzte«. Bedenkt man, dass nach 1Sam 25,1 Samuel stirbt, lange bevor David König wird und als solcher nach dem Bild der Chronik die Angelegenheiten des Zentralheiligtums regelt (für das allerdings erst sein Sohn Salomo das Haus bauen wird), dann liegt hier offenkundig ein eklatanter Anachronismus vor. Dem Chronisten geht es nicht um historische Zuverlässigkeit, sondern um »liturgische Korrektheit«. Den Torschwellenwächtern wird auf Grund ihrer Ernennung durch den König zusammen mit dem levitischen Seher Samuel ein hoher Status zugesprochen.[229]

Noch einmal greift die Chronik für Samuel den Titel »Seher« auf, wozu sie sich auf 1Sam 9,9.11.18f. stützen kann. Dort ist vom »Seher« Samuel die Rede, auch wenn die Zusammenstellung »Samuel, der Seher« erst eine Erfindung der Chronik ist.[230] Am Ende des 1. Chronikbuches heißt es in der Schlussnotiz über den König David: »Und die Geschichte Davids, des Königs, die frühere wie die spätere, sieh, sie ist aufgeschrieben in der Geschichte Samuels, des Sehers, und in der Geschichte Natans, des Propheten, und in der Geschichte Gads, des Visionärs« (1Chr 29,29). Nicht recht deutlich ist, ob die Chronik an drei verschiedene Geschichtsbücher der prophetischen Autoren denkt[231] oder ob ihre Vorstellung eher die einer gemeinsamen prophetischen Autorschaft der beiden Samuelbücher ist.[232] Im ersten Fall würde sie auf außerkanonische Quellen verweisen, bei denen

---

229 Vgl. Klein, 277.
230 Vgl. Japhet, 463.
231 So Japhet, 463.
232 So Klein, 544.

es sich freilich nicht um »tatsächlich vorhandene Dokumente« handeln könnte.[233] Im zweiten Fall würde die Chronik gar keine sonst unbekannten Schriften ins Spiel bringen, sondern für die ihr und ihren Zeitgenossen bekannten Samuelbücher prophetische Autorschaft reklamieren. Tatsächlich hat die weitere Tradition die Notiz so verstanden.

Die Tatsache, dass in 1Chr 29,29 Samuel zum Autor einer »Geschichte« wird, ist die weitestgehende und folgenreichste Ergänzung, die die Chronik dem Bild Samuels hinzufügt. Zusätzlich zum Propheten und Priester, zum Richter und Königsmacher wird er jetzt zum *inspirierten Schriftsteller biblischer Bücher*. Im Talmud werden auf ihn die Bücher Ruth, Richter und Samuel zurückgeführt. Im Traktat Baba Bathra heißt es: »Šemuél schrieb sein Buch [= die Samuelbücher, die als *ein* Buch gezählt werden], Richter und Ruth«.[234] Natürlich weiß der Talmud, dass Samuel schon in 1Sam 25,1 stirbt und die weitere Geschichte Sauls und Davids nicht mehr erlebt. Um diese Lücke zu füllen, stützt er sich auf die Nachricht in 1Chr 29,29 und erklärt: »Es heißt ja aber: *und Šemuél starb*!? – Der Seher Gad und der Prophet Nathan führten es fort«.[235]

Zurückgehend auf die Notiz der Chronik werden die Bücher, die von Samuel, Saul und David erzählen, so zu dem, was wir heute kennen: die zwei »Bücher Samuels«. Nicht verschwiegen werden soll allerdings, dass die Vorstellung von Samuel als dem Verfasser der Samuelbücher sich keineswegs allgemein durchgesetzt hat. In der antiken griechischen Übersetzung der Hebräischen Bibel, der Septuaginta, werden die Bücher

---

233   So Japhet, ebd.
234   Bab. Baba Bathra 14b, zit. nach Talmud, 56.
235   Ebd., 15a, zit. nach Talmud, 57.

1–2Samuel zusammen mit 1–2Könige als 1–4Könige gezählt, tragen Samuel also nicht einmal im Namen. Und noch im späten Mittelalter vertreten jüdische Kommentatoren die Ansicht, die Samuelbücher hießen so nicht wegen der Verfasserschaft durch Samuel, sondern weil Samuel ihr Hauptgegenstand ist.[236]

Mit dem Ausblick auf die Septuaginta und den Talmud haben wir die Grenzen der Hebräischen Bibel bereits überschritten und uns auf das Gebiet der Nachgeschichte der Gestalt Samuels begeben. Bevor wir diesen Schritt endgültig tun, soll noch ein letzter Blick auf das Buch Jesus Sirach getan werden, das zwar nicht der Hebräischen, wohl aber der griechischen Bibel zugehört und in der römisch-katholischen Kirche kanonische Geltung hat.

6.2.3 Samuel im »Loblied auf die Vorfahren« des Jesus Sirach

Das Buch des Weisheitslehrers Jesus Sirach ist im 1. Viertel des 2. Jh.s v. Chr. auf Hebräisch verfasst worden. In seinem vollen Wortlaut ist es nur in der griechischen Übersetzung erhalten, die Jesus' Enkel angefertigt hat. Vom ursprünglichen hebräischen Text sind im Verlauf der letzten 100 Jahre aber etwa zwei Drittel in verschiedenen Handschriften wieder gefunden worden.

Gegen Ende des Buches stimmt Jesus Sirach ein umfassendes Loblied auf die Vorfahren an. Es beginnt vor der Sintflut bei Henoch (Sir 44,16, vgl. Gen 5,21–24) und endet mit dem 192 v. Chr. gestorbenen Hohen Priester Simon II. (oder griechisch: Simeon II.) (Sir 50). In diesem Lob der Großen Israels erfährt auch Samuel eine ausführliche Würdigung (46,13–20):

---

236 Vgl. dazu Stoebe, 24 f.

(13) Samuel wurde von Gott, seinem Herrn geliebt;
als Prophet des Herrn führte er das Königtum ein
und salbte diejenigen, die das Volk regierten;
(14) mit Hilfe der Tora des Herrn sprach er in der
　　　　　　　　　　　Volksversammlung Recht,
und der Herr wachte über Jakob.
(15) Weil er ihm vertraute, erwies er sich als Prophet
　　　　　　　　　　　　　　　zuverlässig,
und seine Worte bestätigten die Glaubwürdigkeit
　　　　　　　　　　　　　seiner Sehergabe.
(16) Weil seine Feinde ihn ringsum bedrängten, rief er
　　　　　　　　　　zum Herrn, dem Mächtigen,
und opferte ein Lamm, das noch gesäugt wurde.
(17) Da donnerte der Herr vom Himmel her
und ließ unter großem Getöse seine Stimme hören;
(18) er vernichtete die, die die Feinde anführten,
und alle, die an der Spitze des Philisterheeres
　　　　　　　　　　　　　　　　standen.
(19) Bevor er sich dann zum ewigen Schlaf
　　　　　　　　　　　　　　　niederlegte,
schwor er vor dem Herrn und seinem Gesalbten:
»Nie habe ich Geld, noch nicht einmal ein Paar
　　　　　　　　　　　　　　　Sandalen,
von irgendeinem menschlichen Wesen
　　　　　　　　　　　　　　angenommen.«
Und tatsächlich konnten weder Frau noch Mann ihm
　　　　　　　　　　　　　etwas vorwerfen.
(20) Und sogar als er schon entschlafen war,
　　　　　　　　　　wirkte er noch prophetisch;
er verkündete dem König sein Ende
und erhob aus der Tiefe der Erde seine Stimme,
denn durch seine Prophezeiung wollte er der
　　　Toravergessenheit seines Volkes ein Ende machen.

Leicht erkennen wir, was für Jesus Sirach aus der Erzählung des 1. Samuelbuches besonders wichtig ist. Es umfasst Samuels Zuverlässigkeit als Prophet – sie muss zuerst genannt werden, denn »Sirachs Auswahl aus 1Sam ... betont durchweg prophetische Züge«[237] –, seine Rolle als Königsmacher und Priester, der ein Lamm opfert, sowie seine Tätigkeit als unbestechlicher Richter, durch dessen Fürbitte Gott die Feinde Israels in die Flucht schlägt. Das Bild ist umfassend. Es wird noch umfassender, wenn wir für V. 13 den hier erhaltenen hebräischen Text zu Grunde legen:[238] »... der Erbetene vom Leib seiner Mutter an, / ein Geweihter JHWHs im Prophetenamt, / Samuel, Richter und priesterlich dienend ...«. Auffällig ist, wie positiv Samuels Erscheinung aus der Unterwelt nach 1Sam 28 dargestellt wird. In 1Chr 10 wird das Erscheinen Samuels verschämt verschwiegen, die Totenbeschwörung als solche wird zum Grund für Sauls Untergang. Bei Jesus Sirach ist von Totenbeschwörung gar nicht die Rede. Dafür beschränkt sich Samuels Stimme »aus der Tiefe der Erde« nicht auf die bloße Ankündigung von Sauls Ende. Vielmehr dient diese einem bestimmten Zweck.

Damit aber sind wir bei der wichtigsten Neuerung, die das Loblied auf die Vorfahren dem Bild Samuels hinzufügt: Er wird zum *Lehrer der Tora*. Für den Autor des 2. Jh.s, der die Hebräische Bibel vor sich hat, ist klar: Wenn Samuel nach 1Sam 7,15 »Israel sein ganzes Leben lang Recht sprach«, dann kann er das nur nach der Tora des Mose getan haben.[239] Das ist kon-

---

237 Marböck, 212.
238 Wiedergabe bei Marböck, 206.
239 Marböck, 209, bezieht das »Richten nach dem Gesetz des Herrn« auf »der Tora entsprechende weise Entscheidungen«;

sequente »kanonische Lektüre«, auch wenn im 1. Samuelbuch die Tora des Mose an keiner Stelle erwähnt wird. Deshalb gibt er den Satz aus 1Sam 7,15 in seiner Dichtung so wieder: »mit Hilfe der Tora des Herrn sprach er in der Volksversammlung Recht« (Sir 46,14).

Im Übrigen zeigt die griechische Fassung dieses Verses, welche weitreichenden Verschiebungen der bloße Vorgang der Übersetzung mit sich bringt. Die »Tora« ist nach hebräischem Verständnis die Weisung zum Leben, die fester Bestandteil der Erzählung von Gottes Zuwendung zur Welt und zu Israel ist. Daraus wird der »Nomos«, das Gesetz der griechischen Polis sowie das innerste Gesetz, das Welt und Natur zusammenhält. Aus dem Gottesnamen Jhwh, der im Judentum zumeist Adonaj ausgesprochen wird, wird »der Herr«. Und die »Volksversammlung« wird sachgemäß mit »Synagoge« übersetzt. Für das Bild Samuels aber heißt das: Er wird zum Gesetzeslehrer in der Synagoge. Und noch seine Erscheinung aus dem Grab dient dem Zweck, »der Toravergessenheit – der ›Gesetzlosigkeit‹, griechisch *anomía* – seines Volkes ein Ende (zu) machen« (V. 20).

Mit Jesus Sirach verlassen wir nun endgültig den Kanon der Schriften, die in der christlichen Bibel das Alte Testament bilden. Wir wenden uns in einem letzten Teil der Darstellung der Gestalt Samuels ihrer Nachgeschichte zu.

Samuel ist »in seinem Wirken als Richter … Ausleger des Mose« (213).

224

C. WIRKUNGSGESCHICHTE

Die biblische Gestalt Samuels gehört nicht zu den Großen der biblischen Wirkungsgeschichte. Über Abraham, den Vater der drei monotheistischen Religionen, über Mose, den Gesetzgeber, über David, den Staatsgründer und Psalmendichter ließen sich mehrere Bände zur Wirkungsgeschichte schreiben – von Jesus ganz zu schweigen. Sie alle werden nicht nur im Neuen Testament, sondern auch im Koran erwähnt. Für Christentum und Islam sind sie Teil ihrer eigenen Geschichte. Samuel dagegen kommt im Neuen Testament gerade dreimal, im Koran überhaupt nicht vor.

Das heißt aber nicht, dass es überhaupt keine Wirkungsgeschichte der Samuel-Figur gäbe. Selbstverständlich muss überall da, wo die Geschichte Israels nacherzählt oder neu erzählt und gedeutet wird, im Zusammenhang mit der Staatsgründung Samuel vorkommen. Allein dies ergibt interessante Blicke auf die biblische Gestalt. Im Folgenden sollen exemplarisch einige Linien durchgezogen werden. Dass dabei auch bei einer Gestalt, die nicht zu den ganz Großen zählt, keine Vollständigkeit erreicht werden kann, versteht sich von selbst.

1. DIE GESTALT SAMUELS IM ANTIKEN JUDENTUM UND CHRISTENTUM

Die Übergänge zwischen dem, was bisher unter »B. Darstellung« zu Samuel in der Bibel zu sagen war, und dem, was hier unter »C. Wirkungsgeschichte« folgt, sind fließend. Denn schon in der Überlieferung des biblischen Textes selbst erfährt die Gestalt Samuels spezifische Profilierungen.

1.1 Die Geschichte des Textes

Bereits im Altertum wird der hebräische Text der Bibel für den Gebrauch der jüdischen Gemeinden in der griechisch sprechenden Welt ins Griechische übersetzt. Diese Übersetzung wird Septuaginta genannt (und oft mit der römischen Ziffer für 70 = LXX zitiert). Sie weicht in den Samuelbüchern nicht unerheblich vom uns überlieferten hebräischen Text ab. Was die Gestalt Samuels angeht, seien nur zwei Züge herausgehoben, die seinem Bild besonderes Profil geben.[240]

In der Kindheitsgeschichte besteht im hebräischen Text das Gelübde von Samuels Mutter Hanna in dem Versprechen: »Wenn du ... deiner Sklavin einen männlichen Nachkommen gibst, dann gebe ich ihn JHWH für alle Tage seines Lebens; und kein Schermesser soll an seinen Kopf kommen« (1Sam 1,11). Die Septuaginta fügt vor der Erwähnung des Schermessers ein: »und Wein und berauschendes Getränk wird er nicht trinken«. Damit macht sie Samuel zu einem »Geweihten« (hebräisch *nazîr*). Denn nach Num 6,1–21 gilt für solche Nasiräer, die ihr Leben ganz Gott weihen, dass sie weder Alkohol trinken noch sich die Haare schneiden lassen (V. 3.5). Noch weiter geht in dieser Hinsicht die Abschrift des Samuel-Buches, die in der 4. Höhle von Qumran gefunden wurde (4QSam). Sie fügt in 1,22 sogar das Wort *nazîr* selbst ein.[241]

---

240 Eine detaillierte Untersuchung und Bewertung aller Varianten findet sich bei Pisano.
241 Qumran, 31.

Wird mit der deutlicheren Zeichnung Samuels als *nazîr* eine Linie ausgezogen, die im hebräischen Text selbst angelegt ist, so ist die folgende Abweichung der Septuaginta eher als Korrektur aufzufassen. In den Geschichten, die von der Verwerfung Sauls erzählen, ist nämlich eine deutliche Tendenz zu erkennen, Samuel dadurch zu entschuldigen, dass Saul stärker belastet wird. So liest eine der großen Septuaginta-Handschriften in 1Sam 10,8, Samuel habe Saul nach »Gilead« und nicht wie im hebräischen Text nach »Gilgal« bestellt. Da nun Saul im Folgenden nicht nach Gilead geht, sondern nach Gilgal (13,4), entsteht im griechischen Text der Eindruck, schon durch seine Ortswahl sei er Samuel ungehorsam gewesen.

Ebenfalls der Belastung Sauls und damit indirekt der Entlastung Samuels dient es, wenn am Ende von 1Sam 11 das Plädoyer, die Feinde Sauls zu verschonen, nicht von Saul selbst, sondern von Samuel erhoben wird (V. 18). Samuel wird so in der griechischen Handschrift als der zur Vergebung Bereite gezeichnet. Wenn er dann in Kap. 15 dennoch Saul verwirft, dann deshalb, weil er gar nicht anders kann. Denn nach dem griechischen Text – und dies ist die dritte und letzte hier zu erwähnende Variante – verschont Saul nicht nur die Tiere der Amalekiter, sondern opfert sie sogar (V. 12 in der Septuaginta). Damit aber maßt er sich priesterliche Funktionen an, die nur Samuel zugestanden hätten.

Können in den Übersetzungen (und im Fall von Qumran in einer hebräischen Abschrift) nur Akzente verschoben werden, so sind im Fall von Nacherzählungen die Möglichkeiten größer, ein eigenständiges Bild zu entwerfen.

1.2 Jüdische Samuelbilder

Eine erste Nacherzählung hatten wir bereits im Loblied auf die Vorfahren bei Jesus Sirach kennengelernt.[242] Weit ausführlicher ist die Nacherzählung, die im 1. Jh. n. Chr. der jüdische Historiker Flavius Josephus gibt, der in den *Antiquitates Iudaicae* der gebildeten griechischen und römischen Welt die Geschichte seines Volkes von der Erschaffung der Welt an erzählt. In den Kapiteln, die von Samuel handeln, werden viele der Züge, die wir schon kennengelernt haben, weiter ausgezogen. Zwei von ihnen seien besonders hervorgehoben.

Für Josephus ist Samuel in ersten Linie »der Prophet«. So teilt er mit, dass Samuel bereits im Alter von zwölf Jahren zu prophezeien anfängt (V,10.4). Im weiteren Verlauf seiner Darstellung wird »Prophet« dann regelrecht zum Titel Samuels. So leitet Josephus seine Wiedergabe von Samuels Rede aus 1Sam 12 mit den Worten »sprach der Prophet« ein (VI,5.5). Auch das Treffen zwischen Saul und Samuel im Zusammenhang des Philisterkampfes von 1Sam 13 wird mit den Worten eröffnet: »Saul aber schickte Boten zu dem Propheten ...«, bevor dann der Eigenname zum ersten Mal gebraucht wird (VI,6.2). So nimmt es schließlich nicht wunder, dass bei der Nachricht von Samuels Tod die Titulatur verwendet wird: »Um diese Zeit schied der Prophet Samuel aus dem Leben ...« (VI,13.5).

Diese Zuspitzung des Samuelbildes auf sein Prophetsein setzt direkt am biblischen Text an, der ja darauf abzielt, dass von dem umfassenden Amt, das Samuel vor Einrichtung der Monarchie innehat, danach das prophetische Amt bei ihm verbleibt, er also

---

242   S. o. S. 221–224.

tatsächlich zu dem »Propheten Samuel« wird. Auch die weitere jüdische und spätere christliche Rezeption wird bei dieser Linie verbleiben.

Dagegen eröffnet Josephus erstmalig eine weitere Linie, die erst in der frühen Neuzeit wieder aufgegriffen wird.[243] Sie knüpft an der Beschreibung von Samuel als Richter an. Zunächst fällt auf, dass Josephus sehr viel konkreter beschreibt, was in 1Sam 7 nur angedeutet wird. Er lässt Samuel seine Richtertätigkeit durch organisatorische Maßnahmen durchführen: Nach Josephus benennt er Gerichtsstädte im Land, die er dann zweimal im Jahr besucht, um dort zu richten (VI,3.1). Es ist die sich darin zeigende Gerechtigkeitsliebe, die zu Samuels Vorbehalten gegen die Monarchie führt. Dieses durch 1Sam 8 noch einigermaßen abgedeckte Motiv verbindet Josephus dann mit einer Bemerkung darüber, wie Samuel selbst sich die ideale Herrschaftsform vorgestellt hätte: »Vielmehr hatte er eine besondere Vorliebe für die Herrschaft der Vornehmsten, die die Völker glücklich und fast göttlich zu machen imstande sei« (VI,3.3). Samuel wird so zum Staatstheoretiker, der die Aristokratie der Monarchie vorzieht.

Die bei Josephus angelegte Deutung Samuels vorwiegend als Prophet wird in einer etwas jüngeren jüdischen Schrift noch stärker ausgezogen. Ihr Autor ist unbekannt und wird als Pseudo-Philo bezeichnet, weil man früher an den Philosophen Philo von Alexandrien dachte. Seine *Antiquitates Biblicae* sind irgendwann zwischen 73 und 132 n. Chr. entstanden[244] und erzählen die Geschichte Israels von der Erschaffung der Welt bis zum Tod Sauls. In dieser Erzählung

---

243 S. u. S. 243.
244 Pseudo-Philo, 91.

wird Samuel schon bei seiner Berufung mit dem Propheten Mose parallelisiert. Das Priestertum dagegen gilt als völlig verdorben (LIII, 8–10). Auch bei seiner großen Rede nach 1Sam 12 zitiert Samuel wieder Mose. Der Wunsch des Volkes nach einem König gilt nicht als Wunsch nach Ablösung des Richteramtes – wie in der biblischen Vorlage –, sondern des Prophetenamtes. Schließlich sagen die Leute: »Es lebe der Prophet Samuel, (auch) während der König da ist« (LVII, 2–4).

Was Pseudo-Philo mit seinem Bild der Geschichte ausdrücken will, erklärt sich aus der zeitgeschichtlichen Situation. Nach dem jüdischen Krieg und der Zerstörung des Tempels durch die Römer im Jahr 70. n. Chr. hat das Judentum keinerlei politische Führung und keine priesterlichen Institutionen mehr. Was bleibt, sind die legitimen Nachfolger des Mose, die schriftgelehrten Ausleger der Tora, deren Vorläufer und Vorbild nach Pseudo-Philo Samuel ist.

Mit diesem Bild leitet Pseudo-Philo über zu dem, was dann in der späteren jüdischen Tradition wichtig wird. Ich hatte schon bei der Behandlung des Samuel-Bildes der Chronik darauf verwiesen, dass Samuel im Talmud als Autor der Bücher Samuel, Richter und Rut gilt.[245] Damit wird das speziell prophetische Amt Samuels dahingehend präzisiert, dass er als Prophet auch der Autor prophetischer Schriften ist, denn die Bücher Josua bis Könige gelten in der jüdischen Tradition als »vordere Propheten«. Als prophetischer Autor steht er zugleich in der Nachfolge Moses, der bekanntlich als Autor der fünf Bücher der Tora gilt.

---

245   S. o. S. 220.

1.3 Samuel im Neuen Testament und in der alten Kirche

Wenn ich eingangs dieses Kapitels sagte, Samuel gehöre nicht zu den Großen der biblischen Wirkungsgeschichte,[246] dann gilt das auch für das Neue Testament. Nur dreimal wird er da erwähnt, zweimal in der Apostelgeschichte und einmal im Hebräerbrief. Von der Zeit der Entstehung her gesehen ist das im Übrigen die gleiche Epoche, in der auch Josephus und Pseudo-Philo schreiben. So verwundert es nicht, dass das neutestamentliche Bild dem ihren sehr nahe kommt, zumal die neutestamentlichen Autoren sich bei allen Spannungen und Differenzen noch durchaus der jüdischen Gemeinschaft zugehörig wissen.

Die zwei Erwähnungen Samuels in der *Apostelgeschichte* des Lukas verteilen sich auf je eine Rede des Petrus und des Paulus, der beiden Hauptakteure der Erzählung. In seiner Rede in der nach Salomo benannten Säulenhalle des Tempels (Apg 3,11–26) deutet Petrus die Gestalt Jesu Christi als Erfüllung dessen, was in den Schriften angekündigt ist. In diesem Zusammenhang sagt er: »Alle Propheten von Samuel und den folgenden an, so viele es waren, haben diese Tage angekündigt« (V.24). Mit Samuel also beginnt nach dieser Auffassung die eigentliche Geschichte der Prophetie.

Komplementär dazu verhält sich, was Paulus in seiner Predigt in der Synagoge in Antiochia in Pisidien ausführt (Apg 13,14–41). Für seine Zuhörerschaft rekapituliert Paulus die Geschichte Israels von der Erwählung der Erzeltern an. Dabei kommt er für die Zeit nach der Landnahme auch zu Samuel: »Danach

---

246 S.o.S.225.

gab Gott ihnen Richter bis zu dem Propheten Samuel. Und dann verlangten sie einen König ...« (V. 20f.). Ist in der Petrusrede Samuel vor allem der erste in der Reihe der Propheten, die Christus ankündigen, so in der Paulusrede der letzte in der Reihe der Richter vor Errichtung des Königtums. Gleichwohl erhält er auch hier den Titel »Prophet«. Damit liegt der Verfasser der Apostelgeschichte ganz auf der Linie, die bei Josephus und Pseudo-Philo beginnt und bis in den Talmud weiterführt und die Samuel in erster Linie als Propheten versteht.

Dasselbe gilt für die dritte neutestamentliche Erwähnung im *Hebräerbrief*. In dessen 11. Kapitel werden in einem großen Gang durch die biblische Geschichte Zeuginnen und Zeugen unerschütterlichen Gottvertrauens aufgezählt. Gegen Ende der Aufzählung schreibt der Verfasser (oder möglicherweise auch die Verfasserin): »Was soll ich noch sagen? Die Zeit würde mir fehlen, wenn ich noch von Gideon, Barak, Simson, Jiftach, David, Samuel und den Propheten erzählen würde« (V. 32). Hier ist nicht nur die Reihenfolge der vier Richter von Gideon bis Jiftach gegenüber der im alttestamentlichen Richterbuch vertauscht. Auch David und Samuel müssten eigentlich in umgekehrter Folge genannt werden. Doch soll mit der eigentümlichen Abfolge wohl genau das ausgedrückt werden, was auch für die Erzählung der Samuelbücher bestimmend ist: Mit der Einrichtung der Monarchie, für die hier abgekürzt David steht, geht zwar das politische Amt auf die Könige über. Aber das prophetische Amt bleibt daneben – und aufs Ganze gesehen auch darüber hinaus – erhalten. Und dieses Amt wird durch Samuel, der die Reihe der Prophetinnen und Propheten eröffnet, repräsentiert.

Gehen wir von der neutestamentlichen Zeit weiter

in die *alte Kirche*, dann stoßen wir auf eine höchst eigentümliche Gruppe von drei Schriften.[247] Sie befassen sich alle mit der Erzählung von Sauls Besuch bei der Totenbeschwörerin von En-Dor (1Sam 28). Wir hatten schon gesehen, wie einerseits in der Chronik die Episode völlig negativ gewertet und Samuel in ihrem Zusammenhang nicht einmal erwähnt wird,[248] während Jesus Sirach sie unbefangen als Zeichen göttlicher Offenbarung wiedergibt.[249] In gewisser Weise wiederholt sich diese gegensätzliche Auffassung nun in der Kontroverse zwischen den christlichen Autoren Origenes (ca. 185–253/54), Eustathius von Antiochia (1. Hälfte 4. Jh.) und Gregor von Nyssa (ca. 331–394). Sie wird unter dem Titel *De engastrimytho* überliefert, »Über die Bauchrednerin«. Umstritten ist zwischen den Kontrahenten der Debatte, ob es sich bei der Erscheinung Samuels um eine Wirkung göttlicher Kraft oder um ein Blendwerk des Satans handelt.

Selbstverständlich beschränken sich die Erwähnungen Samuels in der alten Kirche nicht auf die genannten Schriften. Auch verschwindet Samuel nicht aus der weiteren christlichen Literatur des Mittelalters. Bestimmend wird dabei eine christliche Lesart des Alten Testaments auf dem Hintergrund der Vorstellung, Gott habe Israel verworfen, den alten Bund aufgekündigt und stattdessen im neuen Bund die Kirche erwählt – eine antijüdische Vorstellung, an deren Überwindung die christliche Theologie und die Kirchen erst nach den schrecklichen Erfahrungen des Holocaust zu arbeiten beginnen. Sie betrifft das Alte

---

247 Im griechischen Original finden sie sich in der Ausgabe von Klostermann.
248 S. o. S. 216.
249 S. o. S. 223.

Testament insgesamt und ist keineswegs auf Samuel beschränkt, aber wird eben auch auf ihn angewendet.

Exemplarisch dafür ist, wie der Kirchenvater Augustinus (354–430) die Verwerfung Elis und seiner Nachfolger nach 1Sam 2 deutet. In ihr wird die Verwerfung Israels vorabgebildet. Und keineswegs tritt Samuel an die Stelle Elis, denn dann könnte man nicht von einer Verwerfung Israels, sondern müsste von einem Wechsel innerhalb des Gottesvolkes reden. Deshalb erklärt Augustin zu 1Sam 2,35: »So ist denn das Nachfolgende von Christus Jesus, dem wahren Priester des Neuen Bundes, gesagt: ›Ich aber will mir einen treuen Priester erwecken, der alles tun soll, was meinem Herzen und meiner Seele gefällt, und ich will ihm ein beständiges Haus bauen‹«.[250]

Der Gedanke, dass mit der Verwerfung Elis die Verwerfung Israels direkt zu verbinden sei, während die Erwählung Samuels das Priestertum des neuen Bundes nur vorabbilde, wird dann von Gregor dem Großen (ca. 540–604) in seinem Kommentar zu den Samuelbüchern[251] wie von Isidor von Sevilla (gestorben 636) in seiner Sammlung allegorischer Bezüge zwischen Altem und Neuem Testament, den *Allegoricae quaedam sacrae scripturae*, aufgegriffen und weitergeführt.[252]

Dass die allegorische Deutung der Samuelerzählung sich nicht auf einzelne Motive beschränken muss, zeigt eindrücklich die vier Bücher umfassende allegorische Auslegung (*allegorica expositio*) der Samuelbücher durch den englischen Mönch Beda Venerabilis (692–735). Nicht nur die Worte der Schrift-

---

250 Augustinus, Civ. dei XVII 5 (S. 379).
251 Gregor der Große, 22–27.
252 Isidor von Sevilla, 112.

propheten – Beda nennt im Prolog zu seinem Kommentar Jesaja und Jeremia – werden als Prophezeiungen auf Jesus Christus gelesen. Sondern weil Petrus in Apg 3,24 sagt: »Alle Propheten von Samuel und den folgenden an, so viele es waren, haben diese Tage angekündigt«,[253] können nach Beda auch die Samuelbücher insgesamt als Allegorie auf Jesus Christus hin verstanden werden.[254]

Nicht alle christliche Lektüre ist immer antijüdisch. Sie ist es dann nicht notwendig, wenn die alttestamentlichen Geschichten nicht im Sinn der Ablösung Israels als Gottesvolk durch die Kirche, sondern als Vorabbildungen der neutestamentlichen Geschehnisse gedeutet werden. So parallelisiert Rupert von Deutz (1076?–1129) in seinem Samuelkommentar die Gestalt Samuels mit der Johannes des Täufers. Wie nämlich Samuel vor der Salbung Davids nicht weiß, wer der von Gott Erwählte sein wird (1Sam 16,1–13), sagt der Täufer nach Joh 1,33: »Ich kannte ihn nicht, aber der mich gesandt hat, mit Wasser zu taufen, jener hat mir gesagt: ›Der, auf den du die Geistkraft herabkommen siehst und auf ihm bleiben, dieser ist es, der mit heiliger Geistkraft tauft‹«.[255]

Gerade die allegorischen Bezüge zwischen Altem und Neuem Testament sind äußerst wichtig für die Ikonografie, die bildlichen Konventionen, in denen die biblischen Stoffe wiedergegeben werden. Damit wenden wir uns nun einem anderen Medium zu, der bildlichen Darstellung. Dieses Medium spielt im Mittelalter eine mindestens ebenso wichtige Rolle wie die Schrift.

---

253 S. o. S. 231.
254 Beda Venerabilis, 499.
255 Rupert von Deutz, 1091.

2. Samuel in bildlichen Darstellungen

Auch bei den bildlichen Darstellungen kommt es Samuel zugute, dass er im 1. Samuelbuch untrennbar mit den Gestalten von Saul und David verbunden ist. Wo diese nicht nur als Einzelfiguren, sondern narrativ in Bildserien dargestellt werden, liegt es nahe, dass auch Samuel vorkommt. Da das Wichtigste, was Samuel mit Saul und David tut, deren Salbung ist, wird diese überaus häufig ins Bild gesetzt. Man kann sogar sagen, dass das *Salbhorn* das herausragende Attribut ist, das Samuel im Bild beigelegt wird. Da David anders als Saul ein bleibendes Königtum bildet, ist dessen Salbung verständlicherweise bevorzugt dargestellt. Hier spielt nicht nur eine Rolle, dass David der Vorläufer Jesu Christi ist, der als »Sohn Davids« verehrt wird. Auch Legitimitätsbedürfnisse von Herrscherhäusern können durch ein entsprechendes Bild-

Abb. 11: Hans Holbein d. J.: Die Salbung Sauls. Holzschnitt 1526

Abb. 12: Julius Schnorr von Carolsfeld: Saul wird wegen seines
Ungehorsams von Gott verworfen. 1851–1868

programm abgedeckt werden. So zeigen zwei Flügel
eines Triptychons von 1501 aus dem Pariser Cluny-
Museum links die Salbung Davids durch Samuel und
rechts in enger Entsprechung die Krönung Ludwigs
XII. (1498–1515): Der französische König stellt sich so
in die Nachfolge des von Gott durch Samuel gesalbten
David.

Anders als bei David führt die Geschichte Samuels
mit Saul bis zum bitteren Ende. Deshalb finden sich
hier auch Darstellungen, wie Saul nach der Verwerfung den Mantel Samuels zerreißt, was Samuel darauf
deutet, dass Gott das Königtum von Saul wegreißt
(1Sam 15,27f.). Auch die anschließende Tötung des
von Saul verschonten Amalekiterkönigs Agag durch
Samuels eigene Hand wird ins Bild gebracht. Auf das

Motiv der Beschwörung des toten Samuel, das ebenfalls in den Themenkreis von Sauls Verwerfung gehört, komme ich gleich noch zurück.

Auf Grund der Verteilung des Textmaterials in den Samuelbüchern legt es sich nahe, dass von Samuel dann, wenn er ohne die von ihm gesalbten Könige vorkommt, vor allem die Kindheits- und Jugendgeschichte von Interesse ist. Sie wird ikonografisch eng auf die Kindheitsgeschichte Jesu und seines Vetters, des späteren Täufers Johannes, bezogen. Dies ist

Abb. 13: Johann Heinrich Schönfeld: Saul spricht mit Samuels Geist bei der Hexe von Endor.
Kupferstich und Tuschpinselzeichnung 1670/80.

im Übrigen keine Erfindung der mittelalterlichen Theologen – Rupert von Deutz ist bereits erwähnt worden[256] – und Künstler. Schon der Evangelist Lukas formuliert den Lobgesang der Maria, das Magnificat (Lk 1,46–55), in engster Anlehnung an das Lied der Hanna (1Sam 2,1–10). Mithilfe der typologischen Beziehung zwischen Altem und Neuem Testament wird die Vorgeschichte der Geburt Samuels als Präfiguration der Geburt Jesu bzw. des Täufers verstanden, wird die Übergabe Samuels an Eli mit der Darbringung Jesu im Tempel (Lk 2,21–24) in Beziehung gesetzt sowie die Berufung des jungen Samuel zum Propheten mit dem Auftritt des zwölfjährigen Jesus im Tempel (Lk 2,41–52) parallelisiert.

Eine besondere Stellung in der Bildgeschichte nimmt die Beschwörung des toten Samuel durch die »Hexe von Endor« ein, wie sie in der Kunstgeschichte im Anschluss an Luthers Übersetzung genannt wird. Auch wenn es bereits ältere Darstellungen gibt, ist es vor allem die frühe Neuzeit bis hin zur Romantik, die das Thema liebt. Denn entgegen einem verbreiteten Vorurteil ist das Hexenwesen keineswegs vorrangig eine Sache des Mittelalters. Es ist die frühe Neuzeit im 16. und 17. Jh., in der der Hexenwahn seinen absoluten Höhepunkt erreicht, und der entstehende Protestantismus spielt dabei eine um keinen Deut bessere Rolle als die katholische Kirche.[257]

Wie sehr bei der bildlichen Wiedergabe von 1Sam 28 das Interesse an den Hexen selbst im Vordergrund

---

256 S. o. S. 235.
257 Ich zitiere dazu aus der zusammenfassenden Darstellung von Becker, 9: Bei Hexerei handle es sich um eine »Theorie, die sich erst ganz am Ende des Mittelalters, im 15. Jahrhundert, ... gebildet hat und die erst zu einem Zeitpunkt, an dem Kolumbus

Abb. 14: William Blake: Samuels Geist erscheint Saul. Um 1800

steht, zeigt ein Gemälde von Jacob Cornelisz van Oost-
sanen (1470–1533) aus dem Amsterdamer Rijksmu-
seum. Das Bild wird im Vordergrund beherrscht von
Hexen (ein Hexer ist auch dabei), die auf Böcken sitzen,
auf Knochen fliegen, aus Geheimbüchern lesen und
von dämonischen Phantasiegestalten umgeben sind,
wie wir sie auch von den Bildern des Hieronymus

schon in Begiff stand, die Neue Welt zu entdecken, eine allgemeine Verbreitung in Mitteleuropa erfahren konnte. Die
Hexenverfolgung ist also, allen immer neu wiederholten Vor-
urteilen zum Trotz, keine mittelalterliche Erscheinung gewesen. Sie war auch … keine Angelegenheit der katholischen Kirche. … In aller Regel lag überall in Europa die Zuständigkeit
für Zauberei- und Hexereiverfahren bei den weltlichen Ge-
richten.«

Bosch kennen. Nur mit Mühe und winzig klein erkennt man im Mittelgrund des Bildes den aus seinem Grab aufsteigenden Samuel.

Andere Darstellungen freilich setzen dieses Geschehen dramatischer ins Bild, so ein Gemälde von Alessandro Magnasco (1667–1749), in scharfem Hell-Dunkel, mit Vollmond und auffliegender Eule. Die Eule als Hexensymbol fehlt auch bei Johann Heinrich Schönfeld nicht, einem jüngeren Zeitgenossen Magnascos. Sie findet sich auch bei Januarius Zick, ebenso wie die hängenden Brüste der immer als alt vorgestellten

Abb. 15: Gustave Doré: Samuel bei der Hexe von En-Dor. 1865

241

Hexe.[258] Ende des 18. Jh.s ist es der Engländer William Blake, der in einer Unzahl von Darstellungen das Geschehen in dramatischen Bildern erfasst. Die romantische Auffassung, die sich hier zeigt, kommt dann in den viel verbreiteten Stichen zur Bibel von Gustave Doré zum Abschluss.

3. Samuel und die Staatstheorien

Etliche biblische Gestalten haben eine Wirkungsgeschichte nicht nur auf dem Gebiet der Theologie und der Künste, sondern auch in der Staatstheorie. Dazu gehören Mose, David, Salomo – und insbesondere auch Samuel. Das liegt daran, dass er die Einführung der Monarchie in Israel vornimmt und mit ausführlichen Reden begleitet. Jedes Nachdenken über die beste Regierungsform *muss* sich damit auseinandersetzen, sofern die Bibel als Norm aller Dinge gilt. Man *sollte* sich, das ist meine Meinung, aber auch heute, wo die normative Stellung der Bibel keineswegs selbstverständlich ist, mit diesen Texten befassen.

Zwei Dinge sind es, die dabei fruchtbar zu machen sind. Zum einen ist es die *Spannung*, die sich in 1Sam 8–12 aufbaut zwischen dem Gedanken, dass die Einsetzung eines Königs der Verwerfung Gottes gleichzusetzen ist, und der Vorstellung, dass der König von Gott selbst erwählt und eingesetzt ist. Zum andern ist es die *Folgerung*, die aus dieser Spannung gezogen wird: Zwar löst sich die Spannung dahin auf, dass die Monarchie etabliert wird. Aber ihr steht als kritischer

---

258   S. Abb. 10 o. S. 191.

Gegenpol die Prophetie in der Gestalt Samuels gegenüber. Und während die Monarchie in Israel und Juda vergehen wird – so erzählt es das große Geschichtswerk im 2. Königebuch –, wird die Prophetie bestehen bleiben.

Der Erste, der die Samuelgestalt auch unter staatstheoretischer Hinsicht auffasst, ist bereits im antiken Judentum *Flavius Josephus*. Ich zitiere noch einmal ausführlicher, wie er Samuels Reaktion auf das Königsbegehren des Volks wiedergibt:[259] »Diese Reden beunruhigten und ängstigten den Samuel sehr, da er bei seiner angeborenen Gerechtigkeitsliebe gegen die Königsherrschaft eingenommen war. Vielmehr hatte er eine besondere Vorliebe für die Herrschaft der Vornehmsten, die die Völker glücklich und fast göttlich zu machen imstande sei« (VI,3.3). Wörtlich übersetzt heißt es: »… er hatte eine Vorliebe für die Aristokratie …«.

Für einen mittelalterlichen Denker wie *Thomas von Aquin* (1224–1274) ist eine solche aristokratiefreundliche Position nicht haltbar. Für ihn folgt aus dem Regiment des einen Gottes,[260] dass die beste Herrschaftsform die der Monarchie ist. Wenn Thomas in seiner Schrift »Über die Herrschaft der Fürsten« Samuel beizieht, dann zunächst mit den Worten aus 1Sam 13,14: »Jhwh hat sich einen Menschen nach seinem Herzen gesucht, den befiehlt Jhwh zum Herrscher über sein Volk.« Mit diesen Worten Samuels wird David als der gottgefällige Monarch bezeugt. Was aber tun mit der königskritischen Rede Samuels in 1Sam 8,11–17? Hier

---

259 Vgl. o. S. 229.
260 Thomas von Aquin, Summa theologica qu. 103, Art. 3 (S. 11): »Man muß notwendig sagen, daß die Welt von Einem gelenkt wird.«

kommt Thomas eine Grundunterscheidung zugute, die er prägnant formuliert: »Wie aber die Herrschaft eines Königs die beste ist, so ist die Herrschaft eines Tyrannen die schlechteste«[261]. Samuels Rede lässt sich so als nicht grundsätzlich königskritisch, sondern als Warnung vor der Entartung des Königtums zur Tyrannei lesen. Folgerichtig heißt es weiter in der Fürstenschrift, Samuel nenne die von ihm vorgelegten Gesetze zwar »königlich« (*leges regales*) – 1Sam 8,11 spricht ausdrücklich vom »Recht des Königs«, in der lateinischen Bibel: *ius regis* –, aber in Wahrheit seien diese »durch und durch despotisch« (*leges penitus despoticae*).[262] Liest man Samuels Rede eingebettet in ihren Kontext, der in der Tat auf den göttlich erwählten David hinausläuft, kann man nicht sagen, dass Thomas den biblischen Text völlig verfehlen würde.

Die Linien, die in der Antike bei Josephus und im Mittelalter bei Thomas angelegt sind, werden dann in der Frühen Neuzeit ausgezogen. Neben die Alternative Monarchie oder Aristokratie treten nun auch noch republikanische Gedanken. Erstaunlich ist dabei, wie stark die Gestalt Samuels in den Diskursen herangezogen wird, auch von Autoren, die selbst keine Theologen sind.[263]

Ohne ihn beim Namen zu nennen, grenzt sich *Philipp Melanchthon* (1497–1560) zunächst klar von Thomas von Aquin ab, indem er erklärt, dass es in Samuels königskritischer Rede in 1Sam 8,11–17 nicht um das Recht des Tyrannen, sondern dem Wortlaut

---

261 Thomas von Aquin, De regimine, 8.
262 Ebd., 91.
263 Zum Bezug auf die Samuelbücher in den Staatslehren der frühen Neuzeit vgl. insgesamt Metzger.

des Textes gemäß durchaus um das *ius regis*, das Recht des Königs, geht. Daraus folgt für ihn der Vorzug der Aristokratie vor der Monarchie: »Wenn auch bisweilen die Form der Königsherrschaft mild und heilsam ist, ist sie dennoch härter als die Aristokratie«.[264]

Auch der Genfer Reformator *Jean Calvin* (1509 bis 1564) vertritt deutlich, »daß die Aristokratie oder ein aus ihr und der bürgerlichen Gewalt gemischter Zustand weit über allen anderen steht«.[265] Wie für Melanchthon ist für ihn 1Sam 8,11–17 nicht nur die Warnung vor dem Ausnahmefall tyrannischer Entartung. Aber Samuel will Calvin zufolge mit dem Recht des Königs, das zwar nicht ausschließlich, aber eben auch auf den »nichtsnutzigsten Tyrannen« zu beziehen ist, unterstreichen, dass das Volk »nun solchem Recht gehorchen mußte und sich ihm nicht widersetzen durfte«.[266]

Wie stark diese Gedanken auch bei einem gemäßigten Calvinisten nachwirken, zeigt das Beispiel des Holländers *Hugo Grotius* (1583–1645). In seinem Hauptwerk über das »Recht des Krieges und des Friedens« von 1625, einem Grundpfeiler für die Entwicklung des modernen Völkerrechts, muss er sich notwendigerweise mit der Frage nach der Legitimität der Staatsgewalt auseinandersetzen. Zwar stellt für ihn 1Sam 8,11–17 nicht »das wahre Recht«[267] des Königs dar, dieses finde sich vielmehr in Dtn 17,14–22. Dagegen zeigen die Vorgänge, die in 1Sam 8 geschildert werden, »daß es auch Könige gegeben hat, welche von

---

264 Melanchthon, 756.
265 Calvin, 1038.
266 Ebd., 1053.
267 Grotius, 114.

dem Willen des Volkes, auch in seiner Gesamtheit genommen, nicht abhängig gewesen sind«.[268] Trotzdem
handelt es sich bei dem, was Samuel in seiner Rede
ankündigt, »um eine Handlung, die eine gewisse
rechtliche Wirkung hat, nämlich die Verbindlichkeit
begründet, keinen Widerstand zu leisten«.[269] Samuel
zeigt durch seine Beschreibung der königlichen
Rechte deutlich, »daß dem Volk keine Macht gegen
das Unrecht der Könige geblieben war«.[270] Zur Unterstreichung des Gedankens, dass legitime Herrschaft
auch bei unrechter Praxis Respekt verdient, zieht
Grotius schließlich einen Zug aus der Erzählung über
Samuel heran: Selbst nach seiner Verwerfung erweist
Samuel Saul vor dem Volk die Ehre (1Sam 15,30), »obgleich er schon verkehrt regierte«.[271]

Mit der Auffassung, dass der Obrigkeit Gehorsam
geschuldet sei, auch wenn sie »verkehrt regiert«, fasst
Grotius eine Position zusammen, die die mit der
Reformation verbundenen Denker mehrheitlich teilen.
Schon zu Beginn des reformatorischen Zeitalters formuliert *Johannes Bugenhagen* (1485–1558) in einem
Gutachten für den sächsischen Kurfürsten von 1529:
»Doch solle wyr auch gottlosen herrn, wen got uns
yhn hat unterworffen, gehorsam seyn in allen dingen,
darinne sie unser uberherrn seyn, gleich also do die
Iuden darnach dem Saul gehorsam weren, bis das yhn
Got den David gab.« Allerdings macht er eine Ausnahme. Hätte nämlich Saul das Volk zur Abgötterei
gezwungen, »ich halte, Samuel hatte yhn selbs erstu-
chen odder sich weldlichen mit dem volcke wedder

---

268   Ebd., 93.
269   Ebd., 114f.
270   Ebd., 105.
271   Ebd., 119.

yhm gesetzet«.[272] Königsmord und Volksaufstand im Namen der Religion, das hat, ohne dass Bugenhagen das ahnen konnte, das Jahrhundert nach ihm geprägt. Auch auf der Suche nach einem Ausweg aus dieser Situation wird wieder auf Samuel als Bezugspunkt zurückgegriffen.

Für den englischen Zeitgenossen von Grotius, *Thomas Hobbes* (1588–1679), ist Samuel nicht nur derjenige, der den Herrscher auch dann respektiert, wenn er »verkehrt regiert«. Für ihn ist er derjenige, der alle Staatsgewalt auf den König überträgt, wobei die Art der Regierungsführung nicht mehr diskutiert wird. Der Staat – bei Hobbes im Leviathan aus dem Hiobbuch symbolisiert – hat alle Gewalt inne; nicht umsonst gilt Hobbes als der erste Theoretiker des aufkommenden Absolutismus. In voller Länge zitiert er Samuels Rede in 1Sam 8,11–17 und bemerkt dazu: »Hier wird das Recht der Souveräne über das Militär und die gesamte Rechtsprechung bekräftigt, in denen eine so unumschränkte Gewalt inbegriffen ist, wie überhaupt einem anderen zu übertragen möglich ist«.[273] Doch nicht nur »die Herrschaft über die bürgerlichen Angelegenheiten« lag »offensichtlich ganz in der Hand des Königs«,[274] für Hobbes ist auch klar, »daß das Recht der Oberherrschaft über die Religion« Sache der Könige ist[275] – ganz anders, als das noch Bugenhagen sah.

Natürlich weiß Hobbes, dass das Recht des Königs in religiösen Dingen nur schwer mit der Samuelerzählung zu vereinbaren ist. Denn Samuel verwirft den

---

272 Bugenhagen, 26.
273 Hobbes, 160.
274 Ebd., 365.
275 Ebd., 367.

König Saul im Namen Gottes und salbt an seiner statt David, greift also in die staatliche Souveränität ein. Hier taucht nun bei Hobbes ein Zug auf, der in der Aufklärung zur vollen Blüte kommen wird[276] und der Hobbes nicht nur zu einem Vorläufer der Aufklärung macht, sondern ihm schon zu seiner Zeit – neben vielem anderen – den Vorwurf des Atheismus eingetragen hat. Während nämlich alle bisher aufgeführten Autoren das Beispiel Samuels ungefragt positiv als Ausdruck des Willens Gottes genommen haben, unterstellt Hobbes Samuel durchaus egoistische Motive. Solange nämlich vor Einsetzung der Monarchie die Herrschaft bei Gott lag – dies kann Hobbes unschwer den Formulierungen in 1Sam 8,7; 12,12 entnehmen –, hatten dessen Sprecher Macht: »Samuel hatte nur unter ihm Autorität«.[277] Deshalb gibt er diese nur widerwillig in die Hand des Königs, deshalb nutzt er die erstbeste Gelegenheit – Hobbes nennt ausdrücklich Sauls Weigerung, Agag umzubringen (1Sam 15) – zum Umsturz: »So gaben Rechtsprechung und Religion stets einen Vorwand her, immer dann den Gehorsam aufzusagen, wenn Hoffnung bestand, sich durchsetzen zu können«.[278] Angesichts der Religionskriege des 16. und 17. Jh.s ist Hobbes' Position gut nachvollziehbar. Und dass zwischen prophetischer Kritik an politischem Machtmissbrauch und klerikaler Bevormundung der Politik nur ein schmaler Grat ist, lässt sich gerade an der Gestalt Samuels in der Tat gut aufzeigen.

Neben solchen, die aus der Samuel-Gestalt einen Vorzug für die Monarchie ableiten (von Thomas von

---

276 S. dazu u. S. 253 f.
277 Hobbes, 367.
278 Ebd.

Aquin bis Hobbes), und solchen, die in ihr die Aristokratie als beste Regierungsform begründet sehen (von
Josephus bis Calvin), stehen schließlich noch Vertreter
einer republikanischen Lesart.

So erinnert *Huldrych Zwingli* (1484–1531) in einer
Schrift von 1522 die Schwyzer – »die ältesten der
Eidgenossen«, wie er sie anredet – an ihre Freiheits-
geschichte: »Unsere Vorfahren haben … nur für die
Freiheit gekämpft, um nicht mit Leib und Leben, mit
Frauen und Kindern der Willkür des frechen Adels
ausgeliefert zu sein. Gott ist diesem Freiheitsdrang
gewogen.« Zur Begründung verweist er u. a. auf die
Samuelgeschichte: »Das bewies er auch, als er sie, die
einen König forderten, über den Mißbrauch der Herr-
schaftsgewalt durch Könige aufklärte – 1. Samuelbuch, Kapitel 8,10–22 – und sie damit eindeutig vor einer Monarchie warnte«.[279] Daraus folgt, dass sich die
Prediger den weltlichen Autoritäten nicht bedingungslos unterzuordnen, sondern sie unerschrocken
zu kritisieren haben. Als Vorbild verweist Zwingli
auch hier auf Samuel, der Saul, nachdem er Agag gegen Gottes Gebot verschont hatte (1Sam 15), entgegen-
trat, »obgleich Saul der König war«.[280] »Dies lehrt uns
deutlich, daß der Hirt auch dem König, Fürsten oder
Oberen nichts durchgehen lassen darf, sondern jedem
seinen Irrtum anzeigen soll, sobald er sieht, daß jener
vom Weg abkommt«.[281]

Während Zwingli auf die Samuel-Gestalt zur Legitimierung der Schweizer Eidgenossenschaft zurück-
greift, zieht eineinviertel Jahrhunderte später *John Milton* (1608–1674) im zweiten Kapitel seiner zwölf

---

279 Zwingli, Ermahnung, 86.
280 Zwingli, Hirt, 270.
281 Ebd., 271.

Kapitel umfassenden Streitschrift zur Verteidigung der englischen Revolution Samuel sogar zur Rechtfertigung der Hinrichtung des Königs heran. Er hält dafür, »daß der Gottheit die Form der Republik ... vollkommener als die Monarchie und bei ihrem Volke [d. h. in Israel] gebräuchlicher zu sein schien, da sie diese Form selbst eingesetzt und die Monarchie den darum Bittenden nur spät und unwillig zugestanden hat«.[282] Im Königsrecht von 1Sam 8 kann er deshalb nur eine Warnung davor sehen, dass »dem von den Gesetzen entbundenen Könige, was ihm beliebt zu thun gestattet ist«.[283] Im Blick auf die englische Revolution heißt das: »Da sich dies nun so verhält, so sehe ich nicht, weshalb es uns nicht zum Lobe und als Tugend angerechnet werden sollte, den König weggeschafft zu haben, da es den Israeliten zum Verbrechen gemacht worden, einen König zu verlangen«.[284] Das wahre Recht der Könige, das Samuel erst nach Erhebung Sauls erlassen hat (1Sam 10,25), ist nach Milton nicht erhalten, weil es »von den Königen zerrissen oder verbrannt wurde, damit sie umso ungestrafter die Tyrannei gegen ihre Unterthanen ausüben könnten«.[285]

Dass die Gestalt Samuels außer bei den Schweizer Eidgenossen und in der englischen Revolution auch im Freiheitskampf der nordamerikanischen Kolonien herangezogen wird, wundert nicht. So erklärt *Thomas Paine* (1737–1809) in seiner Schrift zur Verteidigung des Unabhängigkeitskampfes, die Monarchie sei »die fruchtbarste Erfindung, die der Teufel je auf den Weg

---

282 Milton, 186.
283 Ebd., 192.
284 Ebd., 193.
285 Ebd., 198.

brachte, um die Abgötterei zu befördern«.[286] Die Ablehnung der Monarchie ergibt sich ihm zufolge nicht nur aus den »gleichen Rechten der Natur«, sondern ebenso aus der »Autorität der Schrift«. »... denn der Wille des Allmächtigen, wie er von Gideon [Ri 8,22f.] und Samuel zum Ausdruck gebracht wurde, missbilligt ausdrücklich die Herrschaft von Königen.« Die Zeit vor Einführung der Monarchie beschreibt Paine als »eine Art Republik, verwaltet von einem Richter und den Ältesten der Stämme«[287] – man sieht bereits die Verfassung der USA mit dem Präsidenten und dem Kongress vor Augen. Ausführlich zitiert Paine dann auf zwei Seiten alle königskritischen Stellen aus 1Sam 8 und 12 und kommentiert sie mit den Worten: »Diese Abschnitte der Schrift ... lassen kaum Raum für Mehrdeutigkeiten. Dass der Allmächtige hier seinen Protest gegen die monarchische Regierungsform eingelegt hat, ist wahr, oder die Schrift ist falsch«.[288]

Mit Paine beende ich diesen kurzen Rundgang durch die Bedeutung Samuels für die Staatstheorien. Es überrascht nicht, dass sich die Spannung innerhalb der biblischen Erzählung zwischen scharfer Königskritik und göttlicher Erwählung des Königs darin niederschlägt, dass sowohl monarchistische als auch aristokratische als auch republikanische Präferenzen mit Verweis auf Samuel begründet werden. Es zeigt, dass bestimmte Positionen nicht direkt aus der Bibel abgeleitet, sondern immer nur in Auseinandersetzung mit ihr entwickelt werden, so dass jeweils aktuelle Problemlagen in die Meinungsbildung mit einfließen. Dennoch führt das nicht zur Beliebigkeit im Umgang

---

286 Paine, 10.
287 Ebd., 11.
288 Ebd., 13.

mit den biblischen Texten. Denn zum einen zeigt sich, dass zur Begründung der Monarchie mit Hilfe der Samuel-Gestalt große Anstrengungen unternommen werden müssen, vor allem die königskritische Rede von 1Sam 8,11–17 zu neutralisieren, während sich die Verfechter nicht-monarchischer Regierungsformen ungebrochen darauf stützen können. Zum andern zeigt sich, dass viele Autoren durchaus zu Zwischentönen fähig sind – vorübergehende Akzeptanz der Monarchie, prinzipieller Respekt vor der Monarchie bei gleichzeitigem Widerstandsrecht in religiösen Dingen. Thomas Hobbes dagegen muss bei seinem Versuch, die absolute Monarchie mit den Samuel-Texten zu begründen, diese bereits gegen den Strich lesen und Samuel zum machtwilligen Priester stilisieren, der die Monarchie nur ablehnt, weil er seine eigene Herrschaft nicht abgeben will. Wir werden gleich sehen, wie in der Aufklärung bei Voltaire dieser Zug zur vollen Entfaltung kommt.

4. Samuel als Gestalt moderner Literatur

Nach den theologischen Schriften der Antike, den Bildern des Mittelalters und der Neuzeit und den Staatstheorien der frühen Neuzeit soll zuletzt ein Blick auf Samuel als Gegenstand der fiktionalen Literatur der Neuzeit geworfen werden. Wie sonst auch erscheint Samuel vorrangig in Verbindung mit Saul bzw. David. Und auch hier ist es nur möglich, Beispiele herauszugreifen, die für weitere Vorkommen stehen sollen.

In der frühen Neuzeit kommt Samuel literarisch vor allem auf die Bühne. In einer Fülle von Dramatisierungen erscheint er hauptsächlich im Gegenüber zu Saul, einmal auch zu den Söhnen Elis, als derjenige, der Gottes Willen verkündet.[289] Wie wenig es dabei um bloße Dramatisierung des biblischen Stoffes und wie viel um ein aktuelles Interesse geht, zeigt als Beispiel das 1551 in Wien veröffentlichte Schauspiel »Samuel und Saul« des Schulmeisters *Wolfgang Schmeltzl*. Das Ziel, den Gehorsam gegen die Obrigkeit einzuschärfen, verrät bereits der Titelspruch: »Daß alle hohe gewaltige Monarchien von Gott eingesetzt vnd geordent / die grossen mechtigen Potentaten und Herrn zu straffen / recht wider gewalt auffzurichten / auch wider dieselbigen sich niemand setzen / verachten / noch empören soll / wirdt durch das exempel ...« – und nun kommt ein Kunstgriff, der alle antimonarchischen Elemente des Bibeltextes im Ansatz neutralisiert: »... durch das exempel des Künigs Samuelis vnd Saulis klärlich angezeygt«.[290] In der Tat macht das Schauspiel Samuel zum König. Die von Samuel einberufene Volksversammlung von 1Sam 8 wird durch einen königlichen Herold eröffnet, und die Bitte des Volkes zielt nicht auf Einrichtung der Königsherrschaft, sondern auf Einsetzung eines neuen Königs: »Drumb sie begern und haben wölln / Solst jn ein andern Künig stelln«.[291]

Die Dramen haben gemeinsam, dass sie – wie auch die Texte der Staatstheoretiker – die Gestalt Samuels als Autorität zur Unterstreichung der vom jeweiligen Autor eingenommenen Position verwenden. Was in der Staatstheorie erstmals bei Thomas Hobbes aufscheint, nämlich ein kritischer Blick auf die biblische

---

289 Vgl. die Hinweise bei Frenzel, 824.
290 Schmeltzl, 1.
291 Ebd., 16.

Gestalt,[292] bricht sich auf dem Höhepunkt der europäischen Aufklärung bei *Voltaire* dann freie Bahn. In einer großen Zahl verschiedener Schriften führt er immer wieder das Beispiel der Ermordung des Amalekiterkönigs durch Samuel, den »Priester-Schlachter«, den »sanften Propheten Samuel«, wie er ihn ironisch nennt, an, gelegentlich auch das der Erscheinung von Samuels Schatten auf Grund der Beschwörung.[293] Das sind für ihn abschreckende Beispiele »dieser Bücher voll von Widersprüchen, Unsinn und Schrecken«.[294] Als Motiv erkennt er, dass »dieser verabscheuungswürdige Priester« »die jüdische Horde« selbst regieren will.[295] Wenn die Juden dennoch einen König bekommen, dann »trotz des Priesters Samuel, der tut, was er kann, um seine usurpierte Autorität zu behalten; und die Kühnheit hat zu sagen, *einen König zu haben* heiße *Gott verwerfen*«.[296] Wir werden sehen, dass die Motive des Priestertrugs und der Priesterverschwörung bis in die Literatur der Gegenwart nachwirken.

Doch zunächst erfolgt mit der Literatur der Romantik eine Gegenbewegung. Wie schon in den Bildern von William Blake[297] erwacht das Interesse am Phantastischen, für das gerade die Totenbeschwörerin von Endor steht. Es hält sich das ganze 19. Jh. durch. In seinem 1896 geschriebenen Drama »Saul« widmet *André Gide* (1869–1951) die gesamte 7. Szene des 3. Akts[298] dem Besuch Sauls bei der »Hexe von Endor«. Über

---

292 S. o. S. 247 f.
293 Zitate Voltaire, 259.1036, zu Agag vgl. ferner 608.958.933, zur »Hexe von Endor« 263.1036.
294 Ebd., 270.
295 Ebd., 1028.
296 Ebd., 1035.
297 S. o. S. 240, 242.
298 Gide, 87–100.

den biblischen Bericht hinaus erfahren wir, dass es diese Wahrsagerin war, die als Erste Saul das Königtum prophezeit hatte. Am Ende der Szene, nachdem Samuel wieder in die Unterwelt zurückgefahren ist, stirbt sie und lässt den verzweifelten Saul allein zurück. Wie weit dieses Interesse bis ins 20. Jh. reicht, zeigt nicht nur das Gedicht »Samuels Erscheinung vor Saul« von *Rainer Maria Rilke*, entstanden 1907.[299] Auch die Gedichte mit dem schlichten Titel »Saul« von *Ricarda Huch* aus dem Jahr 1917[300] und von *Nelly Sachs*, zuerst 1949 veröffentlicht,[301] stellen die Erscheinung des toten Samuel in den Mittelpunkt ihrer Darstellung Sauls. So dichtet Nelly Sachs:

SAUL, der Herrscher, abgeschnitten vom Geiste
wie eine Brennschnur erloschen –

Einen Fächer von Fragen tragend in der Hand –
das Wahrsageweib mit der Antwort, auf
                                                          Nachtgaloschen

beunruhigt den Sand.
Und Samuels, des Propheten Stimme,

gerissen aus dem Lichterkreis
spricht wie verwelkte Erinnerung in die Luft –

und das Licht wie eine verzückte Imme
sein Ausgefahrnes in die Ewigkeit ruft.

Über Saul, dem Herrscher, steht eine Krone aus
                                                          Sterben –
und das Weib liegt wie vom Lichte verbrannt –

und die Macht wird ein armer Luftzug erben
und legt sie zu einem Haupteshaar in den Sand.

---

299   Rilke, 520.
300   Huch, 126–128.
301   Sachs, 106.

Eine interessante Aufnahme findet das Thema der »Hexe von Endor« in dem gleichnamigen Roman von *Rudolf Presber* (1868–1935). Der Roman spielt im Berlin der 1920er Jahre und hat seinen Titel daher, dass in ihm eine – im Übrigen betrügerische – Wahrsagerin eine wichtige Rolle spielt. Bevor diese eingeführt wird, erzählt eine der Figuren des Romans die Geschichte von 1Sam 28. Er stellt fest, dass »die verachtete Hexe … schärfer und richtiger die Zukunft gesehen [hat] als später gefeierte Propheten wie Hosea und Elisa«, und nennt sie »das Urbild aller Seher und Zeichendeuter«.[302]

Meinen kurzen Rundgang durch die schöne Literatur schließe ich mit dem »König David Bericht« von *Stefan Heym* (1913–2001). Heym stellt uns in dem Roman den weisen Ethan vor, der von König Salomo den Auftrag hat, einen propagandistisch gefärbten Bericht über den Aufstieg und die Regierung Davids abzufassen. Bei den Gesprächen, die Ethan mit den noch lebenden Akteuren aus der Zeit Davids führt, entsteht auch ein plastisches Bild Samuels. Dabei kommen alle bei Voltaire angelegten kritischen Züge zur vollen Entfaltung.

Gleich die Einführung der Gestalt zeigt die Richtung: »ein langer, hagerer Mensch, die graue, strähnige Mähne und der schüttere Bart unberührt vom Messer des Baders, Eifererblick, der Mund ohne Güte – ein Mann, der einen Gegner sah in jedem, der nicht sofort bereit war, sich seinem überlegenen Willen und der Macht GOttes zu beugen …«.[303] Später heißt es noch einmal: »… Samuel war hager, fast skelettartig, ständig mit Schwären auf dem Schädel und Eiter in

---

302 Presber, 105.
303 Heym, 15.

den Augenwinkeln und einem schütteren Bart, der gewöhnlich von Schmutz starrte«.[304] Er versteht nicht, »warum ausgerechnet er, nicht der Geringste in der langen Folge von Richtern in Israel, sein Amt aufgeben und einen Menschen zum König salben muß«.[305] Obwohl er es nicht versteht, dass »eine neue Zeit angebrochen« ist, weiß er sich ihr anzupassen. So berichtet er »in seinem Buche« – Heym nimmt hier die auf 1Chr 29,29 zurückgehende Tradition von Samuel als Buchautor auf:[306] »Saul ist König über Israel von Samuels ... Gnaden, ist Samuels Geschöpf, Samuel verpflichtet«.[307] Die wahre Geschichte freilich verbirgt sich hinter der Erzählung von 1Sam 11: Nach seinem Sieg über die Ammoniter wird Saul »zum König gesalbt. Vom Volk, nicht von Samuel«.[308]

Samuel zieht im Hintergrund weiter die Fäden gegen Saul. Er lässt die »Legende« von der Salbung Davids verbreiten.[309] In Wahrheit liegt eine Verschwörung gegen Saul vor, zu der Samuel die Priesterschaft von Nob einspannt. Deren Oberpriester gesteht, »daß der Plan von Samuel stammt; HErr Jahweh habe zu Samuel gesprochen, da dieser den König Agag in Stücke zerhieb, und ihm gesagt: so sollst du Sauls Seele in Stücke hauen; und Samuel habe den bösen Geist, der meinen Herrn König plagt, heraufbeschworen ...«.[310] So ist deutlich, »wessen Geschöpf der junge David war«:[311] Samuels und der Priesterschaft von Nob.

---

304   Ebd., 31 f.
305   Ebd., 15.
306   S. o. S. 219 f.
307   Heym, 16.
308   Ebd., 17.
309   Ebd., 35.
310   Ebd., 47 f.
311   Ebd., 50.

Ob freilich das Folgende auch noch stimmt, können wir nicht sicher wissen. Heym erzählt, wie auch Ethan zum Zweck seiner Nachforschungen zu dem »Zauberweib von En-dor« geht.[312] Dort wird er Zeuge einer merkwürdigen Erscheinung. Nicht nur Samuel, auch David kommt aus der Unterwelt. Beide wissen, dass dort auch Saul umherstreift, »den Leib durchnagelt mit langen Nägeln, trägt er sein Haupt unter dem Arm«. Denn David ließ ihn durch »einen jungen Mann aus Amalek« ermorden, freilich nicht aus eigenem Antrieb, sondern in Erfüllung von Samuels Wünschen: »Ich habe nur dafür gesorgt, mein väterlicher Freund, daß deine Prophezeiung eintreffen möge«.[313] Warum wir das nicht sicher wissen können? Weil die Erscheinung auf Grund eines Breis erfolgt, den die Beschwörerin Ethan verabreicht und von dem sie sagt: »Meine Mutter hat ihn gekocht, und vor ihr die Mutter meiner Mutter, und er heißt Haschisch«.[314]

Ist es Recht, die Darstellung der Gestalt Samuels mit einem solchen Bild abzuschließen? Der biblische Samuel ist gewiss nicht der eifernde Intrigant, als den Heym ihn zeichnet. Samuel ist der Mann, der am Übergang zur Monarchie alle Ambivalenzen dieses Prozesses aufzeigt und begleitet. Als Prophet bleibt er auch nach Einsetzung des ersten Königs dessen kritisches Gegenüber. Damit steht er am Anfang einer Geschichte des alten Israel und Juda, in der immer wieder Prophetinnen und Propheten den Willen Gottes gegenüber machtversessenen Herrschern und gesellschaftlichen Fehlentwicklungen zum Ausdruck

---

312 Ebd., 77.
313 Ebd., 83.
314 Ebd., 81.

gebracht haben. Dieses »prophetische Amt« gegenüber Politik und Öffentlichkeit ist bis heute eine wichtige Aufgabe der Kirche. Die Kirche ist zwar immer Teil einer Gesellschaft, ob im deutschen Kaiserreich oder im NS-Staat, ob als »Kirche im Sozialismus« oder als Kirche in der alten und neuen Bundesrepublik. Aber sie darf dabei ihre Rolle als kritisches Gegenüber, eben ihr prophetisches Amt, nie vergessen.

Im konkreten Alltag freilich kann die Ausübung des prophetischen Amtes einer Gratwanderung gleichen. Der Grat ist schmal zwischen notwendiger Kritik und unstatthafter Bevormundung, zwischen selbstlosem Einsatz für die Schwachen und selbstsüchtigem Versuch, Besitzstände zu wahren. Das gilt nicht nur für die Kirche in ihrer Geschichte bis auf den heutigen Tag. Auch diese Gefahr des Abgleitens ins Bevormunden und die Wahrung eigener Machtpositionen ist bei Samuel im Ansatz angedeutet. Deshalb darf am Schluss ein kritisches Bild von Samuel stehen. Es ist wie ein warnendes Ausrufungszeichen dafür, dass gerade eine große Gestalt auch ihre Schattenseiten hat. Der Verweis auf den Schatten kann der Gestalt nichts von ihrer Größe nehmen. Er nimmt ihr aber Glätte und gibt ihr Profil. Und eine Gestalt mit Profil ist der biblische Samuel nun wirklich.

D. VERZEICHNISSE

1. LITERATURVERZEICHNIS

1.1 Kommentare zu den Samuelbüchern

BUDDE, KARL: Die Bücher Samuel, KHC VIII, Tübingen/Leipzig 1902.

DIETRICH, WALTER: 1. Samuel, BK VIII/1, Neukirchen-Vluyn, 1. Lieferung 2003, 2. Lieferung 2005, 3. Lieferung 2006.

GRESSMANN, HUGO: Die älteste Geschichtsschreibung und Prophetie Israels (von Samuel bis Amos und Hosea), SAT 2/1, Göttingen ²1921.

HERTZBERG, HANS WILHELM: Die Samuelbücher, ATD 10, Göttingen 1956.

SCHROER, SILVIA: Die Samuelbücher, NSK.AT 7, Stuttgart 1992.

STOEBE, HANS JOACHIM: Das erste Buch Samuelis, KAT VIII 1, Gütersloh 1973.

STOLZ, FRITZ: Das erste und zweite Buch Samuel, ZBK.AT 9, Zürich 1981.

1.2 Kommentare zu anderen biblischen Büchern

HOSSFELD, FRANK-LOTHAR/ZENGER, ERICH: Psalmen 51–100, HThKAT, Freiburg u. a. 2000.

JAPHET, SARA: 1 Chronik, HThKAT, Freiburg u. a. 2002

KLEIN, RALPH W.: 1 Chronicles, Hermeneia, Minneapolis 2006.

1.3 Außerbiblische Quellen

AUGUSTINUS, AURELIUS: Vom Gottesstaat (De civitate dei). Buch 11 bis 22, übersetzt von W. Thimme, München/Zürich 1978.

BEDA VENERABILIS: In Samuelem prophetam allegorica expositio, in: PL 91, 499–714.

BUGENHAGEN, JOHANNES: An Kurfürst Johann den Beständigen von Sachsen, Wittenberg, 29. September 1529, in: H. Scheible (Hrsg.): Das Widerstandsrecht als Problem der deutschen Protestanten 1523–1546, TKTG 10, Gütersloh 1969, 25–29.

CALVIN, JOHANNES: Unterricht in der christlichen Religion. Institutio christianae religionis, übersetzt von O. Weber, Neukirchen-Vluyn ⁵1988.

FLAVIUS JOSEPHUS: Jüdische Altertümer, übersetzt von H. Clementz, Wiesbaden ⁵1983.

DAS GILGAMESCH-EPOS: übersetzt von A. Schott, Reclams Universal-Bibliothek 7235[2], Stuttgart 1988.

GREGOR DER GROSSE / GRÉGOIRE LE GRAND: Commentaire sur le premier livre des rois. Tome II (II,29–III,37), lat. u. franz., Sources chrétiennes 391, Paris 1993.

GROTIUS, HUGO: De jure belli ac pacis libri tres. Drei Bücher vom Recht des Krieges und des Friedens, übersetzt von W. Schätzel, Tübingen 1950.

HOBBES, THOMAS: Leviathan oder Stoff, Form und Gewalt eines bürgerlichen und kirchlichen Staates, übersetzt von W. Euchner, Politica 22, Neuwied/Berlin 1966.

HOMER: Odyssee, übersetzt von J. H. Voss, Karlsruhe 1957.

ISIDOR VON SEVILLA: Allegoricae quaedam sacrae scripturae, in: PL 83, 98–130.

KLOSTERMANN, ERICH (Hrsg.): Origenes, Eustathius von Antiochien und Gregor von Nyssa über die Hexe von Endor, KlT 83, Bonn 1912.

MELANCHTHON, PHILIPP: Chronicon Carionis, in: Ders., Opera quae supersunt omnia, hrsg. von C. G. Bretschneider, CR XII, Halle 1844, 711–1094.

MILTON, JOHN: Vertheidigung des englischen Volkes, in: Ders., Politische Hauptschriften, übersetzt von W. Bernhardi, Bd. 1, Berlin 1874, 163–321.

PAINE, THOMAS: Common Sense, in: Ders., Common Sense and Other Political Writings, The American Heritage Series 5, New York 1953, 4–52.

PSEUDO-PHILO: Antiquitates Biblicae (Liber Antiquitatum Biblicarum), hrsg. von Ch. Dietzfelbinger, JSHRZ II, Gütersloh 1975, 87–271.

QUMRAN: F. M. Cross u. a., Qumran Cave 4. XII. 1–2 Samuel, DJD XVII, Oxford 2005.

Rupert von Deutz: In libros regum. Liber primus. (I Reg. I–XVI), in: PL 167, 1060–1098.

Talmud: Der babylonische Talmud, neu übertragen durch Lazarus Goldschmidt, Bd. 8, Berlin 1933.

Thomas von Aquin: De regimine principum, in: Sancti Thomae Aquinatis Opuscula Philosophica et Theologica. Volumen secundum, hrsg. von Michaele de Maria S. I., Città di Castello 1886, 1–170.

Thomas von Aquin: Summa theologica, 8. Band, Heidelberg u. a. 1951.

Zwingli, Huldrych: Eine göttliche Ermahnung der Schwyzer, in: Ders., Schriften I, hrsg. von Th. Brunnschweiler / S. Lutz, Zürich 1995, 75–100.

Zwingli, Huldrych: Der Hirt, ebd., 243–312.

1.4 Schöne Literatur

Gide, André: Théâtre. Saül – Le roi Candaule – Œdipe – Perséphone – Le treizième arbre, Paris 1969.

Heym, Stefan: Der König David Bericht. Roman, Fischer Taschenbuch 1508, Frankfurt am Main (81.–85. Tsd.) 1987.

Huch, Ricarda: Gedichte, Dramen, Reden, Aufsätze und andere Schriften, Gesammelte Werke, Bd. 5, Köln / Berlin 1971.

Presber, Rudolf: Die Hexe von Endor. Roman, Stuttgart / Berlin 1932.

Rilke, Rainer Maria: Gedichte 1895 bis 1910, Werke, hrsg. von M. Engel u. a., Bd. 1, Frankfurt am Main / Leipzig 1996.

Sachs, Nelly: Fahrt ins Staublose. Die Gedichte, Frankfurt am Main 1961.

Schmeltzl, Wolfgang: Samuel und Saul, Wiener Neudrucke 5, Wien 1883.

Voltaire: Mélanges, Bibliothèque de la Pléiade 152, Paris 1965.

1.5 Weitere Studien

ADAM, KLAUS-PETER: Saul und David in der judäischen Geschichtsschreibung. Studien zu 1 Samuel 16 – 2 Samuel 5, FAT 51, Tübingen 2007.

ALBANI, MATTHIAS: »Der HERR tötet und macht lebendig; er führt in die Unterwelt hinab und wieder herauf.« Zur Problematik der Auferstehungshoffnung im Alten Testament am Beispiel von 1Sam 2,6, in: Leqach 1, 2001, 22–55.

BECKER, THOMAS P.: Hexenverfolgung in der frühen Neuzeit, in: DtPfrBl 107, 2007, 9–12.

BREYTENBACH, ANDRIES: Who Is behind the Samuel Narrative?, in: J. C. de Moor / H. F. van Rooy (Hrsg.), Past, Present, Future. The Deuteronomistic History and the Prophets, OuSt 44, Leiden u. a. 2000, 50–61.

BUTTING, KLARA: Prophetinnen gefragt. Die Bedeutung der Prophetinnen im Kanon aus Tora und Prophetie, Erev-Rav-Hefte. Biblisch-feministische Texte 3, Knesebeck 2001.

CRÜSEMANN, FRANK: Der Widerstand gegen das Königtum. Die antiköniglichen Texte des Alten Testamentes und der Kampf um den frühen israelitischen Staat, WMANT 49, Neukirchen-Vluyn 1978.

DIETRICH, WALTER: David. Der Herrscher mit der Harfe, BG 14, Leipzig 2006.

DIETRICH, WALTER: David, Saul und die Propheten. Das Verhältnis von Religion und Politik nach den prophetischen Überlieferungen vom frühesten Königtum in Israel, BWANT 122, Stuttgart u. a. ²1992.

DIETRICH, WALTER: Die frühe Königszeit in Israel. 10. Jahrhundert v. Chr., BE 3, Stuttgart u. a. 1997.

DIETRICH, WALTER / NAUMANN, THOMAS: Die Samuelbücher, EdF 287, Darmstadt 1995.

EBACH, JÜRGEN / RÜTERSWÖRDEN, UDO: Unterweltsbeschwörung im Alten Testament. Untersuchungen zur Begriffs- und Religionsgeschichte des 'ōb, in: UF 9 (1977) 57–70 und 12 (1980), 205–220.

EBACH, JÜRGEN: Noah. Die Geschichte eines Überlebenden, BG 3, Leipzig 2001.

EYNIKEL, ERIK: The Place and Function of 1Sam 7,2–17 in the Corpus of 1Sam 1–7, in: W. Dietrich (Hrsg.), David und Saul im Widerstreit – Diachronie und Synchronie im Widerstreit. Beiträge zur Auslegung des ersten Samuelbuches, OBO 206, Fribourg/Göttingen 2004, 88–101.

EYNIKEL, ERIK: The Relation between the Eli Narratives (1Sam. 1–4) and the Ark Narratives (1Sam. 1–6; 2Sam 6:1–19), in: J.C.de Moor / H.F.van Rooy (Hrsg.), Past, Present, Future. The Deuteronomistic History and the Prophets, OuSt 44, Leiden u.a. 2000, 88–106.

FINKELSTEIN, ISRAEL / SILBERMAN, NEIL ASHER: Keine Posaunen vor Jericho. Die archäologische Wahrheit über die Bibel, übersetzt von M.Magall, München ²2003.

FISCHER, IRMTRAUD: Abigajil: Weisheit und Prophetie in einer Person vereint, in: I. Fischer u.a. (Hrsg.), Auf den Spuren der schriftgelehrten Weisheit, FS J. Marböck, BZAW 331, Berlin / New York 2003, 45–61.

FRENZEL, ELISABETH: Stoffe der Weltliteratur. Ein Lexikon dichtungsgeschichtlicher Längsschnitte, Stuttgart ¹⁰2005.

FROLOV, SERGE: The Turn of the Cycle. 1Samuel 1–8 in Synchronic and Diachronic Perspectives, BZAW 342, Berlin / New York 2004.

HAUSMANN, JUTTA: Rut. Miteinander auf dem Weg, BG 11, Leipzig 2005.

HENTSCHEL, GEORG: Saul. Schuld, Reue und Tragik eines Gesalbten, BG 7, Leipzig 2003.

JEREMIAS, JÖRG: Die Reue Gottes. Aspekte alttestamentlicher Gottesvorstellung, BThSt 31, Neukirchen-Vluyn ²1997.

KESSLER, RAINER: Chronologie und Erzählung im 1. Samuelbuch, in: S. Gillmayr-Bucher u.a. (Hrsg.), Ein Herz so weit wie der Sand am Ufer des Meeres, FS G. Hentschel, EThSt 90, Würzburg 2006, 111–125.

KESSLER, RAINER: Mirjam und die Prophetie der Perserzeit, in: Ders., Gotteserdung. Beiträge zur Hermeneutik und Exegese der Hebräischen Bibel, BWANT 170, Stuttgart 2006, 81–88.

KESSLER, RAINER: Sozialgeschichte des alten Israel. Eine Einführung, Darmstadt 2006.

KREUZER, SIEGFRIED: Art. Schilo, in: NBL III, Düsseldorf/Zürich 2001, 474–476.

LEHNART, BERNHARD: Prophet und König im Nordreich Israel. Studien zur sogenannten vorklassischen Prophetie im Nordreich Israel anhand der Samuel-, Elija- und Elischa-Überlieferungen, SVT 96, Leiden/Boston 2003.

LEHNART, BERNHARD: Saul unter den »Ekstatikern« (ISam 19,18–24), in: W. Dietrich (Hrsg.), David und Saul im Widerstreit – Diachronie und Synchronie im Widerstreit. Beiträge zur Auslegung des ersten Samuelbuches, OBO 206, Fribourg/Göttingen 2004, 205–223.

LEUCHTER, MARK: A King Like All The Nations: The Composition of I Sam 8,11–18, in: ZAW 117 (2005), 543–558.

LORETZ, OSWALD: Weitere ugaritisch-hebräische Parallelen, in: BZ NF 3, 1959, 290–294.

LUX, RÜDIGER: Die Kindheit Samuels. Aspekte religiöser Erziehung in 1Sam 1–3, in: Ders. (Hrsg.), Schau auf die Kleinen ... Das Kind in Religion, Kirche und Gesellschaft, Leipzig 2002, 32–53.

MARBÖCK, JOHANNES: Samuel der Prophet. Sein Bild im Väterlob Sir 46,13–20, in: S. Gillmayr-Bucher u. a. (Hrsg.), Ein Herz so weit wie der Sand am Ufer des Meeres, FS G. Hentschel, EThSt 90, Würzburg 2006, 205–217.

MATHYS, HANS-PETER: Dichter und Beter. Theologen aus spätalttestamentlicher Zeit, OBO 132, Freiburg, Schweiz / Göttingen 1994.

MEINHOLD, ARNDT: Bewertung und Beginn des Greisenalters, in: Ders., Zur weisheitlichen Sicht des Menschen, ABG 6, Leipzig 2002, 99–116.

METZGER, HANS-DIETER: David und Saul in Staats- und Widerstandslehren der Frühen Neuzeit, in: W. Dietrich / H. Herkommer (Hrsg.), König David – biblische Schlüsselfigur und europäische Leitgestalt, Freiburg, Schweiz / Stuttgart 2003, 437–484.

MOMMER, PETER: Samuel. Geschichte und Überlieferung, WMANT 65, Neukirchen-Vluyn 1991.

MOMMER, PETER: Samuel in Ps 99, in: BN 31, 1986, 27–30.

MÜLLER, REINHARD: Königtum und Gottesherrschaft. Untersuchungen zur alttestamentlichen Monarchiekritik, FAT II/3, Tübingen 2004.

PISANO, S. J., STEPHEN: Additions or Omissions in the Books of Samuel. The Significant Pluses and Minuses in the Massoretic, LXX and Qumran Texts, OBO 57, Freiburg, Schweiz / Göttingen 1984.

RENDTORFF, ROLF: Kontinuität und Diskontinuität in der alttestamentlichen Prophetie, in: ZAW 109, 1997, 169–187.

Schmidt, Ludwig: Menschlicher Erfolg und Jahwes Initiative. Studien zu Tradition, Interpretation und Historie in Überlieferungen von Gideon, Saul und David, WMANT 38, Neukirchen-Vluyn 1970.

Schmidt, Werner H.: Alttestamentlicher Glaube, Neukirchen-Vluyn ⁸1996.

Schottroff, Willy: Der Zugriff des Königs auf die Töchter. Zur Fronarbeit von Frauen im alten Israel, in: Ders., Gerechtigkeit lernen. Beiträge zur biblischen Sozialgeschichte, ThB 94, Gütersloh 1999, 94–114.

Scoralick, Ruth: Trishagion und Gottesherrschaft. Psalm 99 als Neuinterpretation von Tora und Propheten, SBS 138, Stuttgart 1989.

Smelik, Klaas A. D.: Historische Dokumente aus dem alten Israel, Göttingen 1987.

Vartejanu-Joubert, Madalina: Les «anciens du peuple» et Saül. *Temps, espace* et *rite de passage* dans Nombres XI et 1Samuel X, in: VT 55, 2005, 542–563.

Veijola, Timo: Das Königtum in der Beurteilung der deuteronomistischen Historiographie. Eine redaktionsgeschichtliche Untersuchung, AASF 198, Helsinki 1977.

Vette, Joachim: Samuel und Saul. Ein Beitrag zur narrativen Poetik des Samuelbuches, Beiträge zum Verstehen der Bibel 13, Münster 2005.

2. Abbildungsverzeichnis

Abb. 1: Seevölkerkrieger mit Federhelmen. Ägyptische Darstellung, aus: Ed Noort, Die Seevölker in Palästina, Kampen – The Netherlands: Kok Pharos Publishing House 1994, S. 60.

Abb. 2: Dreizackige Gabeln aus verschiedenen nahöstlichen Fundstätten, aus: Wolfgang Zwickel, Räucherkult und Räuchergeräte, OBO 97, Freiburg, Schweiz: Universitätsverlag/Göttingen: Vandenhoeck und Ruprecht 1990, S. 164f.

Abb. 3: Julius Schnorr von Carolsfeld: Der Herr verkündet dem Knaben Samuel Elis Tod und seines Hauses Untergang. 1851–1860, aus: Julius Schnorr von Carolsfeld, Die

266

Bibel in Bildern, Leipzig: Verlag von Jacobi & Zocher 1906, S. 87.

Abb. 4: Elfenbeinernes, mit Goldbändern geschmücktes Salbhorn als Tribut für den Pharao. Malerei aus dem Grab Thutmosis IV. in Theben, aus: Othmar Keel, Die Welt der altorientalischen Bildsymbolik und das Alte Testament, Zürich u. a.: Benziger Verlag / Neukirchen: Neukirchener Verlag 1972, S. 234.

Abb. 5: Musikgruppe: Leierspieler, Tänzer und Trommler. Felsritzungen aus dem Negev, aus: Joachim Braun, Die Musikkultur Altisraels/Palästinas, OBO 164, Freiburg, Schweiz: Universitätsverlag / Göttingen: Vandenhoeck & Ruprecht 1999, S. 231.

Abb. 6: Assyrische Soldaten beim Niedermetzeln und Pfählen von Feinden. Relief aus Nimrud. 8. Jh. v. Chr., aus: Othmar Keel, Die Welt der altorientalischen Bildsymbolik und das Alte Testament, Zürich u. a.: Benziger Verlag / Neukirchen: Neukirchener Verlag 1972, S. 90.

Abb. 7: »Schwerter zu Pflugscharen«. Aufnäher aus der DDR der frühen 1980er Jahre.

Abb. 8: Der Pharao erschlägt eigenhändig einen Feind. Narmer-Palette. Ende 4. Jt. v. Chr., aus: Silvia Schroer / Othmar Keel, Die Ikonographie Palästinas/Israels und der Alte Orient, Bd. 1, Fribourg: Academic Press 2005, S. 237.

Abb. 9: Samuel salbt Saul. Aus dem Titelkupfer einer von Johannes Leusden herausgegebenen und von Joseph Athias gedruckten Hebräischen Bibel, Amsterdam 1669 (oder 1659?) (Privatbesitz).

Abb. 10: Januarius Zick, Saul bei der Hexe von Endor. Zeichnung, 1753, aus: Ulmer Museum / B. Reinhardt (Hrsg.), Januarius Zick und sein Wirken in Oberschwaben, München: Klinkhardt & Biermann 1993, S. 84.

Abb. 11: Hans Holbein d. J.: Die Salbung Sauls. Holzschnitt 1526, aus: Christian Müller, Hans Holbein d. J. Die Druckgraphik im Kupferstichkabinett Basel, Basel: Schwabe & Co. AG Verlag 1997, S. 158.

Abb. 12: Julius Schnorr von Carolsfeld: Saul wird wegen seines Ungehorsams von Gott verworfen. 1851–1868, aus: Julius Schnorr von Carolsfeld, Die Bibel in Bildern, Leipzig: Verlag von Jacobi & Zocher 1906, S. 90.

Abb. 13: Johann Heinrich Schönfeld: Saul spricht mit Samuels Geist bei der Hexe von Endor. Kupferstich und Tuschpinselzeichnung 1670/80, aus: E. Kirschbaum SJ (Hrsg.), Lexikon der christlichen Ikonographie, Bd. 4, Rom/Freiburg u. a.: Herder 1972, Sp. 52.

Abb. 14: William Blake: Samuels Geist erscheint Saul. Um 1800, aus: Martin Butlin, The Paintings and Drawings of William Blake, 2 Bde., New Haven/London: Yale University Press 1981, Abb. 539.

Abb. 15: Gustave Doré: Samuel bei der Hexe von En-Dor. 1865, aus: Die heilige Schrift Alten und Neuen Testaments, mit 230 Bildern von Gustave Doré, Stuttgart: Hallberger, ca. 1870.

Biblische Gestalten

Lebendig gezeichnet und theologisch fundiert